Bernd Zillich

7 Walks durch Münchens kreative Seiten

STREET ART, SKULPTUR UND CO.

Einzigartige Kunst in den Straßen Münchens.

Süddeutsche Zeitung Edition

Inhalt

Vorwort 4

Schloss Nymphenburg 8

1. Die Götter des Schlossparks 8

U-Bahnhof Westfriedhof 16

2. Ingo-Maurer-Beleuchtung 16

Die kultivierte Wohnsiedlung 19

3. Borstei 19

Street Art 26

Dachauer Straße _ 28

4. Floral Universe 28 / 5. Cucatraffic 31 / 6. The Cabinet of Curiosities 32 / 7. Wandmalerei an der Kita »Herzerl« 32 / 8. Der Reiter 32 / 9. MUCCA 35 / 10. Hände hoch für Waffenkontrolle 36

Bayerstraße 38

11. Georg-Elser-Graffito 38 / 12. Durch die Blume gesagt 39

Westend _ 40

13. Bavariapark 40 / 14. Sweet Brown Snail 44 / 15. Endlose Treppe 46 / 16. Gentrifizierung 48 / 17. Sturm 50

Hofmannstraße 52

18. Mural von Okuda 52 / 19. Mural von Jana & JS 55 / 20. Harmony 55

Altstadt Süd _ 56

21. Brunnenbuberl 56 / 22. Richard-Strauss-Brunnen 60 / 23. Keiler am Jagdmuseum 60 / 24. Der schöne Turm 62 / 25. Die Mariensäule 66 / 26. Der Fischbrunnen 66 / 27. Airborne 70 / 28. Klangsteine in der Gasse 73 / 29. Karl-Valentin-Brunnen 78 / 30. Liesl-Karlstadt-Brunnen 81 / 31. Weiß-Ferdl-Brunnen 82 / 32. Ida-Schumacher-Brunnen 85 / 33. Roider-Jackl-Brunnen 86 / 34. Elise-Aulinger-Brunnen 86 / 35. Julia Capulet 89

Munich Art District 90

36. Tiger and Dragon 93 / 37. Musterhaus 93 / 38. Lot und seine Töchter 93 / 39. The Painter 94 / 40. Meisen 94 / 41. Hands 94 / 42. Die einfachen Dinge 97

Altstadt Nord / Kunstareal _ 98

43. Bronzestandbild für Lorenz von Westenrieder 98 / 44. Aufsteigendes Pferd mit Reiter 101 / 45. Christoph-Willibald-Gluck-Denkmal 101 / 46. Denkmal für Kurfürst Max Emanuel 102 / 47. Orlando-di-Lasso-Denkmal 102 / 48. Maximilian-von-Montgelas-Statue 105 / 49. Sphere 106 / 50. Die hängenden Gärten 109 / 51. Tauben-Marie-Brunnen 110 / 52. Quellnymphenbrunnen 112 / 53. Reiterstandbild Maximilian I. 112 / 54. Prinzregent-Luitpold-Brunnen 115 / 55. The Wings 116 / 56. Large Red Sphere 119 / 57. Futuro 121 / 58. Buscando la luz 122 / 59. Große Biga 125 / 60. Trojanisches Pferd 126 / 61. Rossebändiger 129 / 62. Present Continuous 130 / 63. Minna Thiel 130

Werksviertel-Mitte 134

64. Hands Off The Wall 137 / 65. Stop Bombing Civilians 137

Leopoldstraße / Schwabing _ 138

66. Mahnmal für die Weiße Rose 141 / 67. Castor und Pollux 141 / 68. Allegorie der Lehre 143 / 69. Walking Man 144 / 70. Wedekind-Brunnen 146 / 71. Die Krumme Laterne 149 / 72. Helmut-Fischer-/Helmut-Dietl-Denkmal 150 / 73. Bally-Prell-Brunnen 155

Am Nordbad 159

74. Oculus memoriae, Oculus oblivionis, Oculus historiae 159

Entlang der Isar _ 160

75. Industrie und Landwirtschaft 162 / 76. Meergott auf Seepferd 162 / 77. Spiel der Wellen 162 / 78. Badende 162 / 79. Der Holz sammelnde Mann 165 / 80. Bavaria 165 / 81. Chronos 166 / 82. Bismarck-Denkmal 169 / 83. Vater-Rhein-Brunnen 170 / 84. Bukolika 173 / 85. An der Lilienstraße 173 / 86. Gerundetes Blau 174

Effnerplatz 178

87. Mae West 178

Giesing/Candidplatz 181

88. Räterepublik 181 / 89. Candidplatz 181

Am Hart _ 182

90. Denkmal in der Troppauer Straße 182 / 91. Feuer & Flamme 185 / 92. Weltbürger 189

Register 190

Impressum 192

München – Museum ist überall

Als Münchner Kunstfreund hat man die Qual der Wahl. Die bayerische Metropole hat eine Museumslandschaft, die ihresgleichen su<<<<cht: Pinakotheken, Haus der Kunst, städtische und private Galerien, Künstlervillen, Dauerausstellungen. Und das ist erst der Anfang. Denn Museum ist überall! Auf Schritt und Tritt begegnet man im öffentlichen Raum der Stadt Kunstwerken aller denkbaren Stilrichtungen. Die großen, zu Wahrzeichen der Stadt gewordenen modernen Kunstwerke wie das Montgelas-Denkmal auf dem Promenadeplatz, die Mae-West-Skulptur auf dem Effnerplatz oder der kolossale Walking Man in der Leopoldstraße sind von niemandem zu übersehen. Und freilich sind neben diesen neuen Wahrzeichen auch die klassischen wie der Fischbrunnen oder das Rathaus-Glockenspiel auf dem Marienplatz für die Münchner und auch für die Zugezogenen hochrangige Objekte des Interesses.

Über andere, nicht immer unmittelbar sichtbare Werke »stolpert« man indes immer und immer wieder. Und es liegt an der Neugier bzw. der Aufmerksamkeit des Spaziergängers, ob er achtlos an ihnen vorbeigeht oder ob er sie entdeckt. Sei es ein Basrelief an der Fassade eines Gebäudes aus der Gründerzeit, ein mit Liebe gestalteter Brunnen oder eine originelle Plastik. Die Vielfalt ist unglaublich. Dieses Buch hat das Ziel, auf die Allgegenwärtigkeit von Kunstwerken im öffentlichen Raum Münchens aufmerksam zu machen. Es möchte Kunstsuchenden sowohl eine Reihe von Spaziervorschlägen präsentieren, an denen sie sich orientieren können, als auch auf einzelne weit in der Stadt verstreute Ziele verweisen, die nicht unbedingt auf den ersten Blick spektakulär sind, dafür aber mit ihrer Vielfalt, Fantasie und Originalität punkten.

Neben Skulpturen, Denkmälern und Kunstobjekten richtet das Buch besonderes Augenmerk auf die Street Art – eine Kunstform, die in der subjektiven Wahrnehmung vieler Münchner noch immer keine große Rolle spielt, weil sie im Stadtbild – zumindest in Form von großen Wandmalereien – nur selten zu sehen ist. Sichtbar sind für Laien meist nur die aus kryptischen Schriften bestehenden Graffiti, die in ihrer weniger gelungenen Erscheinung von der »Vox Populi« gerne als Schmierereien interpretiert werden.

Rund um eine nicht allzu akademische Beschreibung der vorgestellten Kunstwerke unterhält uns das Buch mit Schnipseln aus der Biografie mancher Beteiligter und wirft zugleich einen liebevollen Blick auf die Stadt, auf kleine und große Geschichten, auf Skurriles und historisch Interessantes.

Mit herzlichen Grüßen
Bernd Zillich

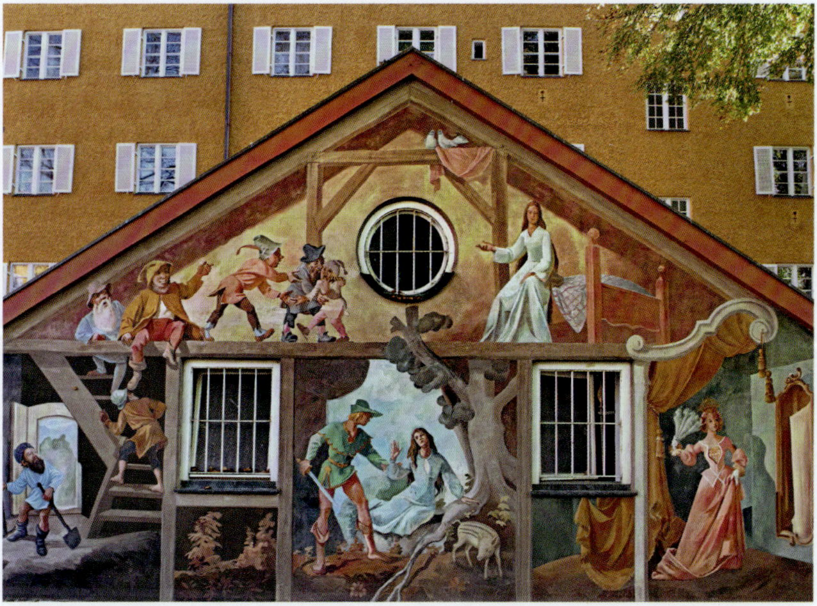

In der denkmalgeschützten Wohnsiedlung Borstei sind sogar Geräteschuppen kunstvoll bemalt.

Widmung

Für meinen geliebten Vater, Bernd Zillich (1943–2024). Mit diesem Buch schenkst du uns Einblicke in deine einzigartige Sicht auf dein geliebtes München. Ich bewundere deine Leidenschaft, Momente einzufangen, und die Hingabe, mit der du dieses Werk in deinen schwersten Tagen vollendet hast. Du hast uns mit deiner Unermüdlichkeit berührt. Mit diesen und all den weiteren Spuren deines Lebens, die du uns hinterlassen hast, bleibt uns etwas Unvergängliches, das uns für immer mit dir verbinden wird.

In ewiger Dankbarkeit
Dein Julian

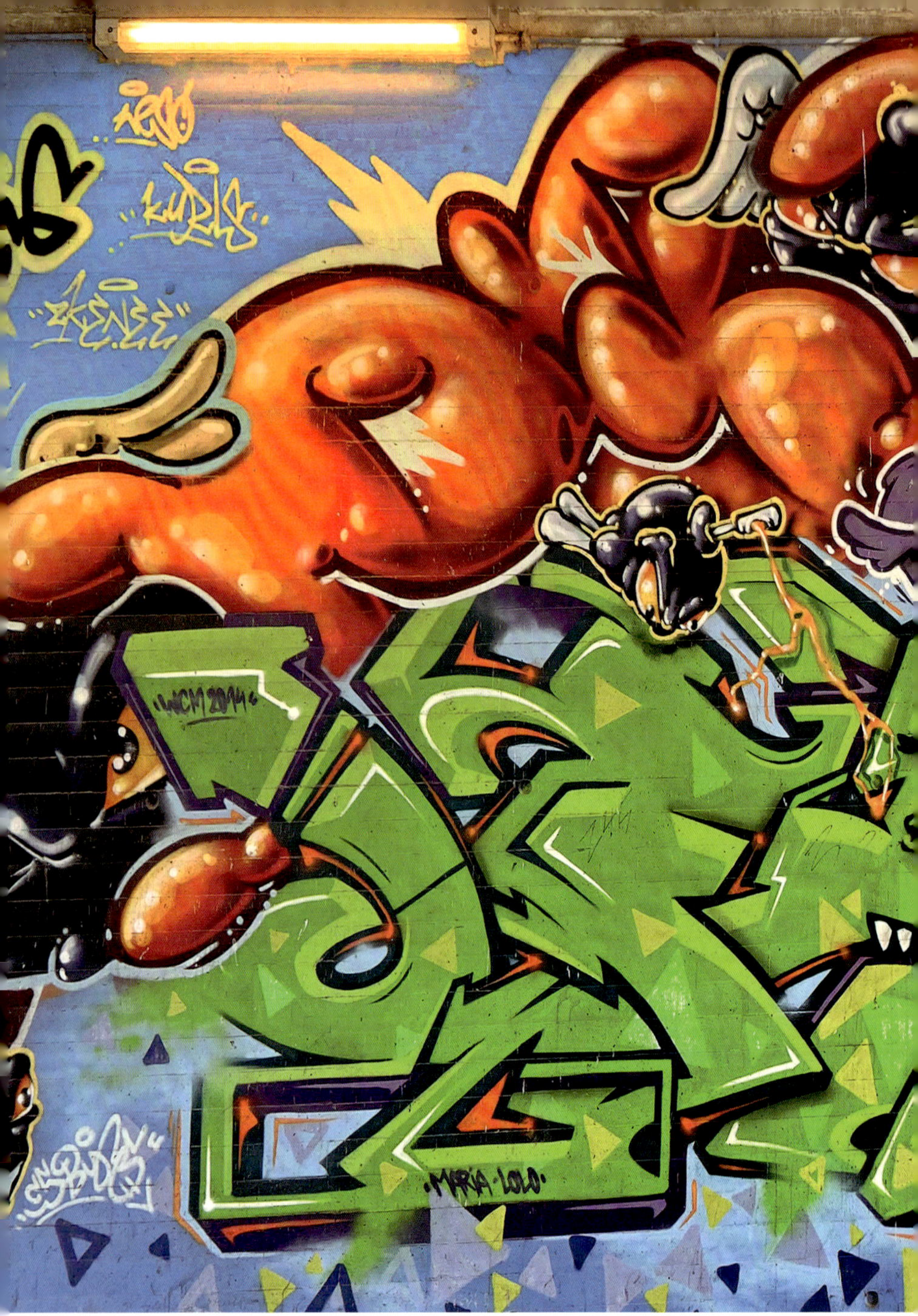

München gilt als Vorreiter der deutschen Street Art, im Stadtbild ist sie allgegenwärtig.

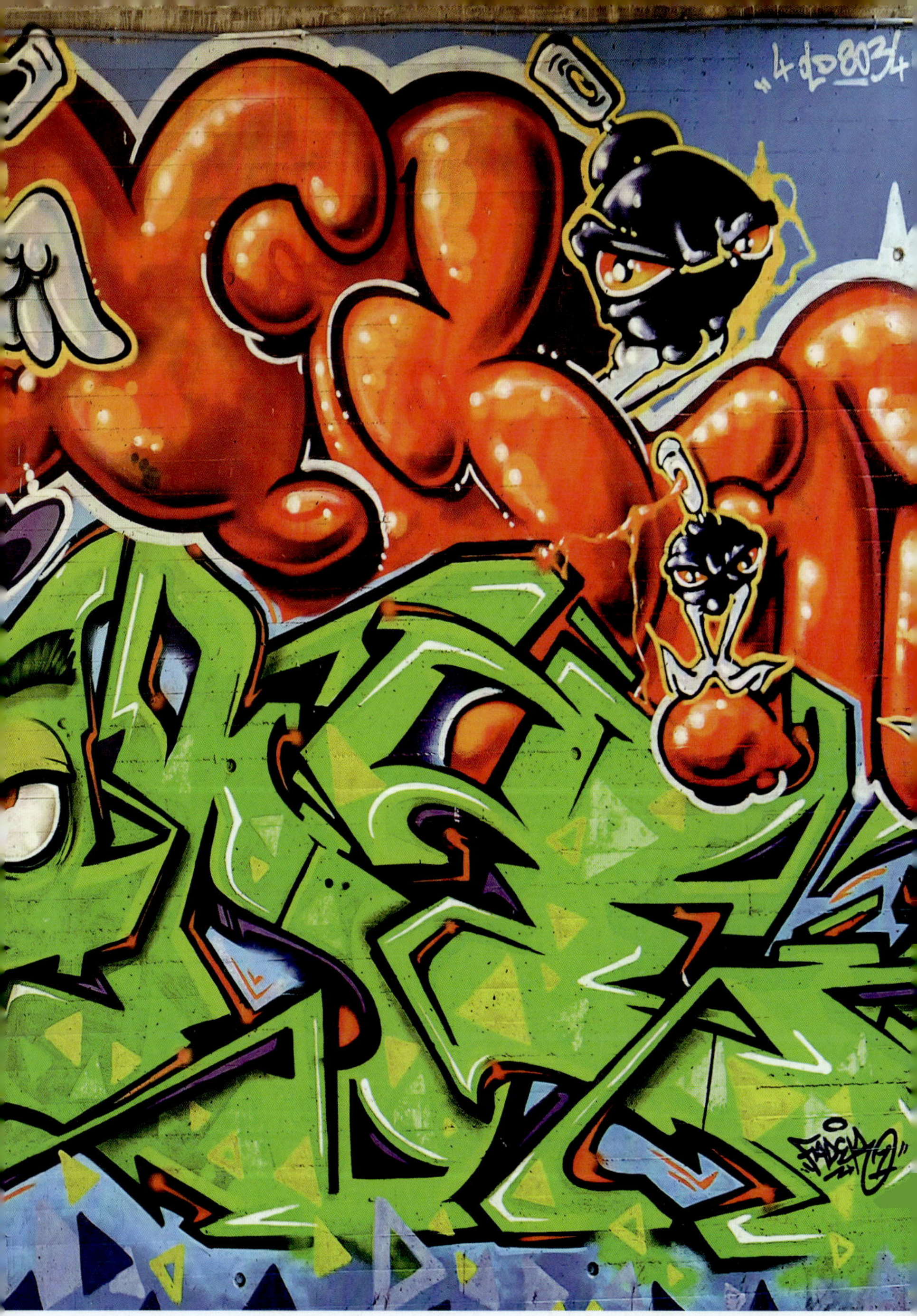

Schloss Nymphenburg

1 DIE GÖTTER DES SCHLOSSPARKS

Die Geburt von Kurprinz Max Emanuel von Bayern aus dem Hause Wittelsbach im Jahr 1662 war der Anlass für die Errichtung von Schloss Nymphenburg und seinem Garten. Diese Anlage sollte als Geschenk für die Kurfürstin Henriette Adelaide von Savoyen, die junge Mutter des Kurprinzen, dienen. Heute gilt der Nymphenburger Schlosspark als eines der größten und bedeutendsten Gartenkunstwerke in Deutschland.

Ein großzügiges Skulpturenprogramm charakterisiert den Schlosspark. Die majestätischen Statuen im Parterre des Schlossgartens und an der großen Kaskade am östlichen Ende des Mittelkanals sind wahre Publikumsmagnete, die jedes Jahr Tausende von Besuchern in ihren Bann ziehen. Die Statuen zeichnen sich durch ihre beeindruckende Schönheit aus. Besonders sehenswert sind die zwölf Götterstatuen, die das barocke Parterre schmücken. Sie wurden unmittelbar hinter dem Schloss angeordnet und bilden gewissermaßen ein »göttliches Spalier«.

Die Statuen lassen sich nicht nur als Kunstwerke von hoher ästhetischer Bedeutung erleben, sondern bieten zugleich die Gelegenheit, in eine andere Zeit und in die faszinierende Welt der Mythologie einzutauchen. Wie das auch bei christlichen Heiligen der Fall ist, kann man die Götter an den Attributen erkennen, mit denen sie dargestellt werden. Als König der Götter ist Jupiter mit einem Blitzbündel ausgestattet, das seine Macht und Herrschaft symbolisiert. Neptun, der Gott des Meeres, ist mit einem Dreizack versehen, er reitet bisweilen auf einem Wagen, der von Meereswesen gezogen wird. Apollo, der Gott der Sonne, des Lichts und der Kunst, wird mit einer Leier dargestellt, Merkur mit Flügelschuhen und einem Flügelhelm.

Die alten Römer akzeptierten die Götter aller Völker des Imperiums. So übernahmen sie viele Götter von den Griechen und gaben ihnen lateinische Namen. Deshalb sind die Bezeichnungen für die Gottheiten oft unterschiedlich, obwohl es jeweils um die gleiche Figur geht. Beispielsweise wird die Göttin der Liebe bei den Römern »Venus« und bei den Griechen »Aphrodite« genannt. Und »Jupiter«, der höchste aller römischen Götter, hieß in Griechenland »Zeus«.

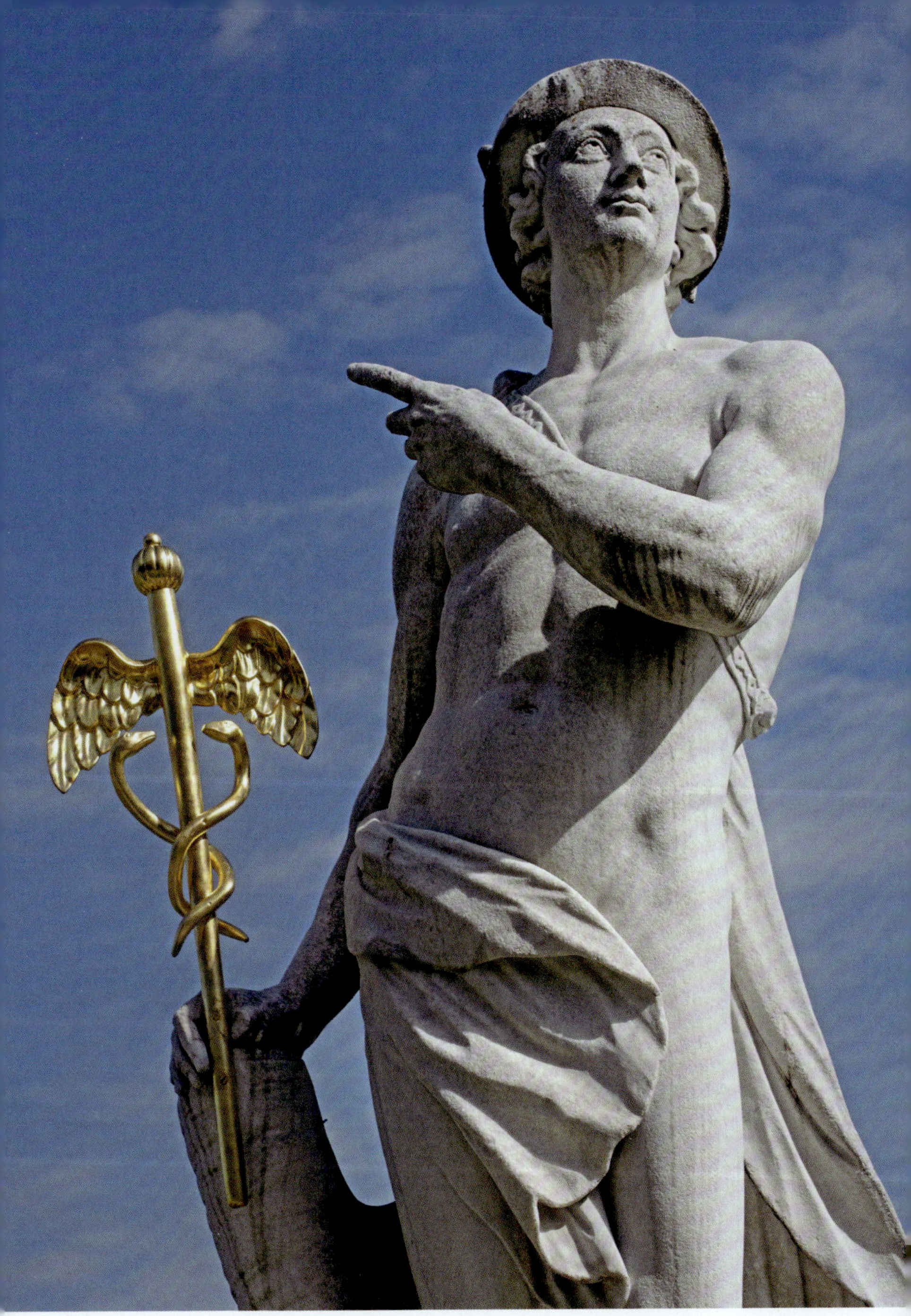

Statue des Merkur – des Boten der Götter und Vermittlers zwischen Himmel und Erde

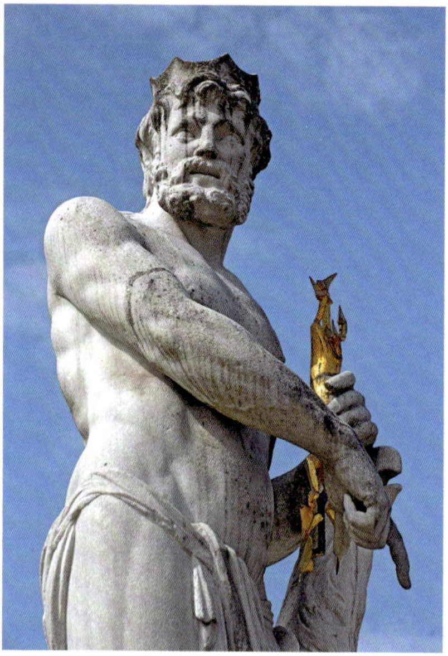

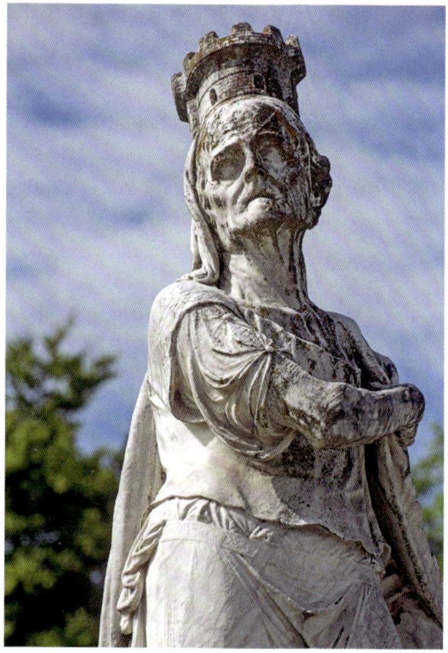

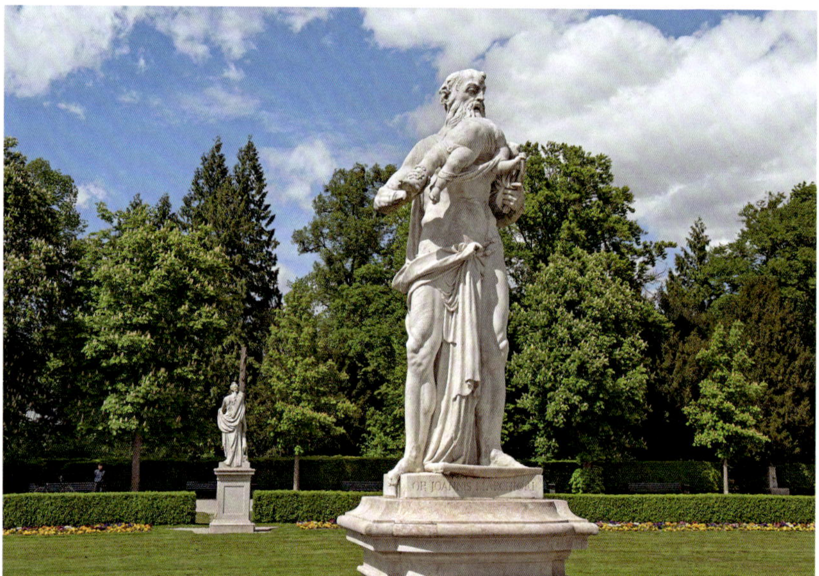

◀ Darstellung des Jupiter – das Blitzbündel kennzeichnet ihn als obersten Gott.
▶ Als alte Frau mit Turm auf dem Kopf präsentiert sich die Muttergottheit Kybele.
▼ Statue des Kronos – der machtbesessene Titan verschlingt eines seiner Kinder.

Eine der beeindruckendsten und eine bei genauem Hinsehen fast furchterregende Statue ist jene des Gottes Kronos (lateinisch: Saturn). In der griechischen Mythologie war er einer der zwölf Titanen und der Sohn des Uranus – der als Gott des Himmels galt – und der Gaia – der personifizierten Erde. Mit der Entmannung seines Vaters hatte Kronos der Sage nach die Herrschaft über das Universum übernommen. Kronos wurde eine unglückliche Prophezeiung zuteil, die besagte, dass eines seiner Kinder ihn eines Tages stürzen würde. So verschlang Kronos aus Furcht vor diesem Unheil seine Kinder unmittelbar nach ihrer Geburt. Die Nymphenburger Statue zeigt ihn während dieses grausamen Aktes. Nur Zeus konnte sich retten, denn seine Mutter Rhea hielt ihn versteckt. Sie überreichte Kronos stattdessen einen eingewickelten Felsen. Kronos bemerkte den Betrug nicht und vertilgte den Klotz. Als Zeus zum Mann herangewachsen war, erhob er sich gegen Kronos und die Titanen und stürzte sie schließlich von ihrem Thron, um selbst die Herrschaft über das Universum anzutreten.

Ebenfalls beeindruckend ist die Statue einer Frauenfigur mit einem Turm auf dem Kopf: Kybele ist eine Göttin aus der griechischen Mythologie, die bei den Römern auch als »Magna Mater« (Große Mutter) bekannt war. Sie galt als Göttin der Fruchtbarkeit und der Natur. Ursprünglich war sie eine phrygische Göttin, die von Rom übernommen und in das Pantheon (Haus der Götter) eingeführt wurde. Die Göttin wurde zusammen mit ihrem Geliebten Attis ursprünglich in Phrygien (Kleinasien) und später in Griechenland, Thrakien und Rom verehrt. Der Kybele- und Attis-Kult war bis in die Spätantike ein im ganzen römischen Reich verbreiteter Mysterienkult.

Kybele trägt als Attribut meist eine Krone in Form einer Stadtmauer (»Corona Muralis«) auf dem Kopf. Solch eine »donna turrita« (italienisch: Frau mit Turm) ist eines der Nationalsymbole Italiens, eine weibliche Allegorie für das Land. Dies ist darauf zurückzuführen, dass die Römer ihren Sieg gegen die Karthager dem Schutz der Großen Mutter Kybele zuschrieben.

Jupiter ist eine der bedeutendsten Gottheiten der römischen Mythologie. Mit der Zeit übernahm Jupiter alle Eigenschaften des griechischen Äquivalents Zeus, bis er vollständig mit ihm identifiziert wurde. Jupiter galt als König der Götter. Ursprünglich war er der Gott des Himmels und wurde als Herrscher des Regens, des Donners und des Blitzes verehrt. Seine Darstellung in der Kunst war oft majestätisch und kraftvoll, mit einem Blitzbündel, einem Adler und einem Zepter als typischen Attributen.

Juno ist eine altitalische Göttin, die mit der griechischen Göttin Hera gleichgesetzt wurde. Der Monatsname Juni wurde von ihrem Namen abgeleitet. Juno, Jupiters Gemahlin, wird beschrieben als mächtige und eifersüchtige Göttin, die ihre Ehe und ihre Familie mit aller Kraft zu beschützen versuchte. Sie galt als Göttin der Schönheit, der Ehe, der Geburt und als Beschützerin der Frauen. Sie wurde oft mit einem Pfau dargestellt, was ihre Schönheit unterstreichen sollte.

Eine der ohne Zweifel originellsten Geschichten der römischen Mythologie ist jene von Juno und dem Pfau, die der Dichter Ovid in seinen »Metamorphosen« überliefert. Sie handelt von einem Riesen namens Argus, der 100 Augen hatte. Mit seinen »Argusaugen« war er in der Lage, alles um sich herum zu überblicken.

Als Jupiter, der Seitensprüngen niemals abgeneigt war, einmal bei einem Treffen mit der schönen Io von Juno überrascht wurde, verwandelte er seine Geliebte gerade noch rechtzeitig in eine schneeweiße Kuh. Daraufhin bat die schlaue Juno um dieses Tier als Geschenk. Widerwillig, aber in der Hoffnung, dass seine Tarnung nicht auffliegen würde, übergab Jupiter Juno das Tier. Um dieser Affäre ihres Mannes ein Ende zu setzen, ließ Juno die Kuh von nun an bei Tag und bei Nacht von Argus bewachen. Dessen Augen schlossen sich abwechselnd jeweils paarweise zum Ausruhen, während die anderen wachsam blieben. Doch Junos Plan ging nicht auf: Um wieder zu seiner Geliebten zu gelangen, ließ Zeus Argus töten.

Juno war sehr traurig über den Tod von Argus und wollte ein Andenken für ihn schaffen. Deshalb sammelte sie dessen Augen auf und gab sie einem Vogel, dem Pfau, als Sternenjuwelen auf den gefiederten Schweif. So erhielt der Pfau sein mit Augen geschmücktes Rad und Juno den Pfau als Attribut.

Die imposanteste Statue des Parterres ist ohne Zweifel jene des Hades. Dieser ist in der griechischen Mythologie der Herrscher über die Unterwelt. Sein Name ist zugleich als Bezeichnung für die Unterwelt als Ort geläufig. Die römische Entsprechung dieses Gottes ist Pluto. Hades/Pluto wird oft zusammen mit dem Hund der Unterwelt, Kerberos bzw. Cerberus, dargestellt: einem mehrköpfigen Höllentier, das den Eingang zur Unterwelt bewacht, damit kein Lebender eindringt und kein Toter entrinnt.

In diesem Zusammenhang ist es unausweichlich, die unglückliche Liebesgeschichte des Gottes der Unterwelt mit der römischen Göttin Proserpina zu erzählen – in der griechischen Mythologie kennt man sie als Persephone.

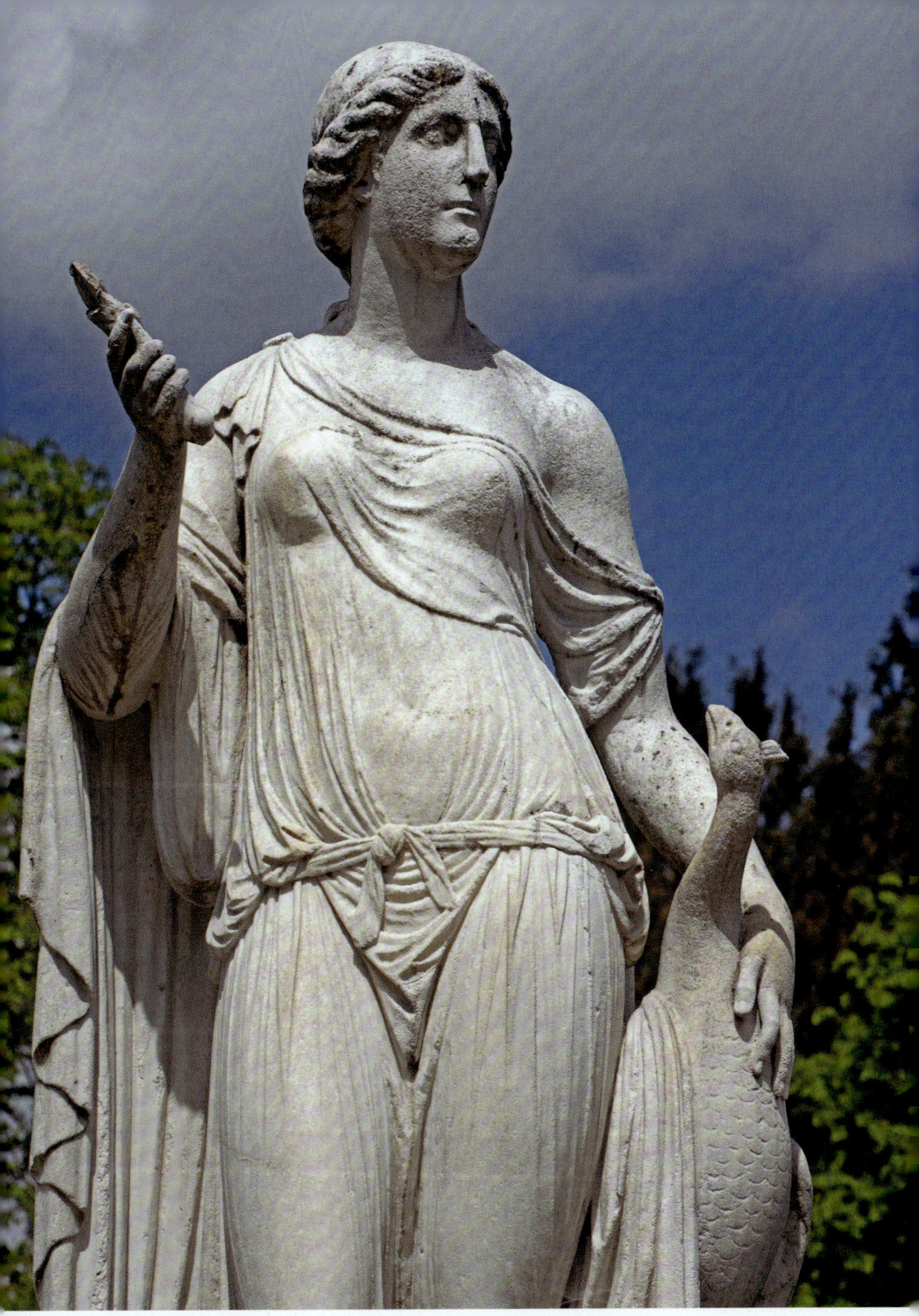

Juno, Göttin der Schönheit, erwartet die Besucher gemeinsam mit ihrem Pfau.

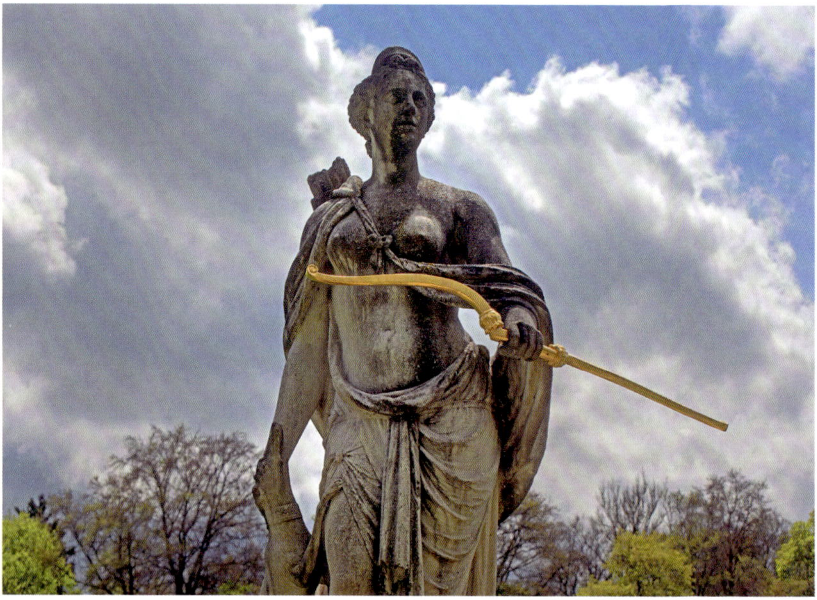

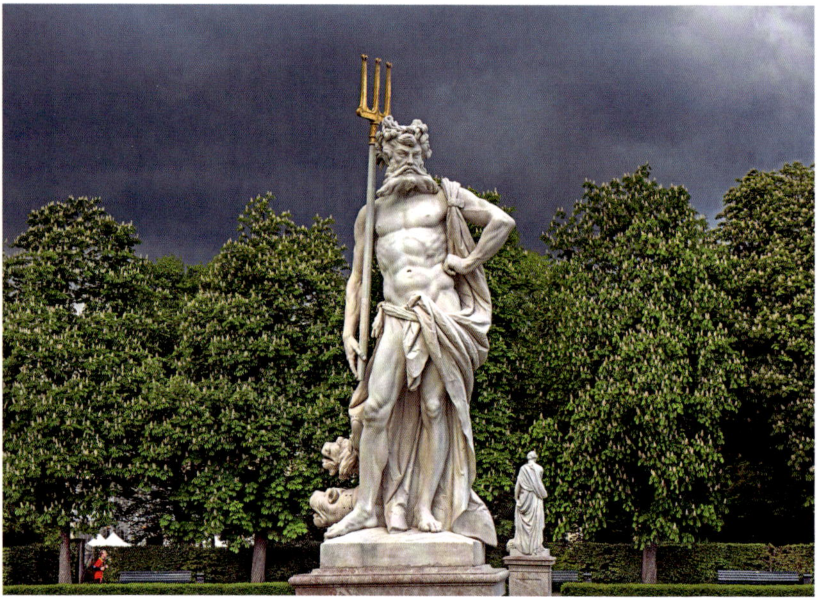

▲ Diana, die Göttin der Jagd, ausgestattet mit Pfeilen und einem goldenen Bogen
▼ Meeresgott Poseidon darf im Reigen der Götter des Schlossparks nicht fehlen.

Proserpina war die Tochter des Jupiter und der Fruchtbarkeitsgöttin Ceres. Übrigens: Den Namen Letzterer greift das Wort »Cerealien« auf. Es handelt sich um eine der bekanntesten Sagen der griechisch-römischen Mythologie: die Entführung der Proserpina. Proserpina war Plutos auserwählte Braut. Unter der Beihilfe seines Bruders Jupiter, Proserpinas Vater, entführte er sie in die Unterwelt und machte sie zur Herrscherin über die Toten. Ceres, ihr griechisches Pendant ist die Göttin Demeter, begab sich auf die verzweifelte Suche nach ihrer Tochter. Doch als die anderen Götter sich weigerten, ihr zu helfen, schwor sie Rache. Sie verfluchte die Welt, entzog der Erde ihre Fruchtbarkeit, ließ die Samen verderben und brachte Tod und Verderben über das Vieh und die Bauern. Schließlich sah sich Jupiter dazu gezwungen, Proserpina ihrer Mutter zurückzugeben. Pluto willigte nur unter der Bedingung ein, dass Proserpina bis dahin keinen einzigen Bissen in der Unterwelt gegessen haben dürfe. Doch sie hatte bereits sieben Kerne eines Granatapfels verspeist. Ascalaphus, ein Geschöpf der Unterwelt, hatte sie beobachtet und verraten. Als Vergeltung verwandelte Proserpina ihn in eine Eule. Aus diesem Grund wurde es Proserpina nicht gestattet, permanent aus der Unterwelt zurückzukehren. Stattdessen sollte sie ein Drittel des Jahres bei ihrem Ehemann in der Unterwelt verbringen, weshalb während dieser Zeit Trauer und Winter auf der Erde herrschten. Den Rest der Zeit verbrachte sie auf dem Olymp bei ihrer Mutter, dann erblühte die Natur, und der Frühling kehrte zurück.

Es würde zu weit führen, den Exkurs in die Mythologie fortzusetzen. Interessierte finden leicht einen Weg, aufgrund von Attributen die entsprechenden Gottheiten zu erkennen. Beispielsweise kann man Bacchus, den Gott des Weines und des Rausches, durch die Darstellung mit Weinranken und Trauben leicht identifizieren. Mercurius/Hermes, der Bote der Götter, wurde oft als junger Mann mit Flügeln an den Fersen dargestellt.

Der Name des griechischen Meeresgottes Poseidon dürfte selbst bei jenen Menschen bekannt sein, die sonst wenig Bezug zur griechischen Mythologie haben. Gefühlt jedes zweite griechische Restaurant in Deutschland trägt diesen Namen. Poseidon galt in der griechischen Mythologie als einer der mächtigsten Götter und hatte die Kontrolle über das Meer, die Flüsse und die Seen.

Ein paar Worte zu den Bildhauern, die die Statuen fertigten: Roman Anton Boos schuf die Figuren des Bacchus (1782), des Merkur (1778), des Apollo (1785), der Venus (1778), der Diana (1785) und der Ceres (1782). Von

Dominik Auliczek sind die Statue der Proserpina (1778), der Juno (1791–1792), des Pluto (1778) und des Jupiter (1791–1792). Die Figuren des Saturn und der Kybele stammen indessen von Giovanni Marchiori (1765).

2022 wurden die Skulpturen im Nymphenburger Schlosspark Opfer eines Diebstahls. Die Attribute einiger Statuen wurden entwendet. Trotz intensiver Ermittlungen durch Denkmalschutz und Polizei blieb das Gestohlene, darunter der Stab des Hermes, der Bogen der Diana und das Zepter der Proserpina verschwunden. Im Rahmen eines Pilotprojekts wurden Repliken aus dem 3-D-Drucker erstellt und mit einem Speziallack vergoldet.

Nur einen kleinen Fußweg von Schloss Nymphenburg entfernt, befindet sich das urgemütliche, schön eingerichtete kleine Café am Schloss – genau der richtige Ort für eine Pause nach einer Besichtigung des Parks und seiner Götter. Das kleine Café inmitten einer der schönsten Wohngegenden Münchens hat einen schönen Außenbereich mit mehr Platz draußen als drinnen.

U-Bahnhof Westfriedhof

2 INGO-MAURER-BELEUCHTUNG

Bei der Anreise mit der U-Bahn (U1) zum unserem nächsten Ziel sorgt bereits der U-Bahnhof selbst für ein ästhetisches Erlebnis sondergleichen. Vor allem wegen seiner innovativen Beleuchtung in coolem Industrie-Chic ist die Haltestelle nicht umsonst zu einem der beliebtesten Fotomotive im Münchner Untergrund geworden. Elf überdimensionale Lampen erstrahlen in den Farben rot, gelb und blau, was zusammen mit dem am westlichen Ende des Bahnhofs einfallenden Sonnenlicht eine außergewöhnliche Beleuchtung erzeugt. Damit wird der Bahnsteig in unterschiedliche Farbtöne gegliedert. Die rauen Wände des Bahnhofs verstärken dieses bemerkenswerte Ambiente, das man in einer solchen Form eher von Metropolen wie New York erwarten würde.

Das Lichtkonzept stammt vom weltbekannten Designer Ingo Maurer (1932–2019), der vor allem mit seinen Leuchten und Lichtinstallationen bekannt wurde. Er schuf unter anderem die Beleuchtung am Bahnhof Münchner Freiheit und stattete sieben neue U-Bahn-Haltestellen in Karlsruhe aus.

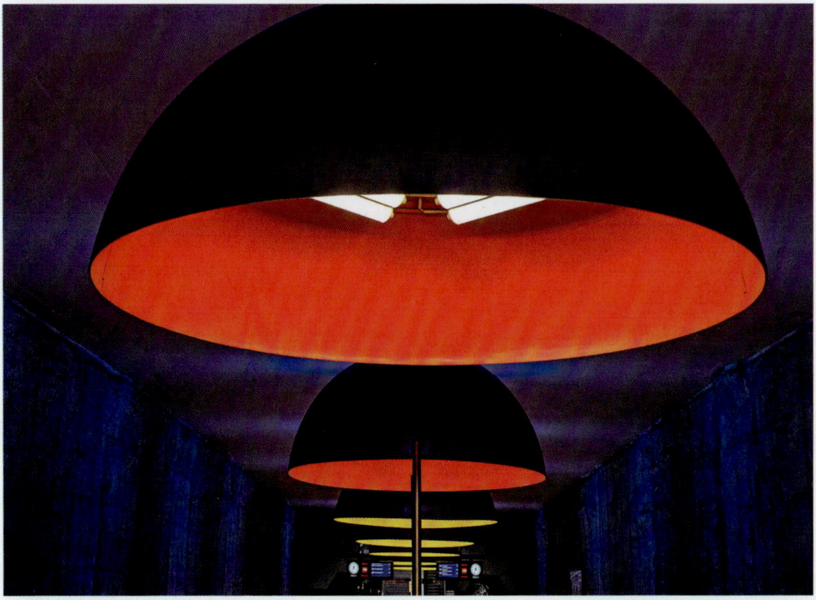

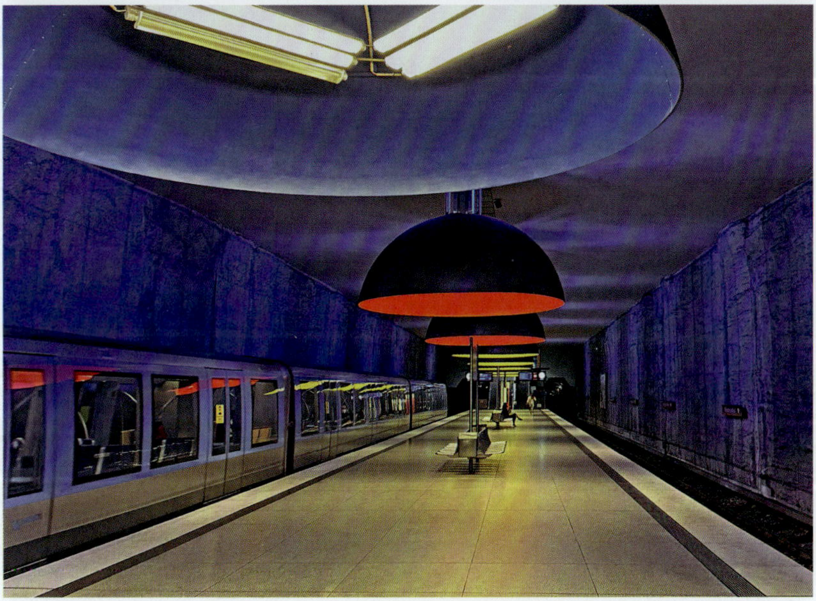

▲ Lichtkunst von Ingo Maurer – das Aussteigen am U-Bahnhof Westfriedhof lohnt sich.
▼ Farben und Licht verschmelzen und kreieren eine einzigartige Stimmung.

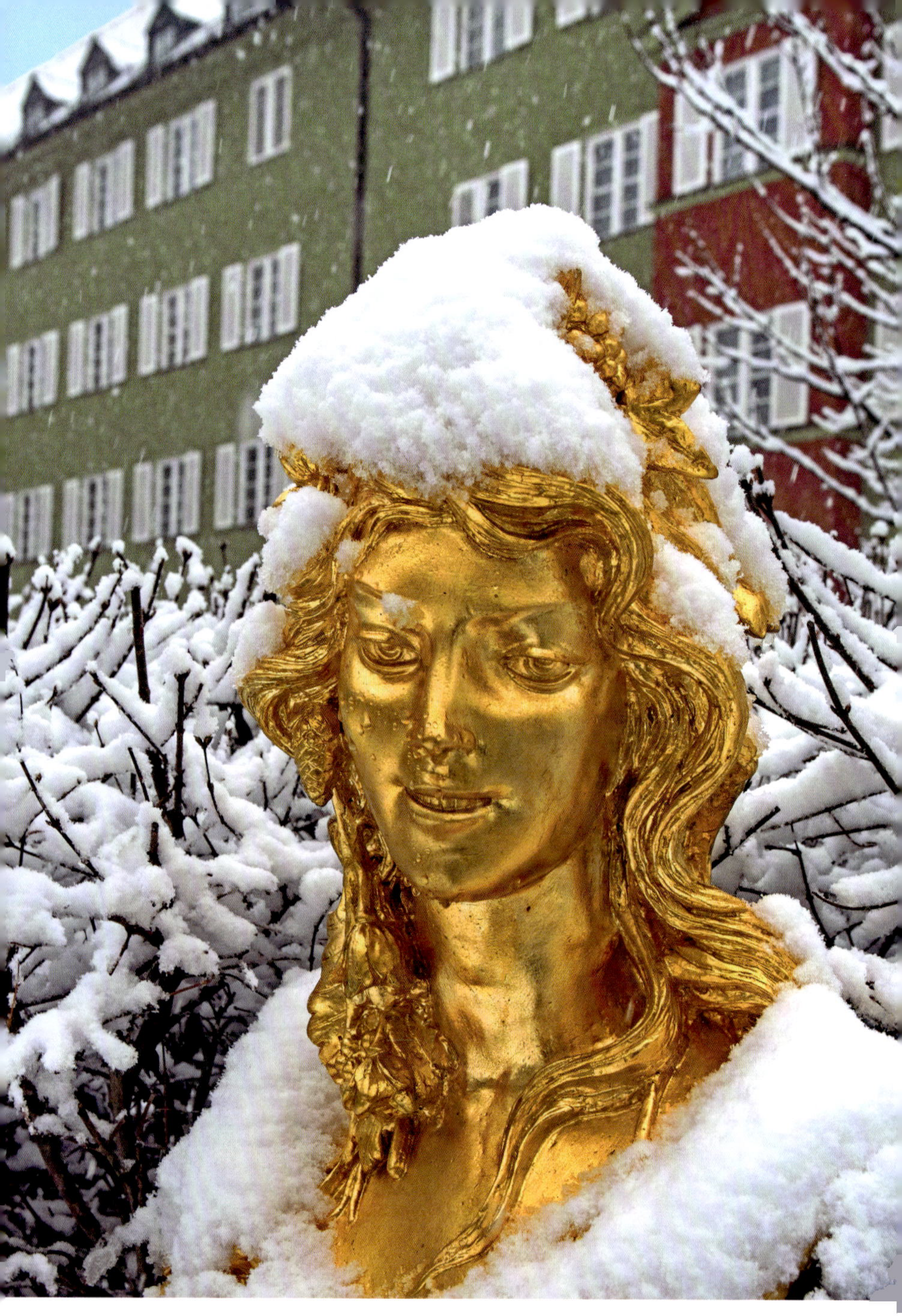

Die vergoldete Bronzebüste »Frühling« ist auch im Winter ein Hingucker.

Die kultivierte Wohnsiedlung

3 BORSTEI

Vom Bahnhof Westfriedhof in Richtung Osten (Baldurstraße) erreicht man in weniger als einem halben Kilometer die Borstei. Die historische und heute denkmalgeschützte Wohnsiedlung wurde in den Jahren zwischen 1924 und 1929 im Stadtviertel Moosach errichtet. Der Unternehmer Bernhard Borst verwirklichte mit diesem Ensemble seine Ideale. Er strebte danach, die Herausforderungen im Wohnungsbau zu lösen, indem er die Vorzüge von Einfamilienhäusern mit der praktischen Gestaltung von Etagenwohnungen vereinte. Dabei lag sein Fokus auf der Entlastung der Hausfrauen und dem Wohlbefinden der Bewohner.

Bernhard Borst (1883–1963) kam im Alter von 13 Jahren als Lehrling im Maurerhandwerk nach München. Anschließend besuchte er die Baugewerkschule und erlangte Anerkennung durch seine Zusammenarbeit mit verschiedenen etablierten Architekten. Im Jahr 1908 machte er sich schließlich als Architekt und Bauunternehmer selbstständig.

1923 erwarb Bernhard Borst ein großes Grundstück an der Dachauer Straße, das über einen Gleisanschluss verfügte und als Standort für sein Bauunternehmen dienen sollte. Neben Werkstätten plante er auch die Errichtung von Wohnhäusern. Als die Stadt 1927 den Bau von 26 Gebäuden genehmigte, entschied er sich, das gesamte Areal mit Wohnungen auszustatten und dabei großzügige Gartenflächen zu integrieren, um den Grundriss aufzulockern. Die Höfe und Wohnhäuser wurden durch Gewölbe und Durchfahrten miteinander verbunden. Das Ergebnis war die Borstei, eine Siedlung mit gehobener Ausstattung, einschließlich Zentralheizwerk und allen notwendigen Annehmlichkeiten für das anspruchsvolle Bürgertum.

Die Vereinigung von Kunst und Natur hatte für Bernhard Borst eine herausragende Bedeutung. Die zahlreichen Skulpturen und Reliefs, die in den Gärten der Anlage zu finden sind, gehen mit den großformatigen Fresken, die einige Gebäude zieren, eine harmonische Verbindung ein.

Da die Borstei weit abseits der üblichen Touristenpfade liegt und nur geringe Erwähnung in Reiseführern findet, bleibt dieses einzigartige Juwel in München oft unentdeckt und ist nur einer begrenzten Anzahl von Besuchern bekannt. Ein vergleichbares Beispiel ist deutschlandweit kaum zu finden.

Die Borstei setzt sich heute aus 77 miteinander verbundenen Mehrfamilienhäusern mit insgesamt 778 Wohnungen zusammen. Diese umgeben sieben begrünte Höfe, die jeweils eine unterschiedliche Geometrie aufweisen: die Kastanienallee, der Garten der Ruhe, der Rosengarten, der Ladenhof, der Weidenhof, der Paul-Bürck-Garten und der Verwaltungshof.

Die zauberhaften Gärten der Borstei sind ein Ruhepol mitten in der Großstadt. In der Borstei wurde die Natur großzügig eingebunden: ein Teich, mehrere Brunnen und sehr viel Grün – nur 20 Prozent der Fläche sind bebaut. Hierzu schrieb Borst seinerzeit: *»Nachdem ich schon die ersten Häuser der Borstei erbaut hatte, kam mir an einem wundervollen Maisonntag im Schleißheimer Schlossgarten der Gedanke: Warum baut man nicht um den Garten, der den Menschen so viel Freude, Ruhe und Entspannung geben kann, Wohnungen?«*

Inmitten des Rosengartens gedeihen zwei Fliederarten, die in München ansonsten selten anzutreffen sind. Darüber hinaus findet man in der Anlage zahlreiche andere botanische Raritäten. Diese besondere Auswahl an Pflanzen – kombiniert mit der gezielten Platzierung von Kunstwerken und Springbrunnen – hat dazu geführt, dass jeder einzelne Garten seinen ganz eigenen Charakter entfalten konnte.

Bereits beim Betreten dieses Stadtviertels stellt sich das Empfinden ein, sich in einer eigenen kleinen Welt oder gar in einem Dorf zu befinden. Trotz der Nähe zum Mittleren Ring ist es überraschend ruhig. Es herrscht eine entspannte Atmosphäre, einladende Bänke ermuntern zum Verweilen, und an beinahe jeder Ecke eröffnen sich neue Blickwinkel und liebevolle Details. Die Gärten tragen mit ihren alten Baumbeständen dazu bei, dass die Borstei wie eine idyllische kleine Oase wirkt.

Die Borstei beeindruckt vor allem durch über 60 Kunstwerke. Dabei handelt es sich hauptsächlich um Skulpturen, aber auch prächtige Fresken sind darunter. Die Entstehung dieser Kunstwerke erstreckte sich von den späten 1920er-Jahren bis in die 1960er-Jahre.

An verschiedenen Außenwänden prägen Fresken von Künstlern wie Paul Bürck und Heinrich Bickel, Letzterer ein bekannter Freskenmaler aus dem

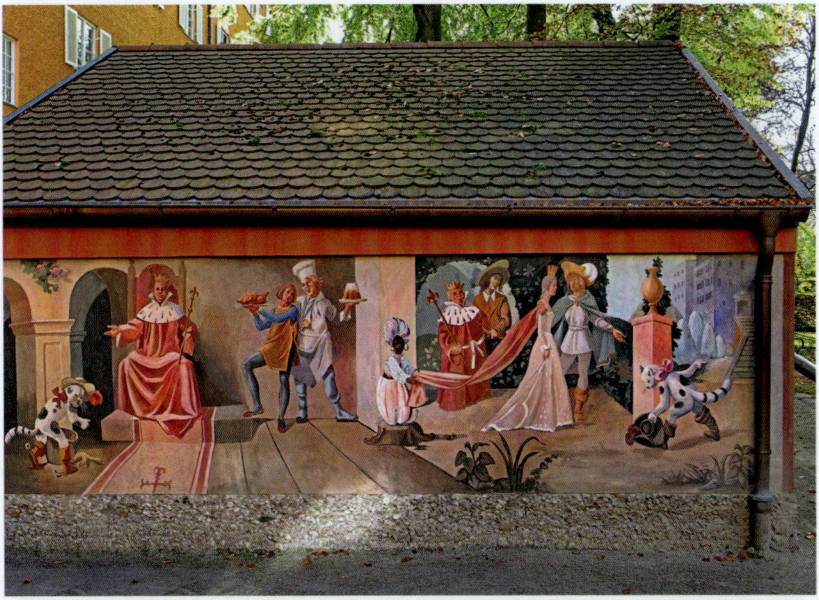

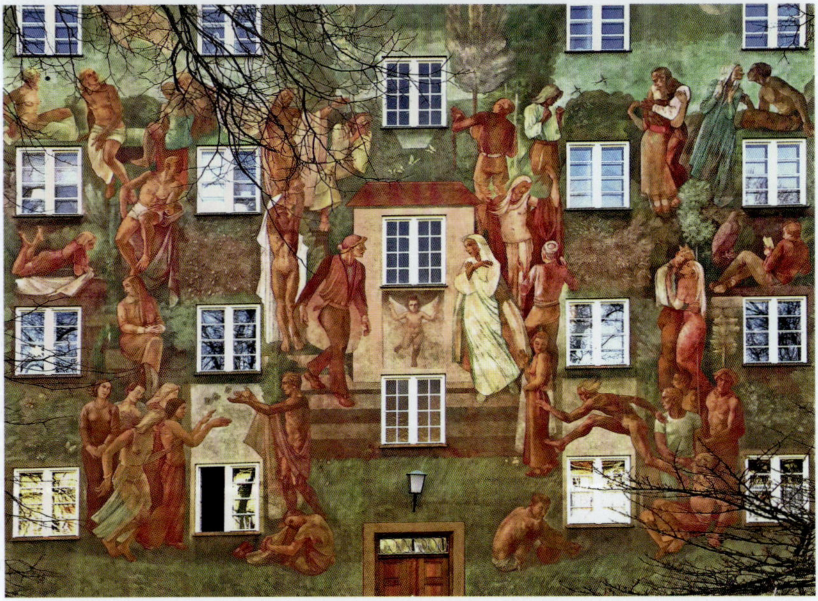

▲ Über die Märchenszenen von Heinrich Bickel freuen sich die kleinsten Bewohner der Borstei.
▼ Das wandfüllende Fresko »Die Jugend in Freud und Leid« des Malers Paul Bürck

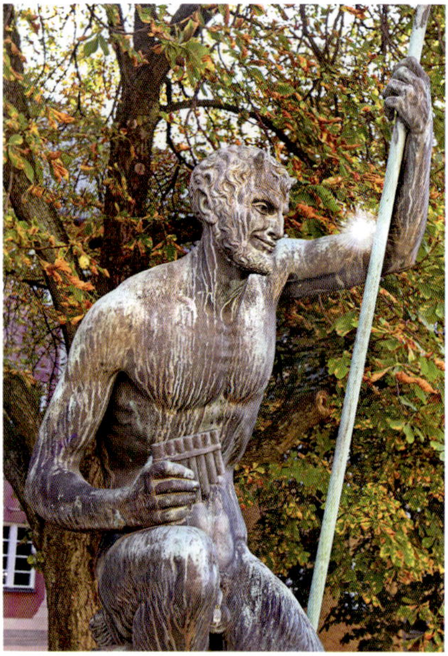 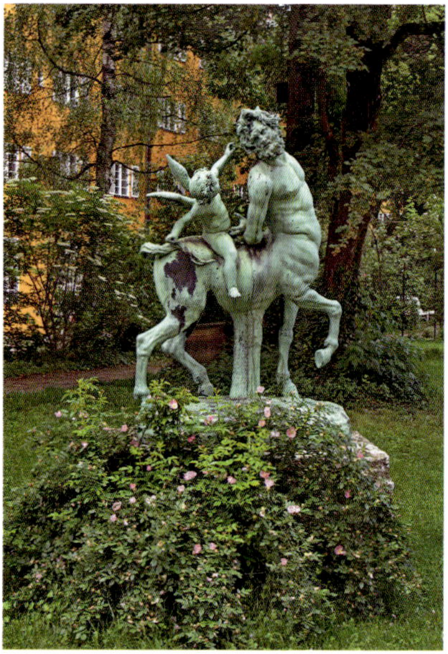

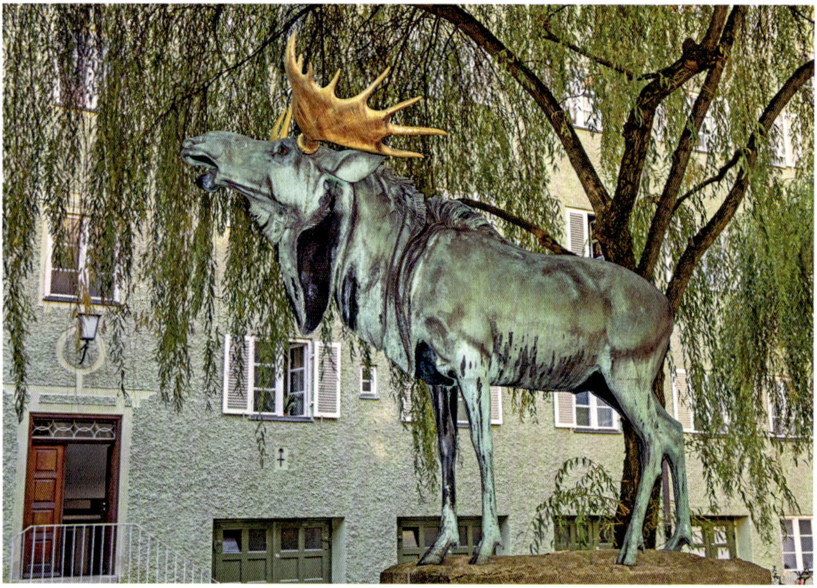

◀ Die Skulptur »Hirtengott Pan« von Ernst Laurenty in der Kastanienallee der Borstei

▶ Ein in Bronze gegossener Zentaur, auf dem Gott Eros reitet, schmückt den Rosengarten.

▼ Heinrich Duell und Georg Pezold fertigten die Skulptur »Elch« für den Weidenhof der Anlage.

Werdenfelser Land, die Szenerie. Die Wege sind gesäumt von Stein- und Bronzeskulpturen, während einige Wände mit kunstvollen Reliefs ausgestattet sind.

Das Fresko »Apollon und die Musen« (1959) an der Kastanienallee ist ein Werk des Wand- und Dekorationsmalers Heinrich Bickel (1897–1965), den man oft auch als den Werdenfelser Lüftlmaler bezeichnet. Lüftlmalerei nennt man die im süddeutschen und österreichischen kleinstädtisch-ländlichen Raum heimische Kunstform der Fassadenmalerei, insbesondere im oberbayerischen Werdenfelser Land und in Tirol ist sie anzutreffen.

In der griechischen Mythologie war Apollon einer der bedeutendsten Götter des Olymps. Er war der Sohn des Göttervaters Zeus und der Göttin Leto. Seine erstgeborene Zwillingsschwester war Artemis, die Göttin der Jagd. Unter anderem galt Apollon als Herrscher über die Musen, die für die verschiedenen Künste verantwortlich waren.

Im Fresko sieht man Apollon in seinem von vier Pferden gezogenen Sonnenwagen. Seitlich davon sind acht der Musen zu erkennen: Kalliope, die Muse der epischen Dichtung, Euterpe, die Muse der Musik und des Flötenspiels, Melpomene, die Muse der Tragödie und des Gesangs, Thalia, die Muse der komischen Dichtung und des Theaters, Urania, die Muse der Astronomie und der himmlischen Poesie, Terpsichore, die Muse des Tanzes und des Chors, Klio, die Muse der Geschichtsschreibung und der lyrischen Poesie, und Polyhymnia, die Muse der Hymnen und der geistlichen Poesie. Erato, die Muse der Liebespoesie und der Lyrik, sitzt über der Eingangstür vor einem harfespielenden Mann.

Neben den haushohen Fresken mit mythologischen Themen wurden auch ein Geräteschuppen und das Müllhäuschen von außen mit Wandmalereien verschönert. Die Motive stellen Märchenszenen dar und stammen ebenfalls von Heinrich Bickel. Das Fresko »Die Jugend in Freud und Leid« aus dem Jahr 1936 im Garten der Ruhe geht auf Paul Bürck (1876–1947) zurück, einen deutschen Maler, Grafiker und Textilgestalter.

Der österreichische Bildhauer Ernst Andreas Rauch (1901–1990), der seine Ausbildung an der Akademie der Bildenden Künste in München absolvierte, schuf in der Borstei unter anderen die Skulpturen »Der goldene Hahn« (im Rosenhof) und »Der vergoldete Reiher« (im Garten der Ruhe). 1962 erhielt er den Förderpreis der Landeshauptstadt München im Bereich Bildende Kunst. Rauch fertigte übrigens auch den wesentlich bekannteren Karl-Valentin-Brunnen am Münchner Viktualienmarkt, den Berolinabrunnen in Schwabing und den Radspielerbrunnen in der Hackenstraße. Zu erwähnen ist, dass Rauch, der 1941 in die NSDAP eingetreten war, 1944 von den Nationalsozialisten auf die sogenannte Gottbegnadeten-Liste gesetzt wurde. Diese 1944 in der Endphase des Zweiten Weltkrieges geschaffene Liste umfasste jene deutschen Künstler, die dem nationalsozialistischen Regime wichtig erschienen und daher von diesem unter besonderen Schutz gestellt wurden. So wurden sie beispielsweise vom Kriegsdienst ausgenommen.

Heinrich Düll (1867–1956) war ein bekannter Bildhauer und Musiker der Prinzregentenzeit. Bereits an der Kunstgewerbeschule lernte er 1885 Georg Pezold (1865–1943) kennen, mit dem er zeit seines Lebens eng zusammenarbeitete. Die beiden Skulpturen »Elch« im Weidenhof und »Hirsch« in der Hildebrandstraße sind ein Werk der beiden Bildhauer. Auch anderswo in München kooperierten die Künstler. Beispielsweise ist der Friedensengel eine Gemeinschaftsarbeit der beiden mit Max Heilmeier.

Weitere Skulpturen finden sich am Haubentaucher-Brunnen mit dem vergoldeten Reiher von Ernst Andreas Rauch oder mit dem »Urteil des Paris« von Jakob Wilhelm Fehrle (1884–1974). Der Seepferdbrunnen und die Bronze des Hirtengottes Pan sind Werke des Bildhauers Ernst Laurenty (1885–1993). Der an den Händen gefesselte Zentaur mit dem auf ihm reitenden Eros ist ein Bronze-Nachguss nach Ariteas und Papias.

Die Bronzeskulptur »Sitzender Keiler« hat einen Zwilling vor dem Jagd- und Fischereimuseum in der Neuhauser Straße. Beide wurden nach italienischem Vorbild vom Bildhauer Martin Mayer (1931–2022) konzipiert. In der Borstei steht die Skulptur allerdings bereits seit den 1960er-Jahren, erst 1976 wurde ein Abguss davon vor dem Jagdmuseum aufgestellt.

Besucher der Borstei stellen meist schnell fest, in welchem magischen Ort sie sich eingefunden haben. Viele kommen gar nicht mehr mit dem Schauen nach, selbst wenn sie es sich auf einer der zahlreichen Sitzbänke gemütlich gemacht haben und nur ihre Blicke schweifen lassen.

Dazu gibt es eine geeignete Ergänzung: das charmante Nini Café Borstei, angeschmiegt an die Altbauten und mit eigener Konditorei. Serviert wird Kuchen wie von Oma gebacken in gemütlicher Atmosphäre. Es wird auch ein leckerer Mittagstisch zubereitet, und der Außenbereich ist ein wahr gewordener Traum (Franz-Marc-Str. 9, Mittwoch bis Sonntag 11–18 Uhr).

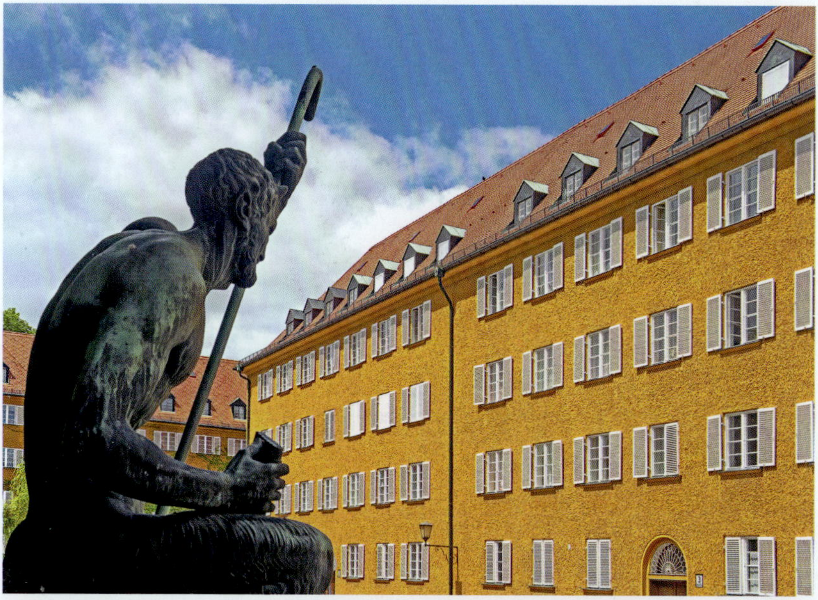

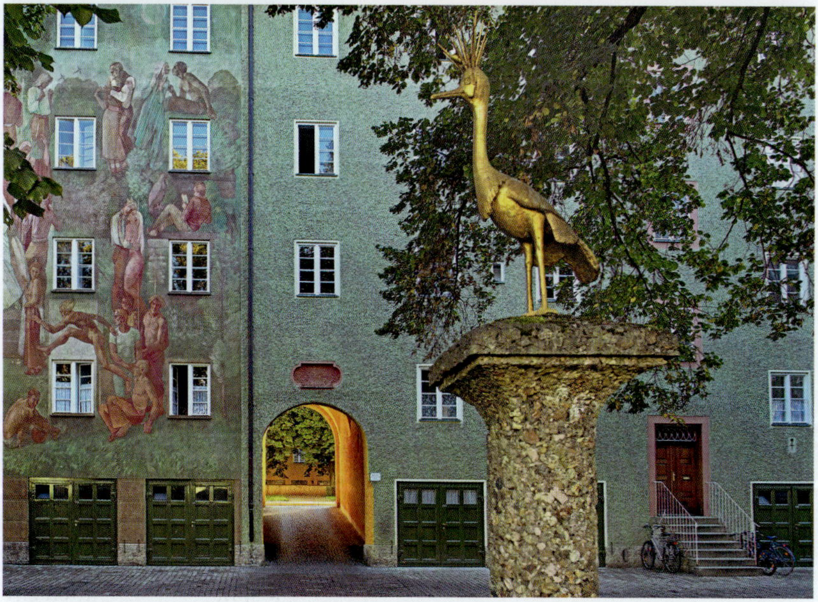

▲ »Hirtengott Pan« mit seinen Attributen, dem gekrümmten Stab und der Flöte
▼ »Der vergoldete Reiher« von Ernst Andreas Rauch ist im »Garten der Ruhe« zu bewundern.

Street Art

Unter dem Begriff Graffiti (Mehrzahl von Graffito) versteht man die Anbringung von gemalten oder gesprühten Texten oder figürlichen Darstellungen auf einer Wand, Mauer, Brücke o. Ä. im städtischen Raum. Ursprünglich entstanden Graffiti als Ausprägung einer Jugendkultur, die nach Ausdrucksmöglichkeiten für politische oder andere Anliegen suchte.

Man findet Graffiti an besprühten Straßenschildern, Hauswänden, Brückenpfeilern, Tunnelwänden und sogar an vollständig bemalten Zugwaggons. In fast allen Fällen wurden sie ohne die Zustimmung der Eigentümer angebracht. Solche Graffiti, die ohne Einwilligung entstanden sind, stellen laut Strafgesetzbuch einen Akt der Sachbeschädigung dar – ungeachtet ihres künstlerischen Wertes. Zusätzlich kann ein unbefugtes Betreten des Grundstücks vorliegen, was zu einer Anzeige wegen Hausfriedensbruchs führen kann.

Der renommierte deutsche Graffiti-Künstler WON ABC, bürgerlich Markus Müller, der eine maßgebliche Rolle bei der Entwicklung der Szene in München spielte, wurde einst zu einer sechsmonatigen Bewährungsstrafe verurteilt. In einem Vergleich mit der Deutschen Bahn einigte sich WON ABC für die von ihm eingeräumten Schäden an S-Bahn-Zügen auf eine Zahlung von 20 000 Mark. Anschließend wandte er sich dem legalen Segment der Street Art zu. Graffiti-Künstler führen meist kryptische Pseudonyme. Ursprünglich diente dies dem Schutz ihrer Identität, später auch dem Aufbau einer Art Marke.

Ein großer Teil der Graffiti scheint nur aus kryptischen Schriftzügen zu bestehen, bei denen mehr oder weniger große Buchstaben und Zahlen das grundlegende Element darstellen. Manchmal sind figürliche Darstellungen in die Schriftzüge integriert, oft im Stil von Comics. In der Fachsprache der Szene spricht man von »Style Writing« (kurz: »Writing«). Von der Öffentlichkeit werden Graffiti in ihrer Form als Writings nicht selten vornehmlich als Schmierereien wahrgenommen. In der Szene ist hingegen ein unverwechselbarer »Style« Voraussetzung für Anerkennung und Ruhm. Sind Graffiti nun als eigene Kunstgattung anzusehen? Von einem Jugendrichter soll der Satz stammen: *»Was Kunst ist, entscheidet nicht der Sprüher, sondern der Eigentümer«*. Das ist natürlich Unsinn. Graffiti können selbstverständlich Kunst sein, ob sie legal oder illegal erstellt worden sind, spielt überhaupt keine Rolle.

Um das Jahr 2005 kam der Begriff Street Art (Straßenkunst) auf, der zunächst als Teilbereich der Graffiti gesehen wurde. Im Lauf der Zeit hat sich das Verhältnis aber umgekehrt und Street Art (auch Streetart) wurde der Oberbegriff für die nicht schriftbezogene Kunst im öffentlichen Raum. Wenn man heute hingegen von Graffiti spricht, meint man ausschließlich die Sparte Writing. Während Graffiti-Writer in erster Linie für sich selbst und eingeweihte Szenemitglieder malen, möchten Street-Art-Künstler in der Regel ein größeres Publikum erreichen. Deshalb sind gegenständliche Motive typisch für Street Art. Sie konfrontiert an alltäglichen Orten Passanten unvermittelt mit Kunst. Erst der Übergang zu dieser Kunstform hat die Urheber aus der Illegalität geführt und das Wirken im Verborgenen, in Fußgängerunterführungen, auf Bauzäunen und auf den Stützpfeilern von Brücken teilweise überwunden.

Dass Street Art in der subjektiven Wahrnehmung der Münchner nur selten im Stadtbild aufzufinden ist, beruht vor allem auf der Tatsache, dass weder private Gebäudeeigner noch die Stadt die notwendigen Flächen in »sichtbaren« Bereichen zur Verfügung stellten. Erst seit Kurzem hält die Stadt für etablierte Künstler offizielle Flächen wie etwa unter der Donnersbergerbrücke oder an der Tumblingerstraße bereit. Aber auch hier handelt es sich meist um Street Art im »Verborgenen«. Inspirierende »sichtbare« Wandmalereien mitten in der Stadt sind jedenfalls immer noch eine Seltenheit, und sie sind weit über das Stadtgebiet verstreut. Man muss die Stellen eben kennen.

Für große Wandgemälde wird häufig der Begriff »Mural« (vom Lateinischen »murus«, »Wand«, Plural: Murals) verwendet – in Anlehnung an den politisch motivierten mexikanischen Muralismo der 1920er-Jahre. Einer der bedeutendsten Exponenten dieser Kunstrichtung war seinerzeit Diego Rivera. Er ist bei uns eher bekannt, weil er mit der Künstlerin Frida Kahlo verheiratet war und über sie eine erfolgreiche Filmbiografie mit der mexikanischen Schauspielerin Salma Hayek in der Hauptrolle vorliegt.

Schon allein aufgrund ihrer Größe können Murals nicht an einem Tag fertiggestellt werden und sind daher keine illegalen Street-Art-Werke mehr. Außerdem erfordern sie aufgrund ihrer Kosten eine Mitwirkung von Sponsoren. So stellt die Stadt München seit 2014 für Graffiti und Street Art eine erhebliche Summe bereit. Der Münchner Stadtrat fördert seit 2016 die gemeinnützige Arbeit des Kunstvereins Positive Propaganda e. V. mit 100 000 Euro im Jahr. Auch Sponsoren aus der Wirtschaft helfen, die Kosten zu tragen.

Dachauer Straße

Wer die Dachauer Straße entlangspaziert, wird von wahren Schätzen der Street Art überrascht. Nicht wenige Fassaden dieser unscheinbaren Gegend trumpfen auf mit bunten Fabelwesen, ausgefeilten Farbkompositionen und surrealen Fantasiewelten voller Anspielungen.

Die Dachauer Straße zählt sicher nicht zu den prachtvollsten Straßen der Landeshauptstadt. Architektonische, städtebauliche oder landschaftliche Highlights, die man in einem Reiseführer erwähnen könnte, gibt es hier nicht. Zwischen Löwenbräukeller und Moosach findet man inmitten charakterloser Nachkriegsarchitektur nur eine Handvoll denkmalgeschützter Gebäude. Doch etwas Besonderes bietet diese Straße dennoch: eine gute Möglichkeit, die faszinierende Welt der Street Art zu entdecken. Murals haben nämlich in der Dachauer Straße Tradition. Hier befand sich in den 1980er-Jahren Europas berühmteste Hall of Fame an den Flohmarkthallen, auf der Graffiti- und Street-Art-Künstler ihre Werke präsentieren konnten.

4 FLORAL UNIVERSE

Die Münchner Kulturszene leuchtete im Sommer 2023 besonders farbenfroh. Denn die bayerische Landeshauptstadt feierte von Februar bis Oktober das Flower Power Festival. Mit Ausstellungen, Konzerten, Performances und Events drehte sich im Rahmen dieser Veranstaltungsreihe in den Münchner Museen und Kultureinrichtungen alles um die Blume.

Das Kunstlabor 2 in der Dachauer Straße 90 ist Münchens größtes kulturelles Zwischennutzungsprojekt. Auf 15 000 Quadratmetern Innen- und Außenfläche des ehemaligen Gesundheitshauses erschuf das Team des Museum of Urban and Contemporary Art (MUCA) ein neues Zentrum für Kunst und Kultur in München. Im Rahmen des Flower Power Festivals fand hier eine ganz besondere Aktion statt: Der Turiner Street-Art-Künstler Luca Ledda (Jahrgang 1984) gestaltete das großformatige Wandbild »Floral Universe« an der 140 Quadratmeter großen Außenwand des Kunstlabors.

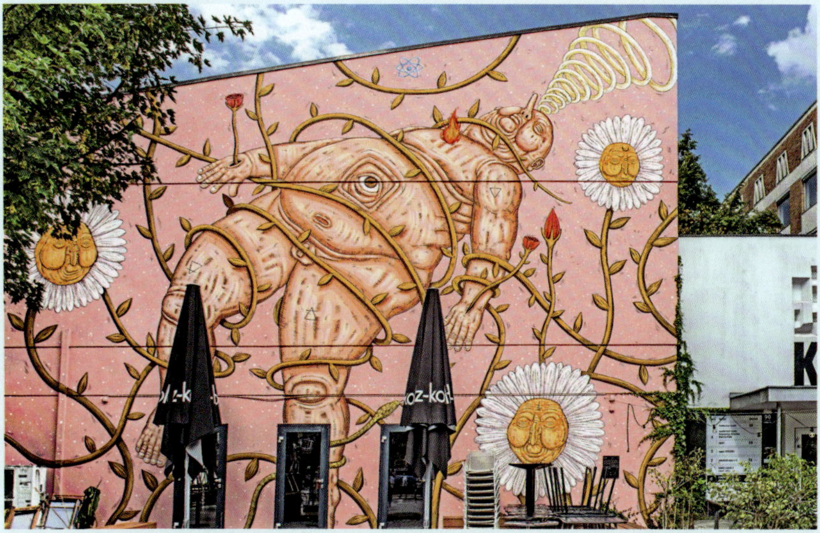

Das wandfüllende Mural des Turiner Künstlers Luca Ledda an der Fassade des »Kunstlabor 2«

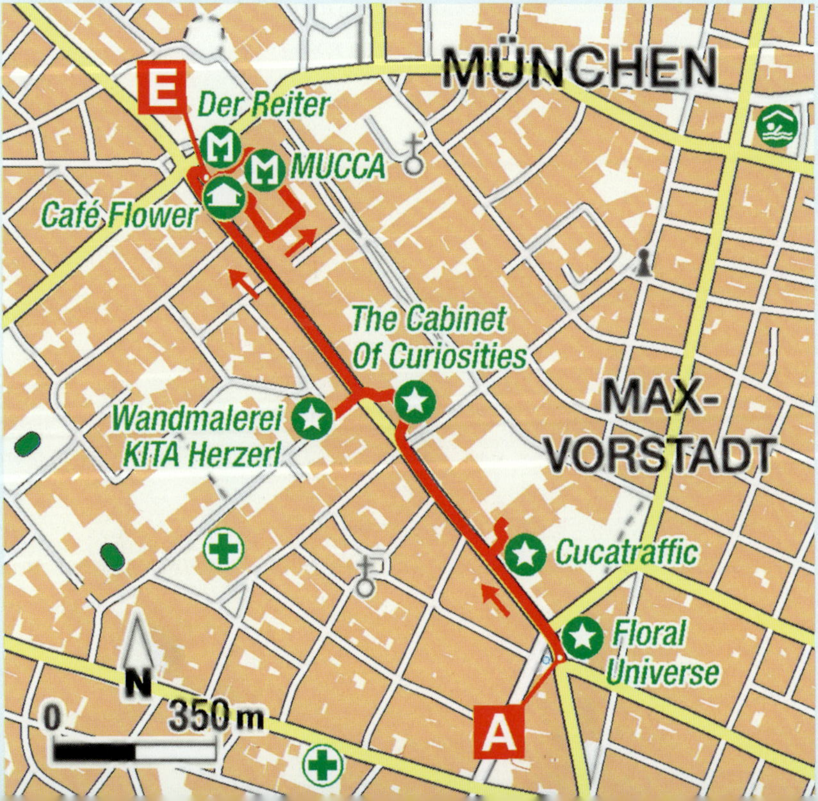

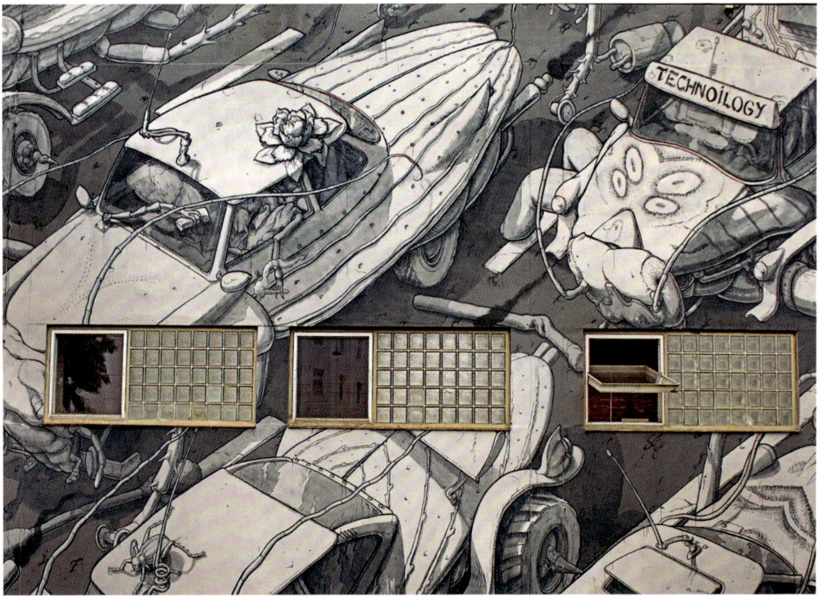

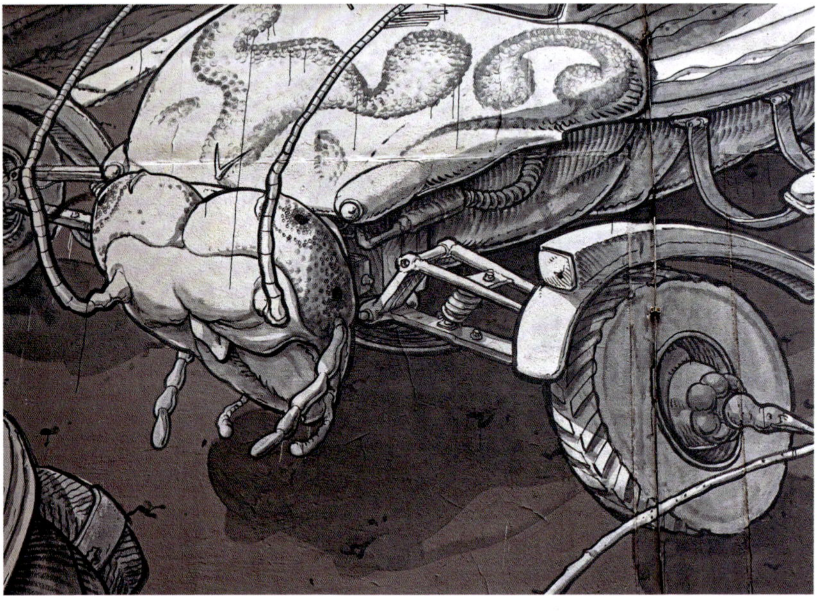

▲ Wandbild des Street-Art-Künstlers Liqen an der Fassade der Städtischen Sporthalle
▼ Autos als schabenähnliche Fabelwesen – surreale Verwandlungen sind typisch für Liqen.

Mit Leddas Worten: »*Mit diesem Kunstwerk möchte ich hervorheben, dass die Natur ein Teil von uns ist, tief verwurzelt in unserem Körper und unserer Seele, und wie wesentlich sie für unser Dasein ist. Die Blumen symbolisieren ihre eigentliche Essenz. Nur ein weitreichendes Bewusstsein wird es uns ermöglichen, in Harmonie mit dem zu leben, was uns umgibt.*«

So ist diese Stelle ein guter Ausgangspunkt für unseren Spaziergang entlang der Dachauer Straße. Das Mural ist ein wahrer Hingucker und soll die Fassade für mindestens ein Jahr zieren. Das ist übrigens eine der Eigenschaften von Street Art: Murals sind nicht unbedingt für die Ewigkeit. An dieser Stelle konnte man beispielsweise bis vor Kurzem noch ein Mural von Case Maclaim und Pepe bewundern.

5 CUCATRAFFIC

Ein weiteres Highlight ist die Städtische Sporthalle an der Dachauer Straße 98 a, an deren Fassade ein über 30 Meter langes und mehr als 7,5 Meter hohes Wandgemälde die Aufmerksamkeit auf sich zieht. »Cucatraffic« ist eines von insgesamt drei Münchner Murals des in Mexiko lebenden spanischen Künstlers Liqen. Er wurde 1980 in Vigo, einer Hafen- und Industriestadt in Galizien, Spanien, geboren und gilt derzeit als einer der wichtigsten Street-Art-Künstler der spanischen Szene. Seine exzellente Beobachtungsgabe und seine Leidenschaft für die Natur, die Zukunft des Menschen und die Vielfalt der Arten, insbesondere der Insekten, verleihen ihm einen außergewöhnlichen Erfindungsreichtum in der Erschaffung von fantastischen Welten mit einem sehr persönlichen Zeichenstil.

In diesem Werk hat Liqen eine einzigartige Szenerie erfunden, in der sich Kakerlaken (auf Spanisch »Cucarachas«, daher der Titel »Cucatraffic«) als Nachfolger der Menschen nach einem verheerenden Atomkrieg die von ihm geschaffenen Technologien zu eigen gemacht haben. In humorvollen Details hält uns der Künstler den Spiegel vor, wobei, inspiriert vom täglichen Berufsverkehr entlang des Murals, auch diese Machtergreifung der Schaben im alltäglichen Stau des Berufsverkehrs stecken bleibt. Das Wandgemälde gehört zu den detailreichsten Werken im öffentlichen Raum Münchens. Gefördert wurde diese Arbeit von der Stadt München und vom gemeinnützig orientierten Kunstverein »Positive Propaganda«.

6 THE CABINET OF CURIOSITIES

Wenig weiter, an der Hauswand der Dachauer Straße 100, kann man seit 2018 eine bunte Fantasiewelt aus surrealen Objekten und Lebewesen bewundern. Das Werk, das die Aufmerksamkeit besonders auf die Formen und Strukturen von Tieren richtet, ist ein weiteres der insgesamt drei Münchner Werke von Liqen in München. Das Wandgemälde »Kuriositätenkabinett« stellt eine Sammlung von Motiven und Gegenständen dar, die dem Künstler im Verlauf seines Lebens begegnet sind oder sich ungeplant in seinen Gedanken eingenistet haben. So werden die Umgebung und das reizlose Geschehen der Dachauer Straße, die man sonst ziellos hinunterrast, zur Kulisse einer seltsamen Traumwelt. In sie kann man, ähnlich einem Erlebnisurlaub, für Augenblicke der Langeweile entfliehen.

»Meine Absicht ist«, so äußerte sich einmal der Künstler über seine Werke, *»durch Visionen und Gedanken ein einziges System von Verbindungen zwischen Körpern und Räumen zu schaffen. Das Herstellen dieser Verbindungen erfordert viel Kontemplation und Konzentration. Es ist etwas sehr Persönliches, das zunächst nur in mir existiert, eine Fähigkeit, Materie zu transformieren mithilfe allen denkbaren Wissens über unsere Vorfahren und über unsere Zukunft.«*

7 WANDMALEREI AN DER KITA »HERZERL«

Bei der nächsten Ampel überqueren wir die Dachauer Straße und biegen in die Lazarettstraße ein. Wenige Meter weiter stößt man auf der linken Straßenseite auf ein Gebäude, dessen Fassade sich mit kräftigen Farben dem atmosphärischen Grau entgegenstellt. Ein Fachkundiger hierzu: *»In extremer Vergrößerung zur Geltung kommende Erscheinungen in Dottergelb und Blau-Grün: Medusen, Andromedanebel, Unterwasserwelten, Inselgestade, Pflanzen oder Sternenhimmel ferner Galaxien«.*

8 DER REITER

Zurück an der Dachauer Straße geht der Spaziergang weiter in Richtung Nordwesten. Viel von der alten Bausubstanz ist auch in diesem Teil der Dachauer Straße nicht übrig geblieben. Nur vereinzelt sind noch einige unter Denkmalschutz stehende Gebäude aus der Zeit der Jahrhundertwende zu sehen.

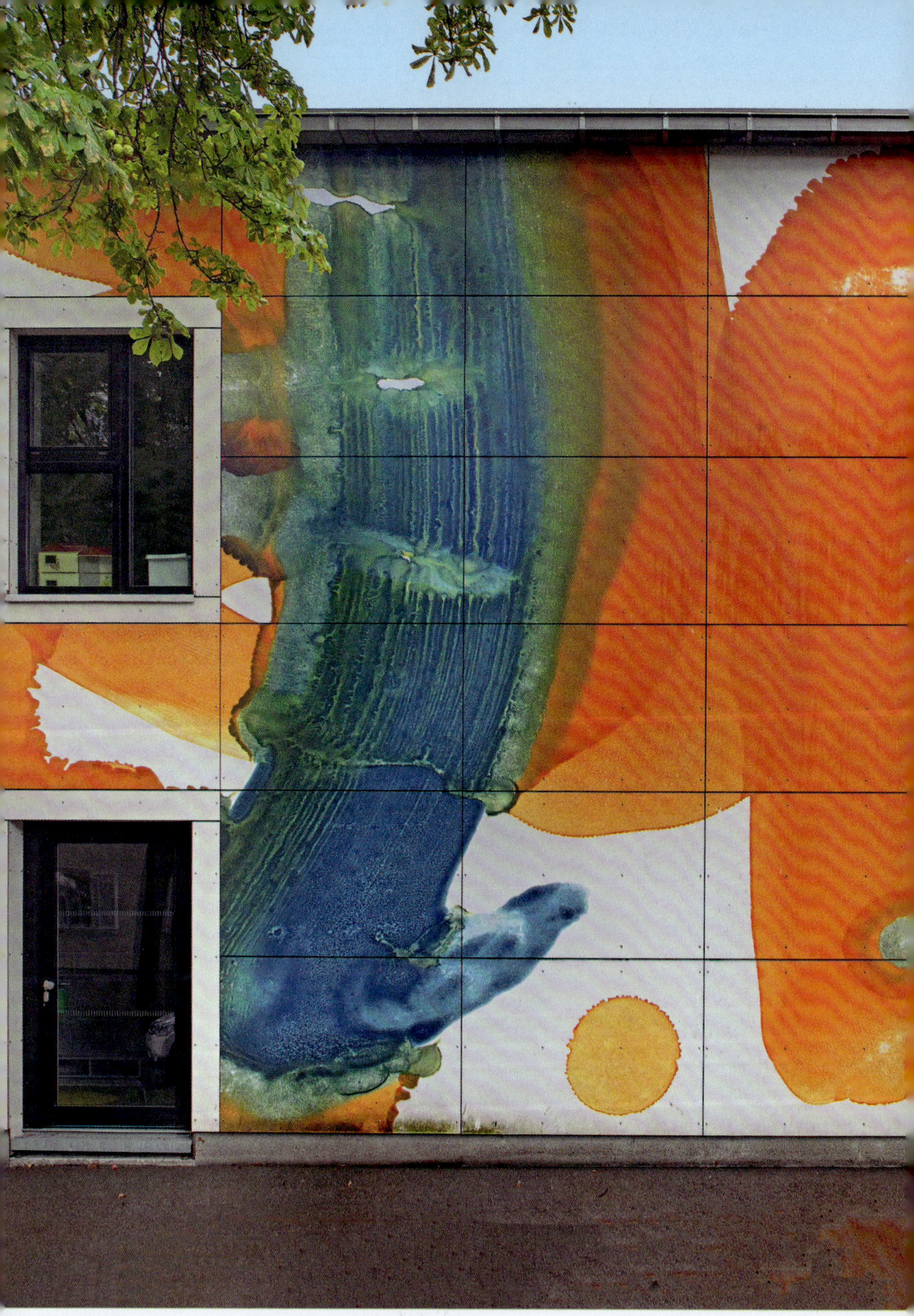

Mit kräftigen Farben gestaltete der Künstler Anthony Werner die Fassade der Kita »Herzerl«.

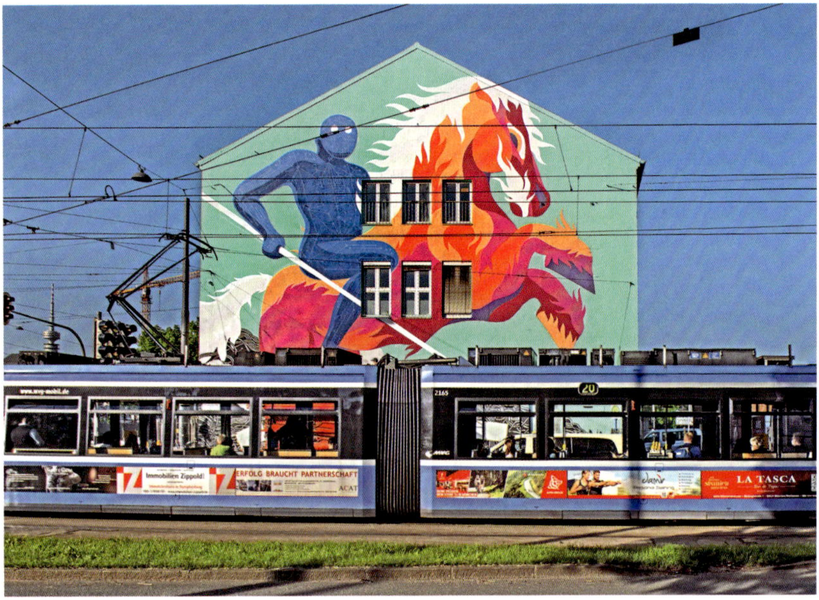

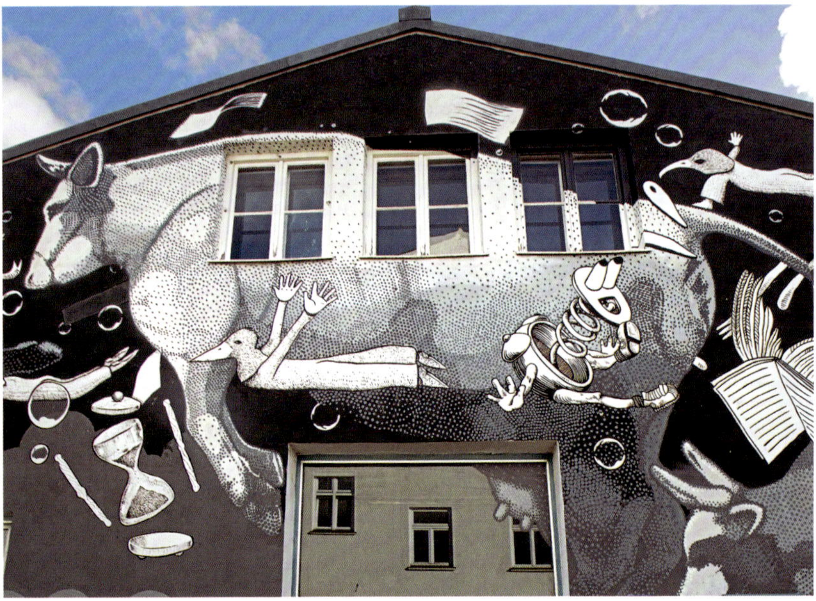

▲ »Der Reiter« an der Fassade des Leonrodhauses für Kunst weist den Weg zum Kreativquartier.
▼ Über die Außenwand der Kultureinrichtung MUCCA schwebt eine weithin sichtbare Kuh.

Diese architektonische Leere wird nur kurz vor der Kreuzung mit der Schwere-Reiter-Straße durch eine Reihe von in vielen bunten Farben lackierten Containern unterbrochen. Sie beherbergen temporäre Ateliers und andere Arbeitsräume für Kreative im sogenannten Kreativquartier, einem Bauprojekt auf dem Gelände der ehemaligen Luitpoldkaserne. Hier, am Knotenpunkt zwischen Neuhausen, Schwabing und der Maxvorstadt, ist ein urbanes Stadtquartier im Entstehen, in dem Wohnen und Arbeiten mit Kunst, Kultur und Wissen verknüpft werden sollen. Neben kulturellen, kreativwirtschaftlichen, sozialen und gewerblichen Nutzungen sind mindestens 820 Wohnungen, eine Grundschule, ein Hochschulneubau sowie öffentliche Grün- und Freiflächen geplant.

Auf dem Areal existiert bereits seit Langem eine lebendige Gemeinschaft, die vielseitige kreative Freiräume schafft und erhält. Hier betreiben Künstler und Designer Ateliers und offene Werkstätten. Es gibt Proben- und Aufführungsbühnen für freie darstellende Künste sowie Einrichtungen und Programme für künstlerische und kulturelle Bildung. Dieses Gelände zeichnet sich weiterhin durch seine alten, verfallenen Industriegebäude, ungenutzten Flächen und vor allem die allgegenwärtigen Wandmalereien aus, die von einfachem Gekritzel über Graffiti bis hin zu kunstvollen »Autoren«-Wandgemälden reichen. Es lohnt sich auf jeden Fall, durch das Areal zu spazieren.

Seit Juni 2022 hat die Fassade des Hauses Schwere Reiter gegenüber dem Leonrodplatz ein neues Gesicht. Das Gebäude, das inzwischen »Leonrodhaus für Kunst« heißt, zeigt einen blauen Reiter, der auf einem galoppierenden Pferd in Richtung Kreativquartier weist. Dieses Werk wurde von Anna Sette, Karim Dabbèche und Jörg Solzbacher entworfen und umgesetzt. Dieser neue Blickfang am Leonrodplatz stellt mit einer Fläche von 220 Quadratmetern zugleich das größte Urban-Art-Gemälde in Neuhausen-Nymphenburg dar.

9 MUCCA

Im Kreativquartier befindet sich auch das Munich Center of Community Arts (MUCCA), ein Projekt des Instituts für Angewandte Kulturelle Bildung. Es bietet Entfaltungsmöglichkeiten für künstlerische, kulturpädagogische und soziale Projekte, interdisziplinäre Kulturarbeit und experimentelle Veranstaltungsformate. Auf Italienisch bedeutet das Wort »mucca« »Kuh«. Kein Zufall also, dass das Mural auf der Fassade des Gebäudes eine Kuh darstellt.

10 HÄNDE HOCH FÜR WAFFENKONTROLLE

Ein weiteres Werk, das die Fassade des Gebäudes ziert, ist 2012 auf Anregung und mit Unterstützung von Positive Propaganda e. V. entstanden. Urheber ist KRIPOE (Mitglied der CBS Crew, Berlin). Die gelben Fäuste, anderswo sind sie auch weiß, gelten als Symbol für Rebellion und Anarchie. Es gibt sie in München auch an anderen Orten – etwa im Bahnbereich zwischen Hackerbrücke und Hauptbahnhof oder an der Landshuter Allee – und in anderen Städten Deutschlands. Einsehbar ist das Mural am besten von der Schwere-Reiter-Straße aus. Dieses erste Positive-Propaganda-Projekt zum Thema »Hände hoch für Waffenkontrolle« entstand in Kooperation mit Amnesty International München. Es war nicht leicht für den Verein, den bedeutenden und damals bereits als authentischsten deutschen Street-Art-Künstler betrachteten KRIPOE für ein offizielles Street-Art-Projekt zu gewinnen. Er war wegen seiner »subversiven künstlerischen Energie« in der noch relativ jungen deutschen Street-Art-Geschichte bereits ein Star.

Im Kreativquartier gibt es ein empfehlenswertes, schnuckeliges Café, das Café Flower. Die großzügige Terrasse lädt zum Verweilen ein. Dort kann man ein täglich wechselndes Mittagsmenü genießen oder zusammen mit feinstem »Caffè« den exquisiten selbst gebackenen Kuchen probieren. Ein idealer Abschluss für diesen Street-Art-Spaziergang.

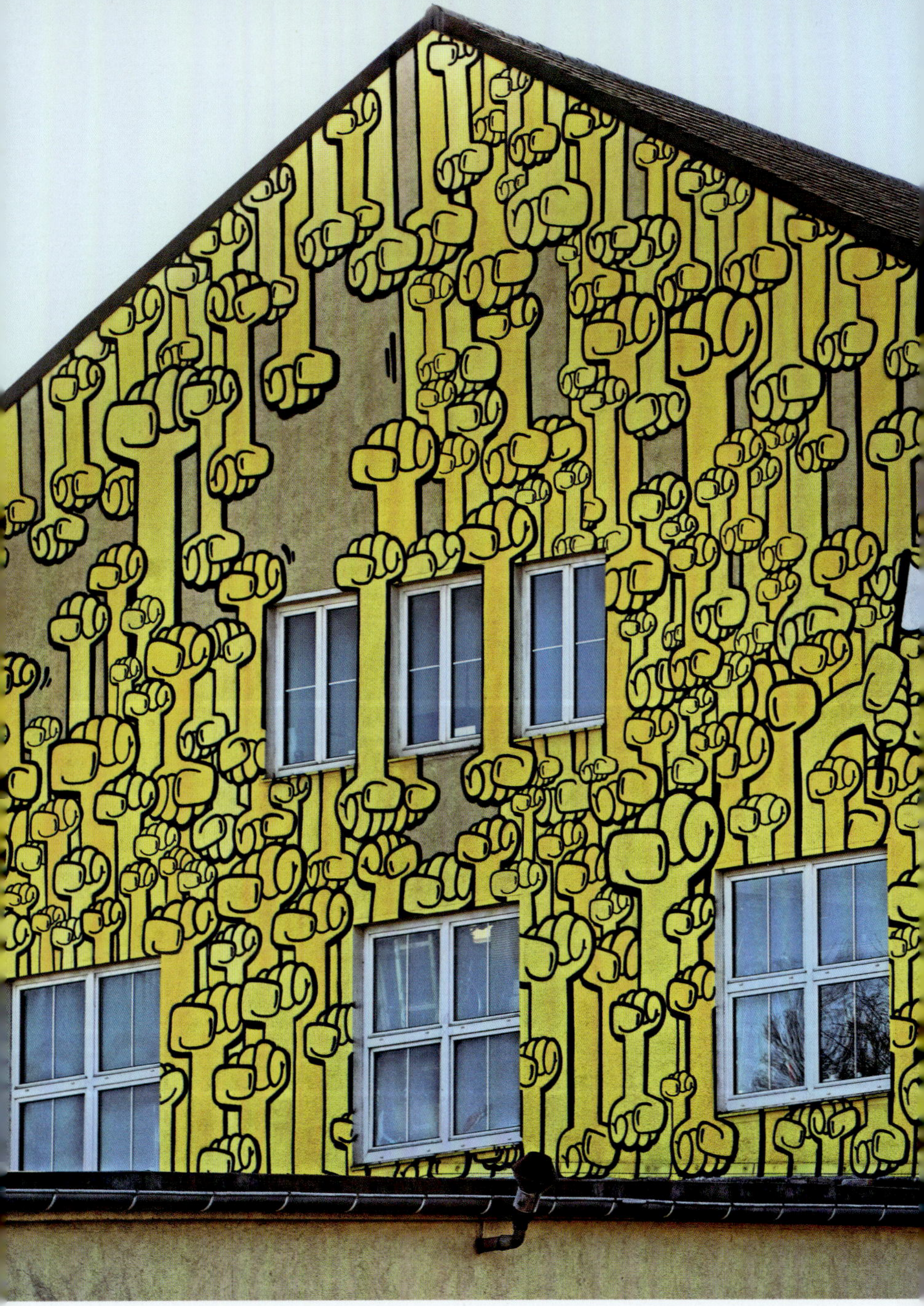

Ein Projekt mit Amnesty International inspirierte den Künstler KRIPOE zu gelben Protestfäusten.

Bayerstraße

11 GEORG-ELSER-GRAFFITO

8. November 1939: Im Münchner Bürgerbräukeller sind Tausende Personen versammelt, darunter ein großer Teil der NS-Führungsspitze wie Martin Bormann, Joseph Goebbels und Heinrich Himmler. Dicht gedrängt sitzt die Parteiprominenz vor Hitlers Rednerpult. Wie die Jahre zuvor gedenken sie des Hitler-Putsches von 1923. Kurz nach 21 Uhr beendet der Führer frühzeitig – wegen des schlechten Wetters ist ein Rückflug nach Berlin nicht möglich, sodass die Rückreise per Sonderzug erfolgen muss – seine Rede und verlässt um 21.07 Uhr den Bierkeller in Richtung Hauptbahnhof. Nur 13 Minuten später, um 21.20 Uhr, verwüstet eine mächtige Explosion den inzwischen fast leeren Saal. Acht Personen sterben, 57 Personen werden verletzt.

In mehr als 30 Nächten hatte der Widerstandskämpfer Johann Georg Elser (1903–1945) in mühevoller, riskanter Arbeit die Säule neben Hitlers Rednerpult ausgehöhlt und darin eine Bombe mit Zeitzünder deponiert. Die Bombe explodierte exakt zu der von Elser vorgesehenen Zeit, aber wegen der früheren Abfahrt des Führers scheiterte das Attentat. Tragisch auch, dass Elser bereits um 20.45 Uhr – 35 Minuten vor der Explosion der Bombe – bei dem Versuch, in die Schweiz zu fliehen, festgenommen wurde. Er hatte sich unter anderem damit verdächtig gemacht, dass seine Grenzkarte abgelaufen war.

Seit 2017 gibt es auf einer 22 Meter hohen Hauswand im Hof des Pressehauses von »Münchner Merkur« und »tz« ein großflächiges Mural, das den Widerstandskämpfer Georg Elser verewigt. Hinter der Aktion standen unter anderen die Stadtsparkasse, der Münchner Merkur und die tz. Die Idee stammte von tz-Chefredakteur Rudolf Bögel, der damit der Street Art eine größtmögliche Öffentlichkeit geben wollte. Gestaltet wurde das Wandgemälde von den zwei international bekannten Street-Art-Künstlern der Münchner Szene Loomit (Mathias Köhler) und WON ABC (Markus Müller). Begleitet wird das Konterfei von Georg Elser auf dem Mural von weiteren Figuren, die ebenfalls für Freiheit und gegen Unterdrückung kämpften, wie Zorro und Robin Hood. Aber auch Justitia, die Göttin der Gerechtigkeit, und Julius Caesar, der ermordete römische Staatsmann, sind zu sehen.

12 DURCH DIE BLUME GESAGT

In nicht allzu großer Entfernung vom Georg-Elser-Graffito schmückt ein weiteres großformatiges Mural die Fassaden einer Straße. Es stammt von ESCIF, einem spanischen Künstler aus Valencia, der mit seinen Wandmalereien, Videos, Installationen und Zeichnungen internationale Bekanntschaft erreicht hat. Während dem Künstler in München zunächst der Blumenreichtum der Stadt auffiel, stieß er bei seinen Recherchen bald auf die Anwesenheit einer Reihe von Rüstungskonzernen in der Stadt. So kam es zum Motiv seiner ersten großformatigen Arbeit in München: »Durch die Blume gesagt«. Hinter einem aus der Ferne malerisch aussehenden Mural in der Paul-Heyse-Straße, einer Querstraße der Bayerstraße, verbirgt sich eine harte politische Aussage. Die Dekorationselemente einer elegant designten Blumenvase entpuppen sich bei näherem Hinsehen als letale Waffen: Handgranaten, Panzer, Raketen, Maschinengewehre. Das Projekt wurde realisiert in Zusammenarbeit mit dem bereits erwähnten gemeinnützigen Kunstverein Positive Propaganda, der sich der Etablierung unabhängiger avantgardistischer Kunst im öffentlichen Raum widmet.

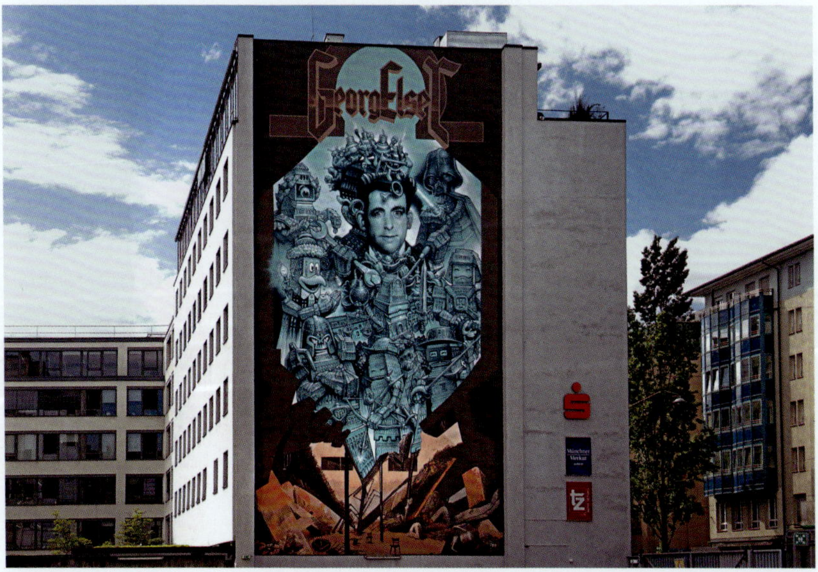

WON ABC und Loomit setzten dem Widerstandskämpfer Georg Elser ein beeindruckendes Denkmal.

Westend

Abgesehen von Bavaria und Ruhmeshalle hatte Münchens einstiges »Glasscherbenviertel« früher wenig Ansehnliches zu bieten. Das hat sich gründlich geändert: Zwischen Hinterhöfen, Alt- und Neubauten trifft klassische Bildhauerei auf internationale Street Art.

Machen wir einen kleinen Schritt zurück in die gute alte Zeit: zu einem Rückzugsort im Grünen, einer kleinen Ruheoase, die noch vor ein paar Jahren als echter Geheimtipp galt. Denn der bezaubernde Bavariapark ist erst seit 1999, nach dem Umzug der Messe in die Messestadt Riem, der Öffentlichkeit wieder uneingeschränkt zugänglich. Wir befinden uns im Stadtteil Schwanthalerhöhe, von den Münchnern meist »Westend« genannt. Der Park liegt auf der Theresienhöhe gleich oberhalb der Bavaria, von dieser nur durch den Bavariaring über der Theresienwiese getrennt.

13 BAVARIAPARK

Dass hier ein etwa sieben Hektar großes Areal zum Flanieren angelegt wurde, hat mit der geplanten Ruhmeshalle Ludwigs I. zu tun. Der bayerische König ließ zwischen 1825 und 1831 einen Eichenhain anlegen, in dem zunächst der Bau der Villa Theresienburg für seine Gemahlin angedacht war. Dazu kam es nicht, doch der Park im englischen Stil sollte wenigstens als Naturkulisse für die ab 1843 erbaute Säulenhalle dienen. Ab 1872 wurde es dann dem gemeinen Volk gestattet, sich einige Tage im Jahr in diesem Park aufzuhalten. Vor der großen Ausstellung »München 1908« wurde der Park mit Spazierwegen ausgestattet und künstlerisch aufwendig verschönert. Vor allem die Bildhauer der Landeshauptstadt kamen dabei zum Zuge. Sie schufen eine Reihe imposanter Skulpturen von Fabelwesen, Helden und allegorischen Figuren, die den erholungssuchenden Besuchern, die entlang der baumbewachsenen Ränder des Parks flanieren, zugleich ein beachtliches Kunsterlebnis bieten.

Am westlichen Rand des Parks blickt eine anmutige in Stein gemeißelte mythologische Figur auf die große Wiese inmitten des Parks, wo Sonnenanbeter,

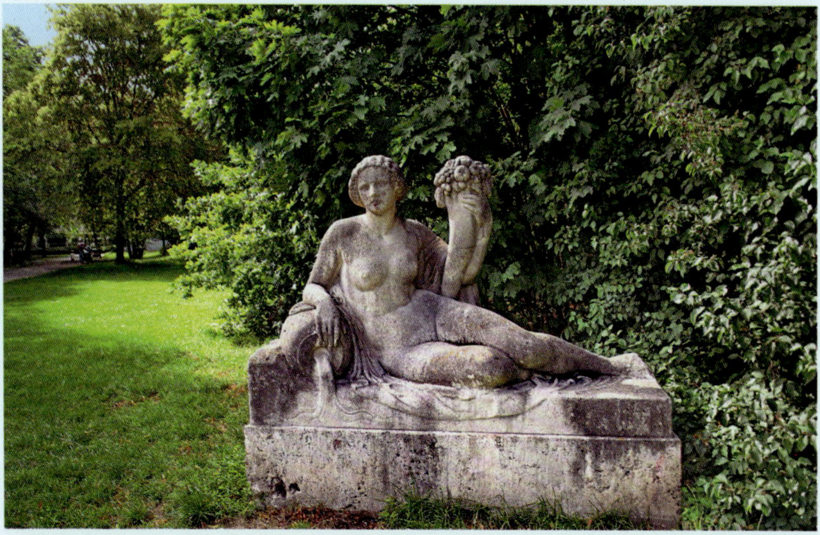

Die Flussnymphe von Heinrich Düll und Georg Pezold beobachtet das Geschehen im Park.

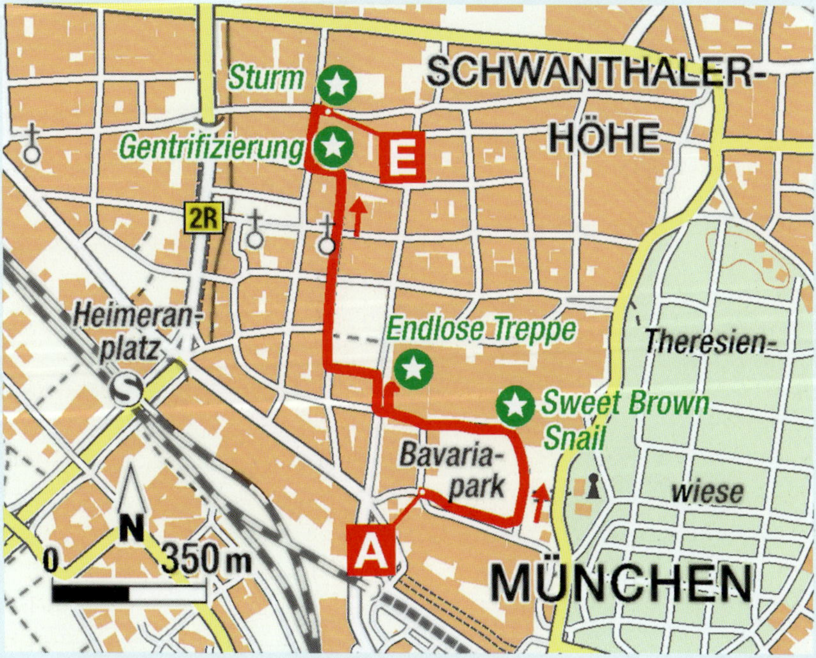

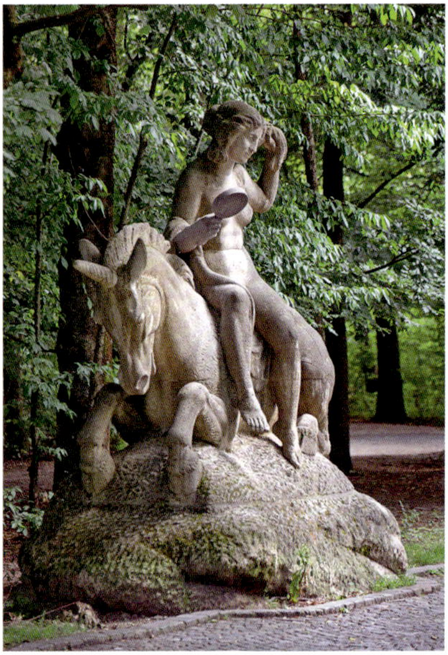

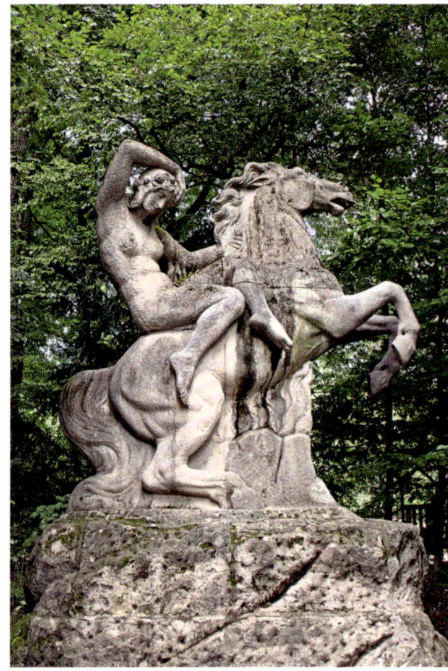

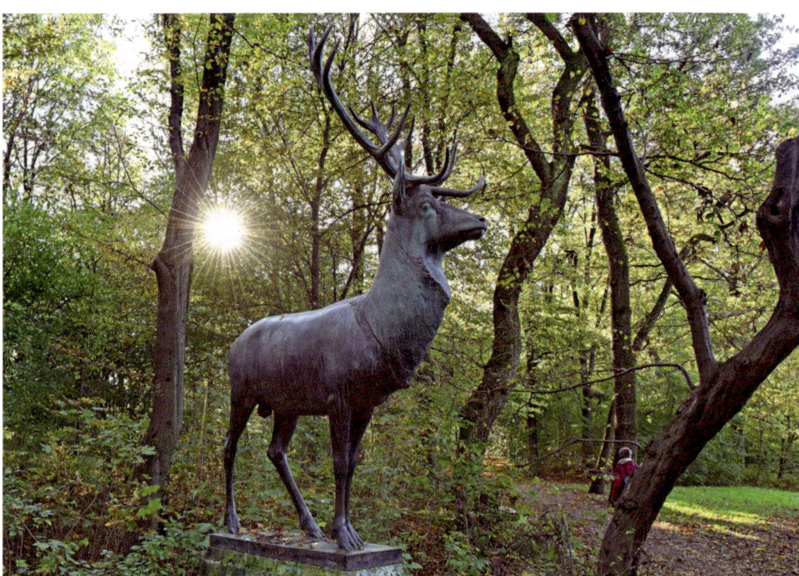

◀ Weitere Attraktion des Parks: die Allegorie der »Schönheit« von Hermann Hahn
▶ Eine Allegorie der »Phantasie« schuf Carl Ebbinghaus mit seiner Reiterin auf wildem Pferd.
▼ Der Bronzehirsch von Theodor Georgii ist nur eine der imposanten Tierplastiken im Park.

spielende Kinder und picknickende Familien auf ausgebreiteten Decken die grüne Idylle genießen. Die liegende »Flussnymphe« (1907) von Heinrich Düll und Georg Pezold betrachtet mit einem sanften Lächeln das malerische Landschaftsbild des Parks. Unbekleidet, auf einem Schleier hingestreckt, stützt sie sich auf ein Gefäß, aus dem Wasser fließt, das eine Quelle symbolisiert. In ihrer anderen Hand hält sie ein Füllhorn mit Früchten, Symbole der Fruchtbarkeit.

Weibliche Figuren waren seit Mitte des 19. Jahrhunderts in der Bildhauerei als Schmuck- oder Stützfiguren sehr populär, und viele der schönsten Idealfiguren sind allegorisch zu verstehen. So wird beispielsweise Justitia (als die Gerechtigkeit) oft dargestellt als Frau mit verbundenen Augen (ohne Ansehen der Person), die in der einen Hand eine Waage hält (genau abwägend) und in der anderen ein Schwert (urteilend).

Von Hermann Hahn (1868–1942) ist die Statue einer Jungfrau auf einem Einhorn, die als »Allegorie der Schönheit« gilt. Die unbekleidete Frau hält in einer Hand einen Spiegel, mit der anderen hebt sie ihr Haar. Nach der Legende ist das Einhorn ein menschenscheues Wesen, das sich nur im Schoße einer reinen Jungfrau zähmen lässt. Von Bernhard Bleeker (1881–1968), der zu den Hauptvertretern der sogenannten Münchener Bildhauerschule zählte, stammt die Statue eines Jünglings auf einer Seekuh, eine Allegorie für Reichtum.

Eine junge unbekleidete Frau, von einem Tuch umflattert und mit einem Blumenkranz im Haar, sitzt seitlich auf einem wild galoppierenden Pferd. Sie gilt als »Allegorie der Phantasie« und wurde in den Jahren 1907/1908 von Carl Ebbinghaus (1872–1950) erschaffen. Ein wesentlich bekannteres Werk von Ebbinghaus ist sein Schmied-von-Kochel-Denkmal an der Lindwurmstraße, keine Viertelstunde vom Bavariapark entfernt.

Von ungewöhnlicher Ausdrucksstärke ist die »Reiterstatue Kraft« (Herkules auf einem Stier) von Fritz Behn (1878–1970). Man erkennt den halbgöttlichen Kraftprotz am Löwenfell auf dem Rücken. Behn gehört zu den profiliertesten deutschen Tierbildhauern des 20. Jahrhunderts. Die Tierwelt Afrikas stand zeitlebens im Mittelpunkt seines künstlerischen Schaffens. Auf den in Sankt Petersburg geborenen Bildhauer Theodor Georgii (1883–1963) geht der minutiös gearbeitete Bronzehirsch auf der Ostseite des Parks zurück. Die »Weibliche Herme« mit Brunnenbecken von Heinrich Düll und Georg Pezold und die Statue eines »Ruhenden Fauns« von Cipri Adolf Bermann (1862–1942) vervollständigen am nördlichen Rand des Parks die interessante Galerie.

Ebenfalls am nördlichen Rand des Bavariaparks ist die ausdrucksvolle Bronzearbeit »Wilde Pferde« von Georg Roemer (1868–1922) zu sehen. Sie entstand 1907. Die aufbäumenden Tiere wurden auf einem erhöhten Sockel platziert, der mit kunstvollen Reliefs verziert ist.

Zwischen dem Verkehrsmuseum des Deutschen Museums und dem Bavariapark befindet sich das Wirtshaus am Bavariapark. Das unter Denkmalschutz stehende Gebäude ist eines der letzten noch erhaltenen Baudenkmäler des alten Messegeländes auf der Theresienhöhe. Das ruhige und doch zentral gelegene Wirtshaus mit seinem wunderschönen Biergarten gilt unter Münchnern als Geheimtipp und als idealer Ort zum Entspannen und Erleben bayerischen Lebensgefühls.

14 SWEET BROWN SNAIL

Unzählige Male posieren Touristen vor einer riesengroßen Weinbergschnecke für ein Erinnerungsfoto, und immer wieder versuchen Kinder, die Statue zu erklimmen. Mit ihrem grauen Körper und dem rotbraunen Häuschen blickt die Schnecke aus ihren schwarzen Kulleraugen und lächelt. Die imposante aus Fiberglas gefertigte 4,50 Meter große Plastik befindet sich auf dem Platz zwischen dem Bavariapark und dem Verkehrszentrum des Deutschen Museums, wo sie sich harmonisch in die idyllische Parkumgebung einfügt.

Das Kunstwerk »Sweet Brown Snail« entstand 2007 im Rahmen des Kunst-am-Bau-Programms der Stadt nach dem Entwurf der US-amerikanischen Künstler Jason Rhoades und Paul McCarthy. Das Objekt ist die 29-fache Vergrößerung einer Tonschnecke, die als Nippes verkauft wird. Eine Schnecke passte gut zum Thema Mobilität. Sie steht in einem ironischen Kontrast zum Traum von maximaler Geschwindigkeit, verkörpert aber gleichzeitig mit ihrem tragbaren Haus die Sehnsucht nach uneingeschränkter Mobilität.

Im Sommer 2023 wurde von der Künstlerin Dana Lürken vor der Schneckenplastik ein »Schneckengarten« angelegt. Das Projekt bildete den Auftakt der Annuale 2023 von Public Art München, die unter dem Motto »Freiräume« stand. Es handelte sich um eine künstlerische Arbeit, bei der der Schnecke ein üppiges Gartenbeet aus Nutz- und Zierpflanzen vor die Füße gelegt wurde. Der Bezirksausschuss Schwanthalerhöhe gab trotz einiger Bedenken schließlich seine Zustimmung.

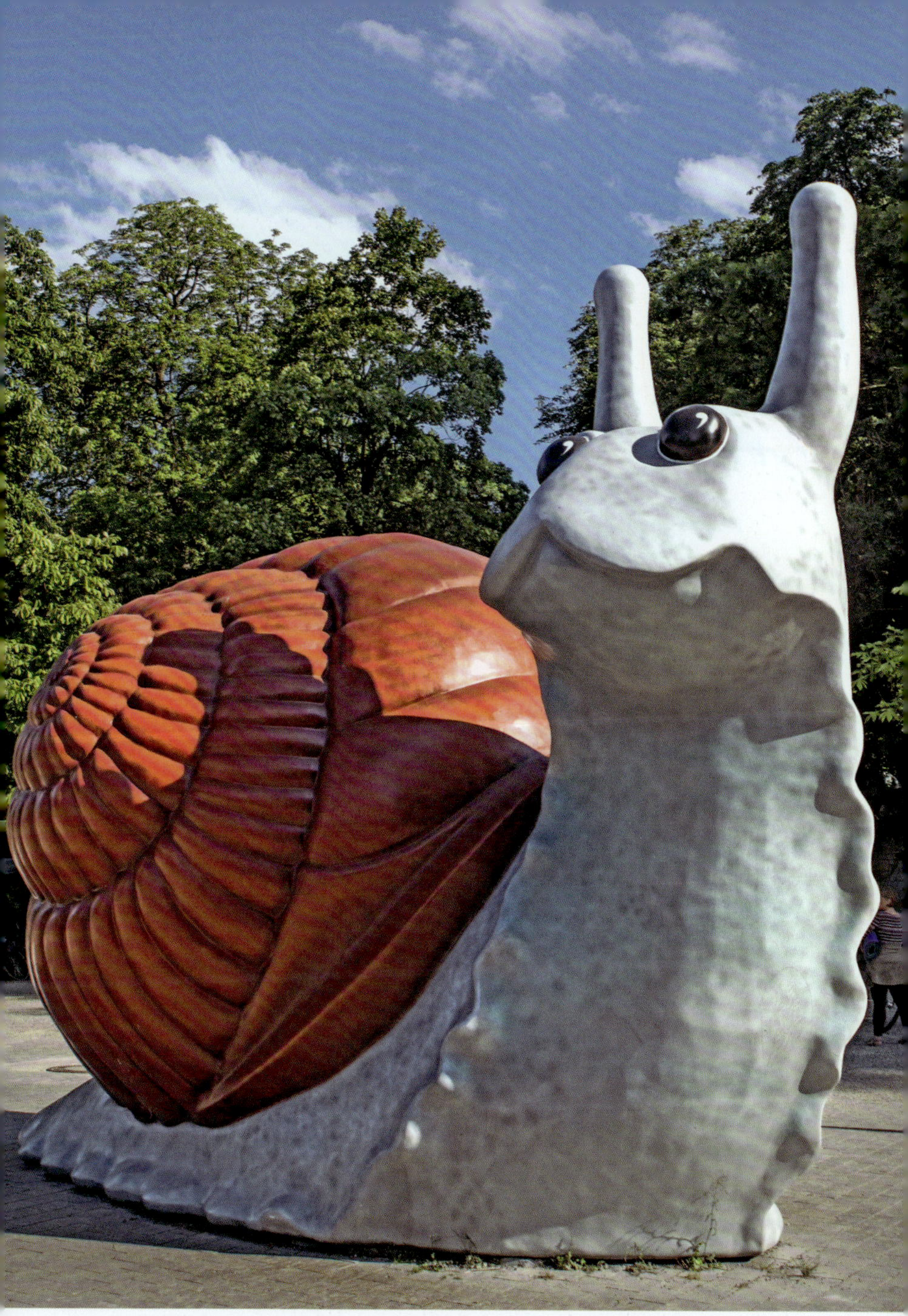

Die Skulptur »Sweet Brown Snail« ist mit ihrer Höhe von 4,50 Metern nicht zu übersehen.

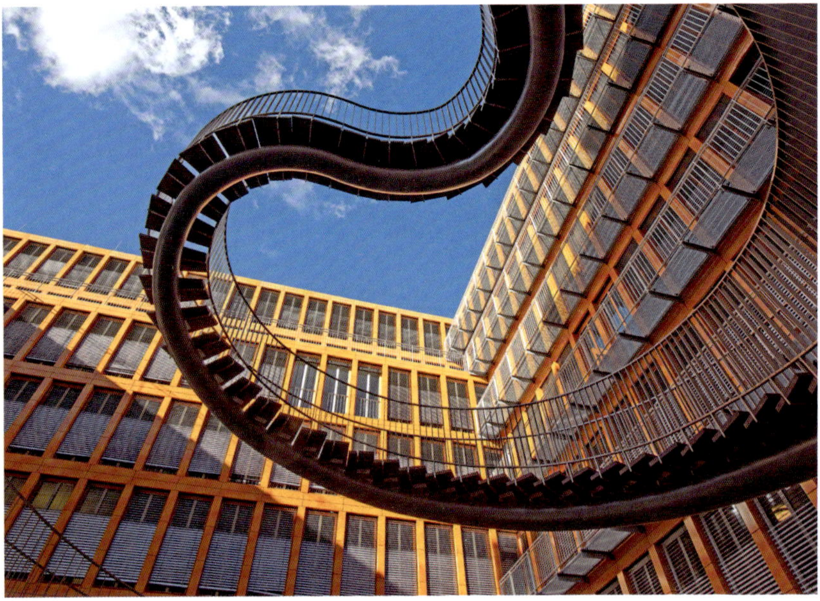

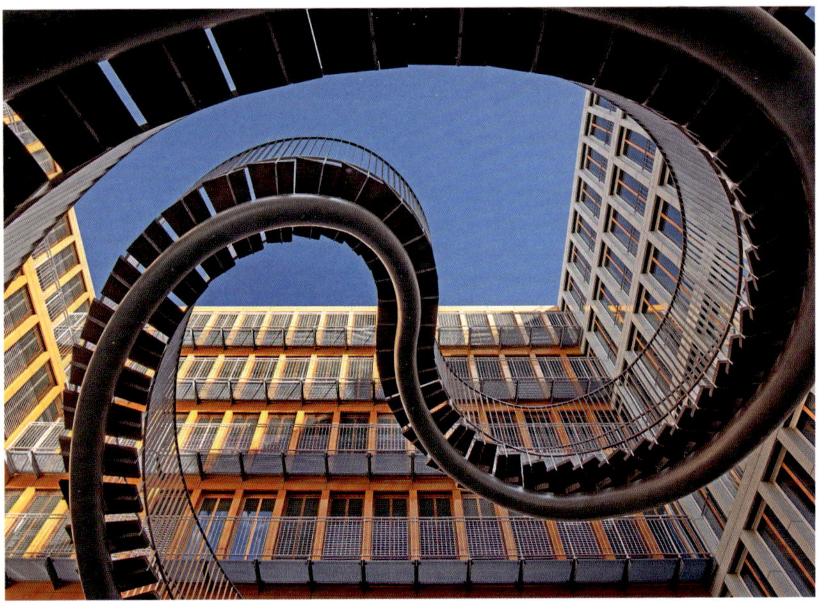

▲ Bestaunen erlaubt, betreten verboten: Abseits der Straße schlängelt sich dieses Werk empor.
▼ »Umschreibung« nannte Ólafur Elíasson seine Skulptur in Form einer endlosen Treppe.

Unser Spaziergang geht weiter in Richtung Westen zur Ganghoferstraße. Diese Straße hat nach dem Wegzug der Messe nach Riem den Charakter einer städtebaulichen Grenze angenommen, denn die frei gewordenen Areale wurden zum Experimentierfeld für Architekten und Stadtplaner. Es entstanden moderne Wohnquartiere und noch modernere Büros. Auffällig sind besonders der geschachtelte Wohnturm »Park Plaza« und der riesige Bürokomplex der »Theresie«. Auf der anderen Seite der Ganghoferstraße findet man das »alte Westend«, wie die Münchner es lieben. Knapp die Hälfte des Baubestands im Viertel soll aus der Zeit vor 1919 stammen.

15 ENDLOSE TREPPE

In der Ganghoferstraße 29, im Innenhof der Wirtschaftsprüfungsgesellschaft KMPG befindet sich ein Kunstwerk, an dem man kaum zufällig vorbeikommt: die »Endlose Treppe« des dänisch-isländischen Künstlers Ólafur Elíasson (*1967). Offiziell heißt das Werk »Umschreibung«.

Die neun Meter hohe Konstruktion besteht aus zwei stählernen Wendeltreppen. Scheinbar mühelos verzahnen sich diese ineinander und bilden eine Doppelspirale, deren Helixform an die Struktur der DNA erinnert und einen endlosen Kreislauf verkörpert. Tatsächlich kommt es einem am Fuß der Treppe zunächst vor, als gäbe es endlos viele Stufen. Die Treppe führt ins Nirgendwo, denn sie ist in sich geschlossen. Das heißt, sobald man oben angekommen ist, geht es automatisch wieder hinunter. Bemerkenswert ist, wie die Struktur am unteren Punkt ausbalanciert ist und das Konstrukt filigran trägt. Ein Hinweisschild untersagt das Betreten des Kunstwerks!

Man könnte meinen, dass die Treppe ein wenig wie das Leben selbst ist, ein ständiges Auf und Ab. Ob das eine der Aussagen ist, die der Künstler uns mit seinem Werk mitgeben wollte, mag der Betrachter für sich entscheiden. Die Treppe fordert das Publikum jedenfalls immer wieder heraus, sie aus neuen Positionen und Perspektiven in Augenschein zu nehmen.

In München ist Ólafur Elíasson mit weiteren Werken im öffentlichen Raum vertreten: mit dem »Wirbelwerk« im Lenbachhaus, dem »Bühnenfenster« der Bayerischen Staatsoper, der »Sphere« in den Fünf Höfen und der »Mooswand« an der Fassade der Munich Re. Sie alle folgen einem Leitgedanken: »Man sieht Dinge nur, wenn man sich bewegt«.

Keine hundert Meter von der endlosen Treppe entfernt, gibt es in der Sandtnerstraße 5 ein kleines gemütliches Café, das Lohner und Grobitsch. Diese Adresse, ein ehemaliger Feinkostladen, ist ein Ort zum Wohlfühlen, in dem es nach selbst gebackenen Kuchen duftet. Vor allem der helle Raum und die großen Fenster mit Blick auf die Grünanlage des Georg-Freundorfer-Platzes sind sehr einladend! Innen hängt ein Bild des Vorbesitzers, der hier über Jahrzehnte einen kleinen Feinkostladen hatte (Dienstag bis Sonntag 10–18 Uhr).

16 GENTRIFIZIERUNG

Als »Gentrifizierung«, von englisch »gentry«: niederer Adel, bezeichnet man den Strukturwandel großstädtischer Viertel zugunsten zahlungskräftiger Eigentümer und Mieter. Damit ist meist der Austausch ganzer Bevölkerungsgruppen verbunden. Während sich früher eine einfache Familie noch lebenswerten Wohnraum innerhalb einer Großstadt leisten konnte, werden aktuell immer mehr Menschen aus der Stadt verdrängt, und aus einst lebendigen Wohngegenden werden leblose Quartiere für finanzstarke Gesellschaftsgruppen. Damit verschwinden zahlreiche charmante Ecken.

In den früheren Arbeitervierteln im Münchner Westend begannen bereits in den 1970er-Jahren umfangreiche Sanierungen. So sind heute eine Vielzahl der Wohnanlagen des Viertels längst fein renoviert, und trotzdem hat sich das Westend mancherorts seinen ursprünglichen, nicht vollständig »sanierten« Charme bewahrt. Obwohl die Gentrifizierung auch hier in vollem Gange ist, findet man nach wie vor kleine Geschäfte, authentische »Boazn«, türkische Gemüsehändler und mit Graffiti verzierte Hauswände.

Ericailcane (geboren 1980 in Belluno, Italien) ist das Pseudonym eines italienischen bildenden Künstlers, dessen vielfältige künstlerische Praxis Graffiti, Street Art, Holzschnitte, Illustrationen und Zeichnungen umfasst, wobei seine Werke hauptsächlich Tierfiguren darstellen. Ähnlich wie der griechische Dichter Äsop verwendet Ericailcane Tiere als allegorische Vertreter des Menschen, um moralische und ethische Botschaften zu vermitteln. Gemeinsam mit seinem engen Freund und künstlerischen Weggefährten BLU zählt Ericailcane zu den Pionieren der heutigen »Muralismus«-Bewegung.

Seit 2015 ziert sein Werk »Gentrifizierung« eine Hauswand in der Tulbeckstraße im Westend, das er in Zusammenarbeit mit dem Verein Positive

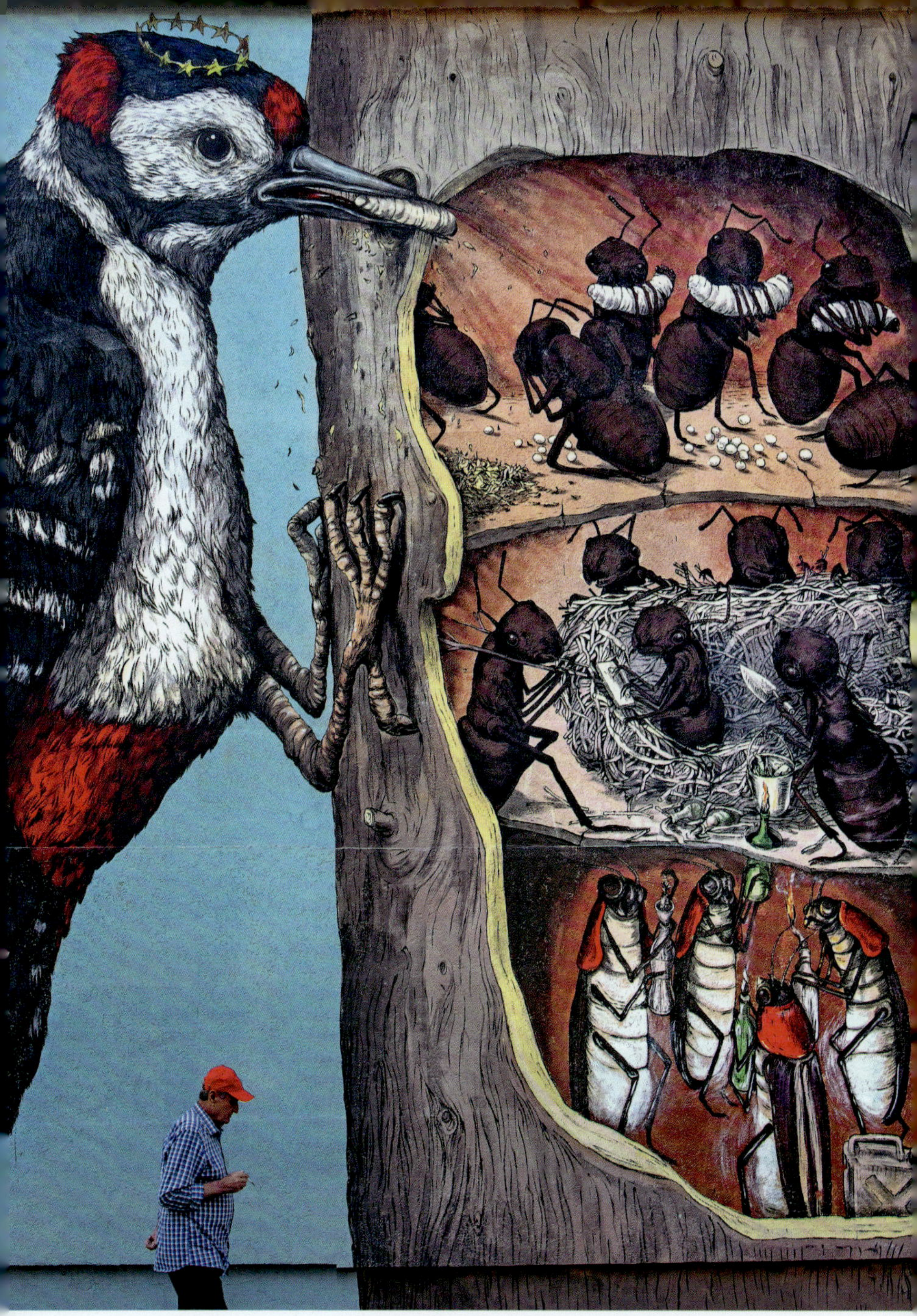

Die Gentrifizierung thematisiert der Künstler Ericailcane mit seinem gleichnamigen Werk.

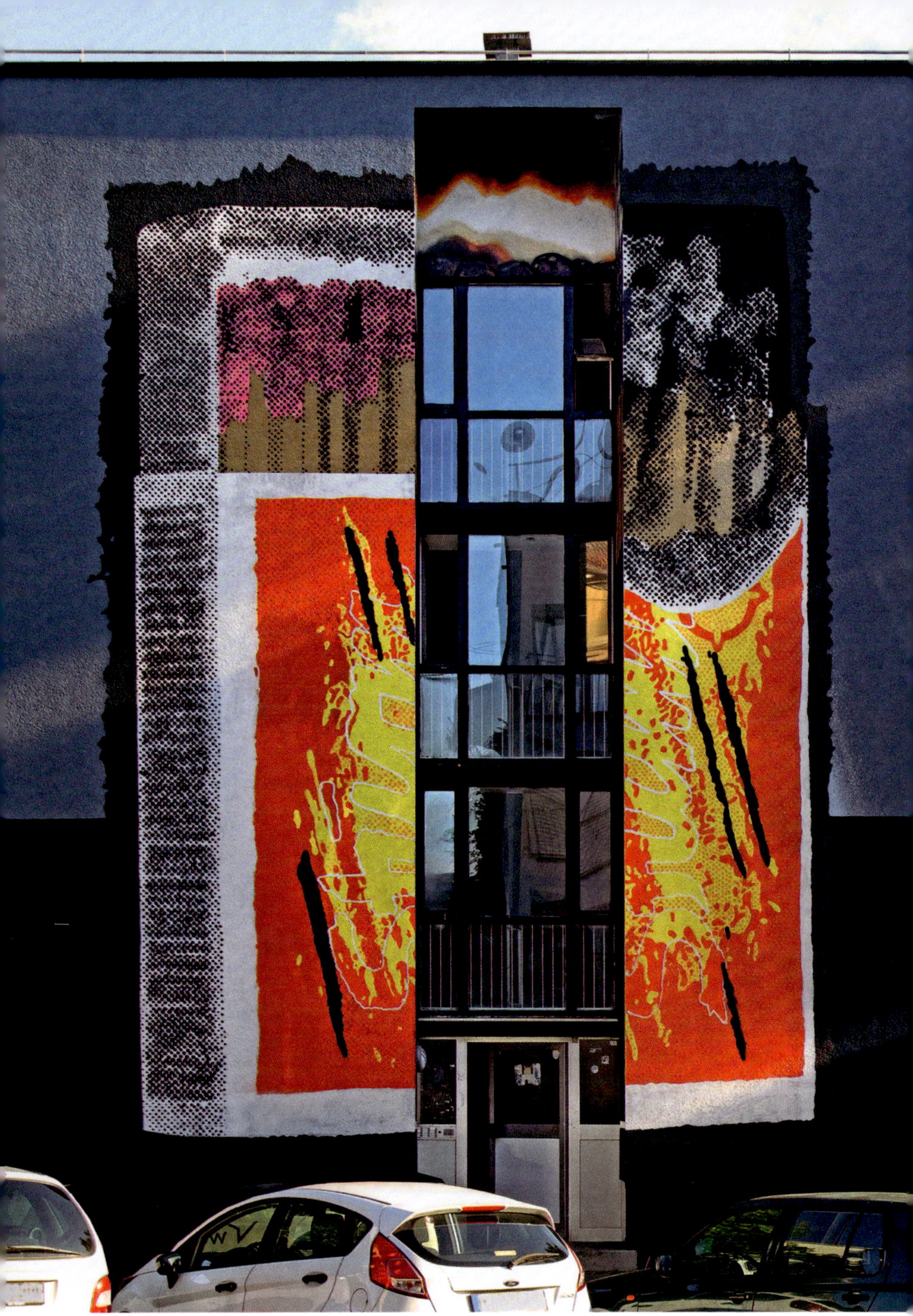

Gegen gesellschaftliche Benachteiligung richtet sich NoName in seinem Mural »Sturm«.

Propaganda erschaffen hat. Die Wandmalerei stellt eine allegorische Erzählung dar, in der ein skrupelloser Investor, verkörpert durch einen Specht mit glänzender Krone, dargestellt wird. Dieser Investor bohrt ein großes Loch in das Baumhaus und verschlingt die Ameisenlarven. Zunächst fliehen die Ameisen, aber dann schließen sie sich zusammen, um Widerstand zu leisten. Schließlich verbünden sie sich mit den Glühwürmchen, um gemeinsam gegen den Angreifer und seinen Hunger nach Nahrung und »Wohnraum« anzukämpfen. Die Moral dieser Geschichte ist klar: Nur durch kollektive Zusammenarbeit können skrupellose Investoren erfolgreich abgewehrt werden.

17 STURM

Meist wird der Begriff »sozialer Brennpunkt« mit Problemvierteln wie dem Hasenbergl oder Neuperlach assoziiert, in denen in den 1960er- und 1970er-Jahren triste Betonwüsten errichtet wurden. Im Gegensatz dazu wurden aus einstigen »Glasscherbenvierteln« wie Haidhausen und dem Glockenbachviertel begehrte Trendquartiere, aus denen finanziell benachteiligte Menschen im Lauf der Zeit Stück für Stück verdrängt wurden.

Dem Westend, das einst für seine ethnische und kulturelle Vielfalt bekannt war und über Dutzende von Import-Export-Läden und türkischen Gemüsehändlern verfügte, wurde bisher dieses Schicksal erspart. Hier gibt es immer noch einige »Schmuddelecken«, die aber nicht mehr als sozial benachteiligte Gebiete wahrgenommen werden – vor allem, wenn man das kreative und soziale Potenzial ihrer Bewohner und die umfangreichen Renovierungen der vielen älteren Häuser, die sie umgeben, betrachtet.

Das über zehn Meter hohe Wandgemälde »Sturm«, 2014 vom Politaktivisten NoName in Zusammenarbeit mit dem Verein Positive Propaganda im Westend geschaffen, richtet den Fokus auf jene Menschen, die häufig von der Gesellschaft ausgeschlossen werden und deren Potenzial und Leidenschaft oft unterschätzt werden. Die Inspiration für den Künstler ergab sich aus einer alten Streichholzschachtel mit der Aufschrift »Sturm«, die er auf einem Spielplatz im Innenhof des Gebäudekomplexes an der Westendstraße 99 entdeckte.

Hofmannstraße

Nicht wenige der älteren Siemens-Mitarbeiter dürfte ein Hauch von Wehmut erfasst haben, als 2013 das Ende des einst größten Standorts der Siemens AG in der Hofmannstraße beschlossen wurde. An diesem Ort hatten einst 28 000 Mitarbeiter für das renommierte Unternehmen gearbeitet. Die Hofmannstraße war einmal eine eigene kleine Stadt, in der stolze Mitarbeiter eines Weltkonzerns ihrem Tagwerk nachgingen. Das einstige Siemens-Hochhaus ist heute lediglich ein ausgeweidetes Gerippe, ein Schatten seiner früheren Bedeutung. Westlich davon, direkt an der Hofmannstraße, wo ein völliges neues Stadtviertel entstehen sollte, stehen noch zahlreiche Firmengebäude leer und sind vollkommen ihrer einstigen Bedeutung beraubt.

Im Jahr 2017 wurde das ehemalige Siemens-Gelände im Münchener Stadtteil Obersendling zum Austragungsort eines bemerkenswerten Kunstprojekts. Während des Street-Art- und Graffiti-Festivals »SCALE – Urban WallArt Munich« verliehen international renommierte Street-Art-Künstler aus Südamerika, Polen, Frankreich, Spanien, Österreich und Deutschland den Gebäuden entlang der Hofmannstraße mit beeindruckenden Wandmalereien eine neue, künstlerische Dimension. Organisiert wurde das Ganze von dem Augsburger Künstler Daniel Man.

Eine Woche lang malte und sprayte die Crème de la Crème der Street Art auf dem alten Siemens Campus Süd. Dabei waren Aryz, Os Gemeos, Jana & JS, Okuda, Sainer, Loomit, SatOne, Axel Void, Daniel Man, Daim, Stone Age Kids – um nur einige zu nennen. Im Ergebnis wurden mehr als neun Wände dekoriert und mehrere hundert Quadratmeter umfassende Fassaden direkt nebeneinander stehender Gebäude mit riesigen Wandmalereien versehen – all das verwandelte das ehemalige Siemens-Gelände in einen Ort, den Liebhaber der Street Art unbedingt besuchen sollten. Einige der Murals seien im Folgenden erwähnt. Achtung: Abends und an Wochenenden ist das Areal nicht zugänglich.

18 MURAL VON OKUDA

Okuda (Oscar San Miguel) ist ein spanischer Street-Art-Künstler, der vor allem für seine großformatigen Arbeiten mit farbigen geometrischen Formen

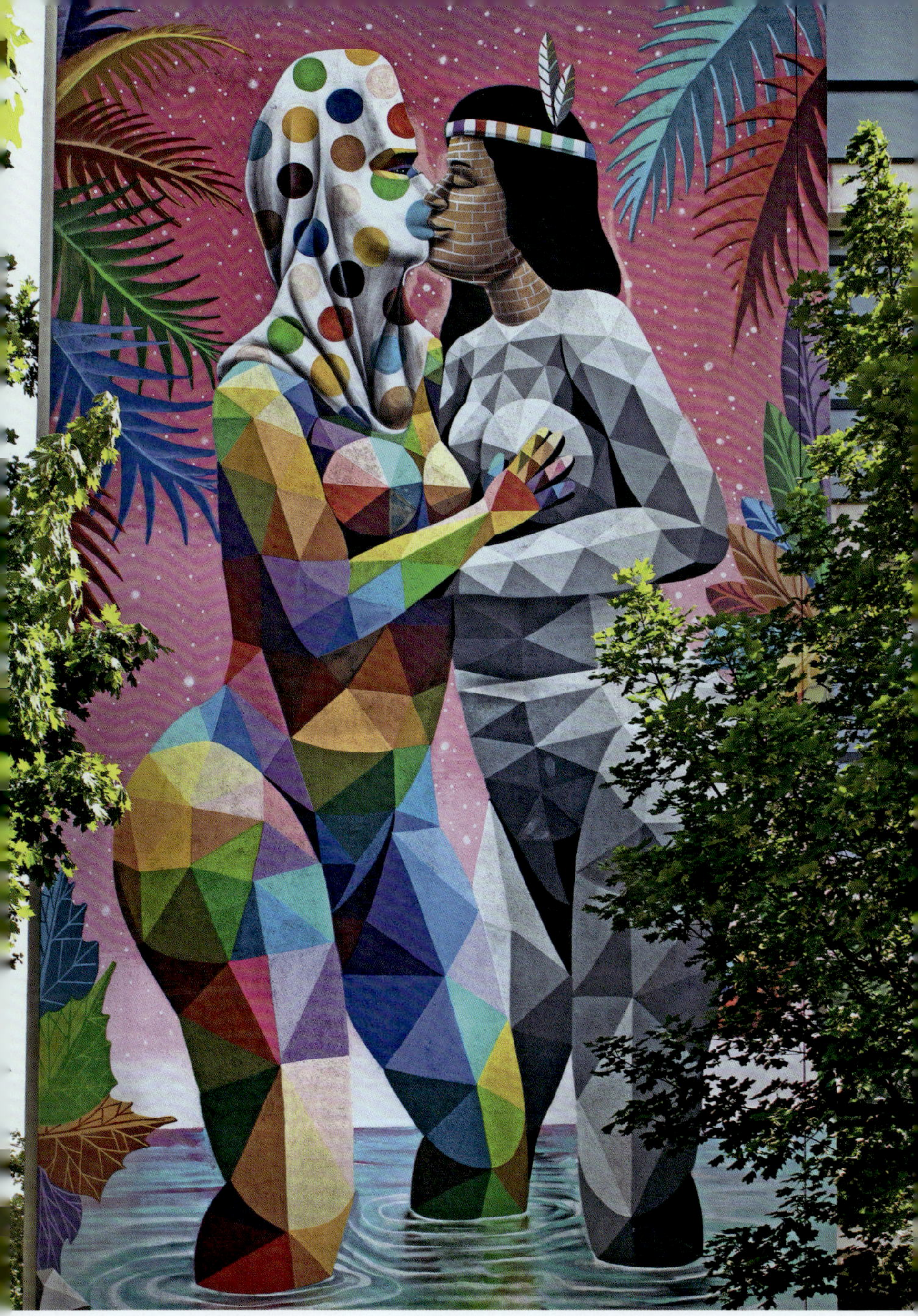

Ein küssendes Frauenpaar schickte Okuda als »Botschaft der Freiheit« von München nach Spanien.

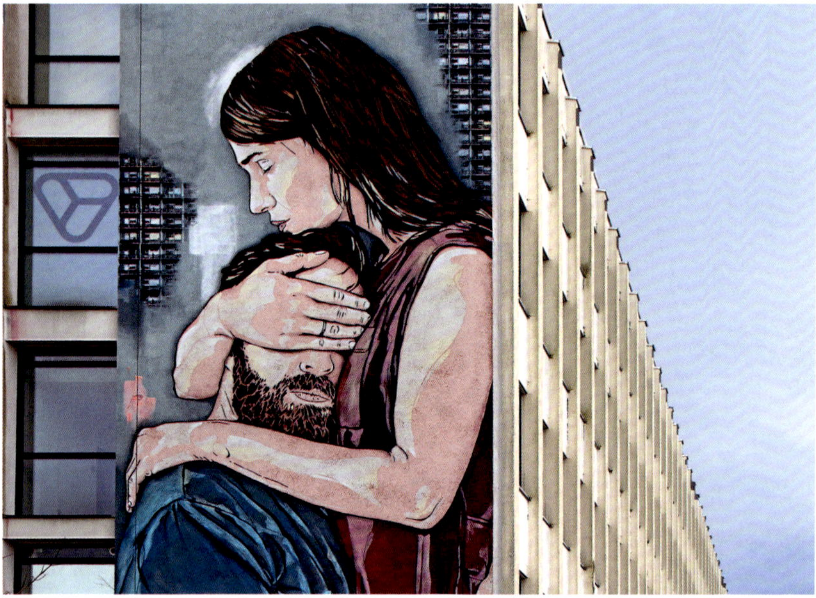

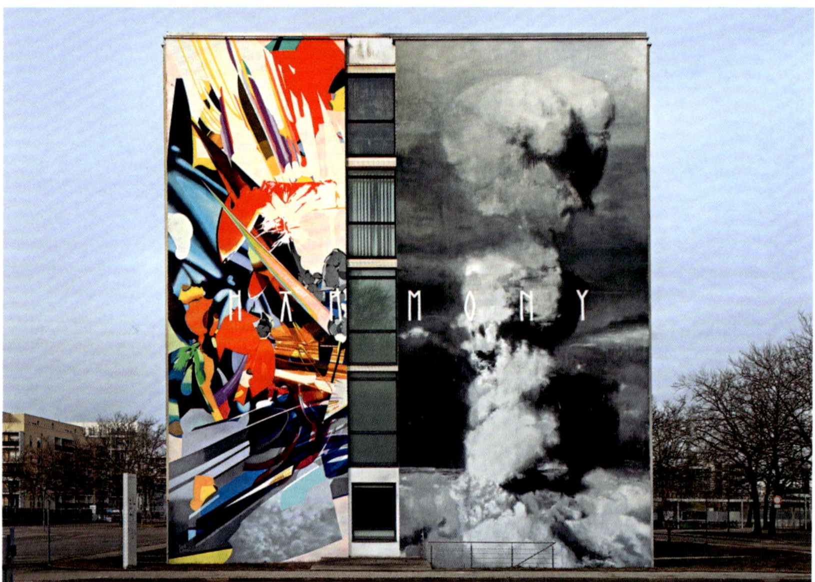

▲ Ein Werk des Künstlerpaars Jana & Js – verewigt auf dem ehemaligen Siemens-Gelände.
▼ Der Atompilz von Hiroshima ist Basis des Werks »Harmony« von SatOne und AxelVoid.

bekannt ist. 2016 stand er in der TOP-100-Liste der weltweit bekanntesten Street-Art-Künstler des Online-Magazins »Widewalls« auf Platz 42. Okuda ist einer der präsentesten spanischen Stadtkünstler in der aktuellen internationalen Kunstszene. Okudas Arbeiten konzentrieren sich auf Widersprüche im Existenzialismus, den Sinn des Lebens und die falsche Freiheit des Kapitalismus, insbesondere auf den Konflikt zwischen der Moderne und unseren menschlichen Wurzeln, die er in seiner Kunst zu verarbeiten versucht. In Obersendling malte Okuda eine »Botschaft der Freiheit« für seine spanische Heimat: ein küssendes Frauenpaar.

19 MURAL VON JANA & JS

Jana & Js, Street-Art-Künstler aus Österreich und Frankreich, haben seit 2006 ihren künstlerischen Lebensmittelpunkt in Laufen, einer kleinen bayerischen Stadt nahe der österreichischen Grenze. Gemeinsam schaffen sie faszinierende polychrome Schablonenwandbilder in verschiedenen Größen, wobei ihre Schablonen hauptsächlich auf persönlichen fotografischen Werken basieren. Ihre Kunstwerke zeichnen sich vor allem durch Personen aus, die existenzielles Unbehagen ausstrahlen. Jana & Js haben eine einzigartige Fähigkeit, Menschen mit ihren Emotionen, Wünschen und Sorgen in Beziehung zur Umgebung zu setzen. Inspiriert von der Stadt und ihren Bewohnern verweben sie in ihren Gemälden Details der Stadtlandschaft mit Porträts auf kreative Weise.

20 HARMONY

Das Doppel-Wandgemälde »Harmony« von SatOne (Rafael Gerlach, * 1977) und AxelVoid (Alejandro Hugo Dorda Mevs, * 1986) basiert auf einem 1945 aufgenommenen Bild des Atombombenabwurfs in Hiroshima, Japan. Die beiden Kunstwerke thematisieren unsere gewohnte Vorstellung von dem, was als natürlich oder harmonisch betrachtet wird. Oftmals nehmen wir uns selbst aus diesem Bild heraus oder bezeichnen unser schlimmstes Verhalten als unnatürlich oder störend für die Harmonie. Das Kunstwerk betont jedoch, dass wir aktiv an der Definition dieses Begriffs teilnehmen. Formal ist dieses Wandgemälde eine Gegenüberstellung unserer Interpretation desselben Bildes mit der Absicht, »einen Dialog zwischen ihnen zu schaffen«, so der Künstler SatOne.

Altstadt Süd

Viele Kunstwerke in diesem Teil der Altstadt sind eng mit Münchens Geschichte und seiner Lebensart verbunden. Man begegnet in Stein und Bronze verewigten Künstlern und Komödianten sowie Sagen- und Dramengestalten – einige von ihnen bringen sogar Glück!

Unser dritter Spaziergang beginnt am Stachus (Karlsplatz) umgeben vom neobarocken Stachus-Rondell. Der Name »Stachus« leitet sich davon ab, dass im 18. Jahrhundert an der Ecke Sonnenstraße/Bayerstraße ein Wirtshaus stand, in dem seit 1728 ein Mathias Eustachius Föderl, kurz »Eustach«, als Wirt verzeichnet war. Nach ihm erhielt die Gastwirtschaft schließlich den Namen »Stachus« und von der Gastwirtschaft wurde der Name dann auf den gesamten Platz übertragen.

21 BRUNNENBUBERL

Eines der ersten Kunstwerke, auf das man stößt, wenn man durch das Karlstor am Stachus in die Neuhauser Straße geht, ist der Gasteigerbrunnen. Der Brunnen, im Volksmund auch »Brunnenbuberl« genannt, besteht aus der kleinen Bronzefigur eines nackten Jungen, der mit dem Daumen den Wasserhahn des Brunnens zudrückt, um die Passanten anzuspritzen, und dem Kopf eines Satyrs, der den »Lausbuben« seinerseits bespritzt. Dagegen versucht sich das Kind mit erhobenem Arm zu schützen.

In einem zeitgenössischen Kommentar hört sich das so an: *»Wo ein sehr altbayerisch aussehender Faun als urkomischer Wasserspeier mit seinem Strahl einen ihm nahenden, gut studierten Jungen über und über mit Wasser begießt. Das ist ganz geeignet für ein echt volkstümliches Monument!«*

Der Brunnen ist das Werk des Münchner Bildhauers und Zeichners Matthias Gasteiger (1871–1934). Der Künstler, der an der renommierten Kunstakademie in München studiert hatte, konzipierte noch im Abschlussjahr seines Studiums die Brunnengruppe »Satyrherme und Knabe« aus Muschelmarmor, Donaukalkstein und Bronze.

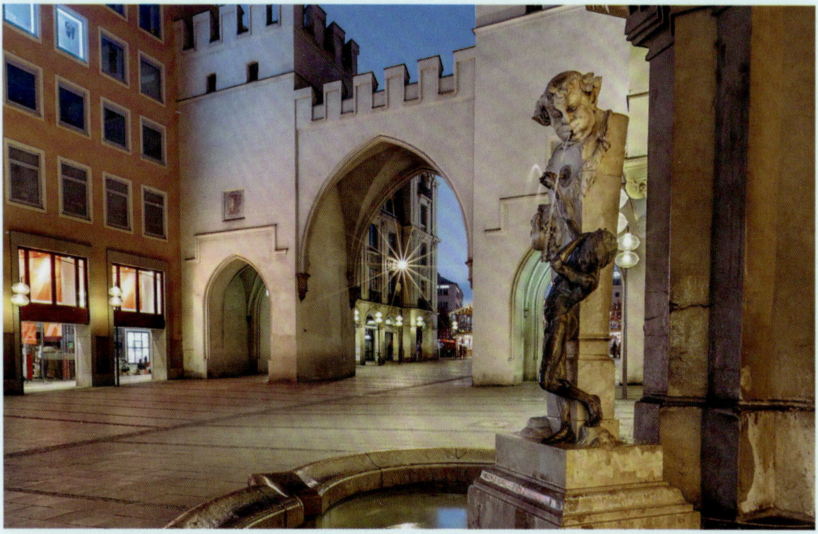

Die Brunnengruppe »Satyrtherme mit Knabe« des Bildhauers Matthias Gasteiger

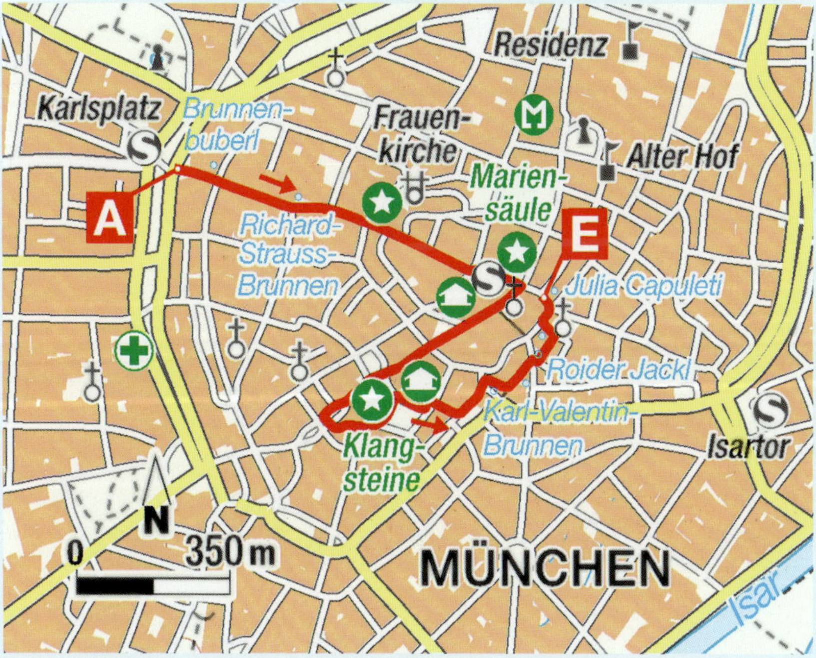

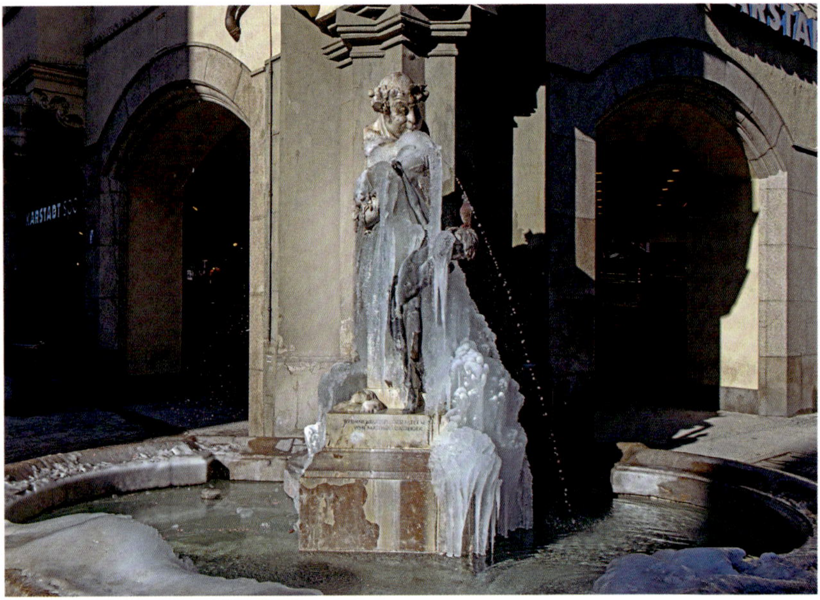

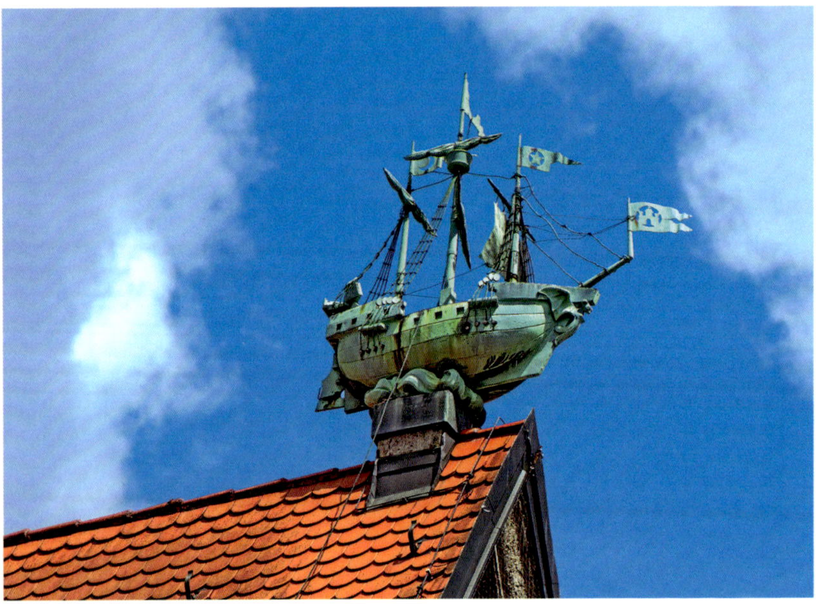

▲ Einst löste das nackte »Brunnenbuberl«, hier in seiner winterlichen Ansicht, einen Skandal aus.
▼ Ein Schiff ziert den Giebel des Kaufhauses Oberpollinger in der Neuhauser Straße.

Die dem Jugendstil zuzuordnende Brunnengruppe brachte dem Bildhauer Anerkennung und zahlreiche Preise – unter anderem die Silbermedaille der Münchner Akademie und die Goldmedaille der Internationalen Kunstausstellung im Münchner Glaspalast im Jahr 1892.

Als Gasteiger aber das »Brunnenbuberl« 1894 seiner Heimatstadt schenkte, war die Freude darüber nicht so groß wie erhofft. Denn dieses nackte »Buberl« stieß im biederen München auf Empörung. Deshalb scheute sich die Stadt, die Brunnengruppe an einer allzu »sichtbaren« Stelle aufzustellen. So zog der Brunnen nach langem Hin und Her in die – damals noch existierenden – Grünanlagen des Stachus.

Jedenfalls versuchte man dadurch, das »Brunnenbuberl« den Blicken der Öffentlichkeit ein wenig zu entziehen. Es half nichts: Wegen des nackten Knaben entbrannte mit aller Wucht ein Streit zwischen Münchner Moralisten und Freigeistern. Auch Prominente, wie der damalige Polizeidirektor Ludwig von Welser oder Prinzregent Luitpold von Bayern, störten sich an der Nacktheit der Statue. Letzterer soll zu einem bronzenen Feigenblatt geraten haben, was Gasteiger aber erfolgreich abwehren konnte.

Im Lauf der Zeit wurde das »Brunnenbuberl« zum beliebtesten Brunnen Münchens. 1964 musste die Brunnengruppe dann wegen der Umbauten am Karlsplatz an die heutige Stelle versetzt werden.

Der Stachus galt in der Nachkriegszeit – bis die Neuhauser Straße in eine Fußgängerzone umgewandelt wurde – als der verkehrsreichste Platz Europas. Kaum jemand weiß heute, dass die Sonnenstraße bis weit ins 20. Jahrhundert ein eleganter Boulevard mit Parkanlagen und viel Platz für Menschen war. Seit einiger Zeit setzt sich der Bund Naturschutz dafür ein, dass die verkehrsreiche Trasse zu einer Art »Central Park für München« umgestaltet wird, einer vom Sendlinger-Tor-Platz bis zum Stachus autofreien Zone, die nur gelegentlich von einer Straßenbahn durchquert wird.

Weiter geht es in der Fußgängerzone, die Neuhauser Straße und die Kaufingerstraße entlang. Wenn man alte Fotos der Münchner Altstadt ansieht, kann es einem eng werden ums Herz. Wie stark hat doch München hier in weniger als einem Jahrhundert sein Gesicht verändert!

Die Liste der Baudenkmäler in der Neuhauser Straße ist recht überschaubar: die Augustinerkirche mit dem Jagdmuseum, die Jesuitenkirche St. Michael, die Alte Akademie, die Bürgersaalkirche, das Neurenaissance-Doppelhaus des Augustiner Bräu, dazu einige Jugendstilfassaden. In der Kaufingerstraße dann der historisierende Eckbau von Hirmer, ein Neorenaissancekomplex und weitere Jugendstilfassaden.

22 RICHARD-STRAUSS-BRUNNEN

»Du wolltest mich nicht deinen Mund küssen lassen, Jochanaan! Wohl, ich werde ihn jetzt küssen! Ich will mit meinen Zähnen hineinbeißen, wie man in eine reife Frucht beißen mag. Du sprachst böse Worte gegen mich, gegen mich, Salome, die Tochter der Herodias, Prinzessin von Judäa. Nun wohl! Ich lebe noch, aber du bist tot, und dein Kopf, dein Kopf gehört mir! Ich kann mit ihm tun, was ich will. Ich kann ihn den Hunden vorwerfen und den Vögeln der Luft.«

Kaum ein Passant, der durch Münchens Innenstadt streift und an der sechs Meter hohen Bronzesäule vor der Alten Akademie vorbeigeht, assoziiert diese verstörenden Worte mit dem Richard-Strauss-Brunnen, auch Salome-Brunnen genannt. Der Bildhauer Hans Wimmer hatte ihn im Jahr 1962 errichtet zum Gedenken an den Komponisten und Theaterleiter Richard Strauss (1864–1949), einen der berühmtesten Söhne der Stadt.

Die von intensiver Dramatik, sexueller Obsession und moralischer Ambivalenz geprägte Oper »Salome« von Richard Strauss, aus der am Brunnen einige Szenen abgebildet sind, handelt von der Stieftochter des Königs Herodes, die besessen von Johannes dem Täufer ist. Salome verlangt von Herodes den Kopf des Täufers als Belohnung für ihren verführerischen Tanz, den »Tanz der sieben Schleier«. Salomes Beziehung zu Johannes dem Täufer und ihre unheimliche Faszination für seinen enthaupteten Kopf stehen im Mittelpunkt der Handlung. »Salome« ist eine kontroverse und provokative Oper, die für ihre musikalische Innovation und ihre verstörende Handlung bekannt ist. Sie beruht auf einem gleichnamigen Drama von Oscar Wilde.

23 KEILER AM JAGDMUSEUM

Vor dem Deutschen Jagd- und Fischereimuseum in der Neuhauser Straße in München steht seit dem Jahr 1976 die Bronzeplastik des »Sitzenden Keilers« von Martin Mayer. Sie bildet hier ein Ensemble mit der Bronzeplastik eines Wallers. Beide Plastiken sind beliebte Objekte für Selfies mit Kindern und

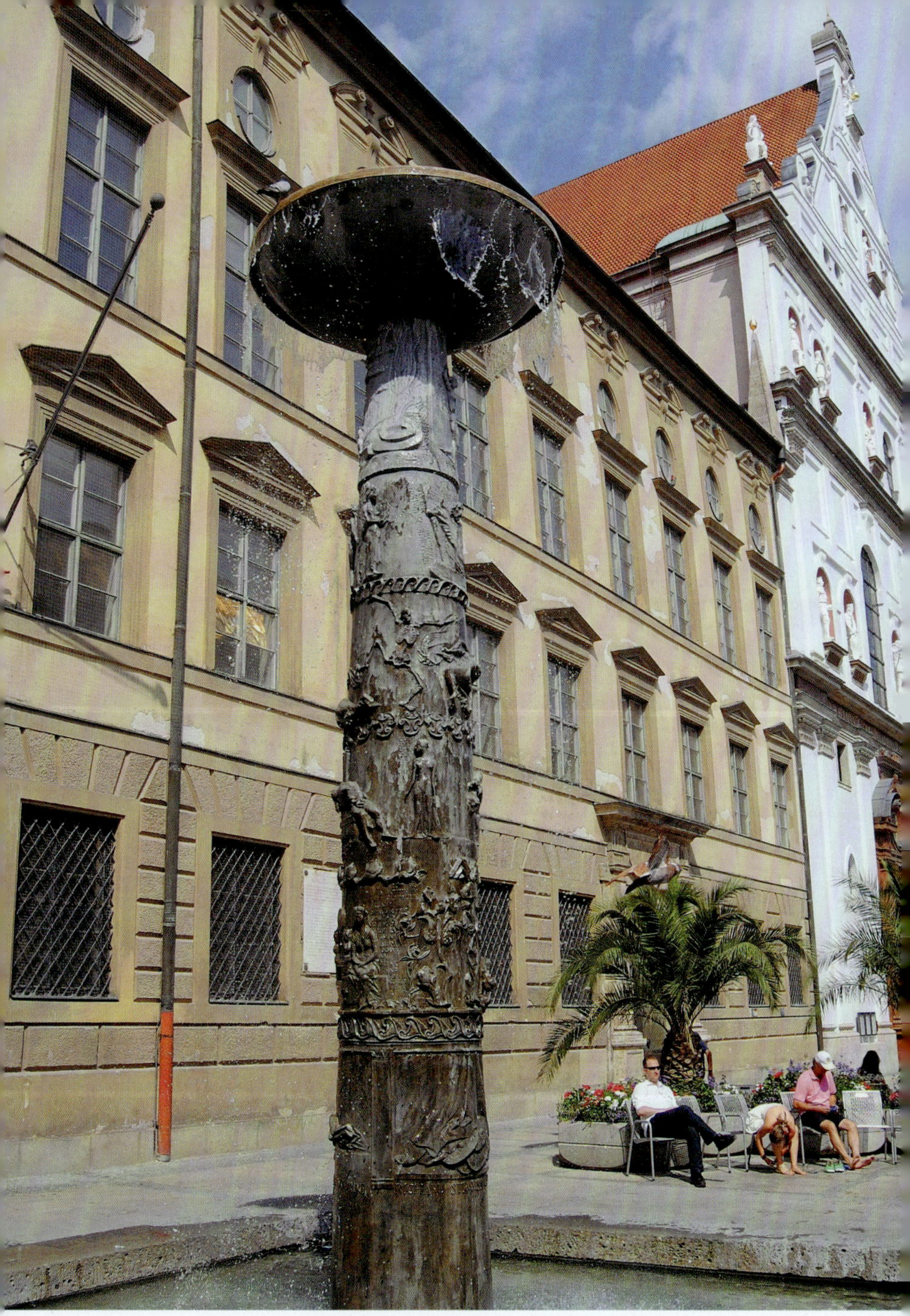

Der Richard-Strauss-Brunnen mit Motiven aus der Oper »Salome«

Touristen. Eine ebenso von Martin Mayer geschaffene Zwillingsplastik des Keilers steht bereits seit 1960 in der Wohnanlage Borstei. Es handelt sich wahrscheinlich um das meistfotografierte Wildschwein der Welt.

Damit ist nicht speziell eine der beiden Münchner Skulpturen gemeint, sondern eine der zahllosen, fast identischen Abbildungen des Originals aus Italien: des Keilers der Fontana del Porcellino (wörtlich: Brunnen des Schweinchens) in der Kunstmetropole Florenz. Die vom Bildhauer Pietro Tacca (1577–1640) erschaffene Bronzeplastik ist eine der populärsten Skulpturen der toskanischen Stadt und zeigt einen bei einer Jagd verwundeten Keiler. Von dieser sich neben der Loggia del Mercato Nuovo in der Nachbarschaft des berühmten Ponte Vecchio befindenden Statue wurden weltweit unzählige Male Kopien angefertigt.

Aber selbst dieses Florentiner Werk ist eine Kopie. Das Original geht auf eine römische Kopie einer hellenischen Marmorskulptur zurück, die Papst Pius IV. 1560 Cosimo I. de' Medici während dessen Besuch in Rom schenkte. Das Original aus Marmor befindet sich heute in den Uffizien.

Ein Wildschwein mit Weltkarriere! Nahezu identische Kopien findet man in Sydney (Australien), im Louvre (Paris/Frankreich), in Aix-en-Provence (Frankreich), in Enghien (Belgien) und in Waterloo (Ontario/Kanada).

Es gibt Statuen, die der Tradition nach Glück bringen, wenn man sie an einer bestimmten Stelle reibt. Diese Art von Tradition reicht Tausende von Jahren zurück. Niemand kann erklären, worauf dieser Aberglaube zurückzuführen ist. Jedenfalls weiß jeder Münchner, dass es Glück bringen soll, dem Löwen an der Residenz die Nase zu reiben. Genauso soll es Glück bringen, die Bremer Stadtmusikanten in Bremen zu streicheln, den Daumen des Till Eulenspiegel in Mölln oder die Nase des Steinernen Mannes in Augsburg anzufassen. Auch der Keiler vor dem Jagdmuseum soll einer dieser wundersamen Glücksbringer sein. Entsprechend blank und glänzend ist seine Schnauze.

24 DER SCHÖNE TURM

Wenn man weiter in Richtung Marienplatz schlendert, sticht einem, dort wo die Neuhauser Straße zur Kaufingerstraße wird, das prächtige Geschäftshaus »Zum schönen Turm« ins Auge. Kaum jemand kennt es freilich unter diesem Namen, denn es ist als Herrenmodegeschäft Hirmer bekannt geworden.

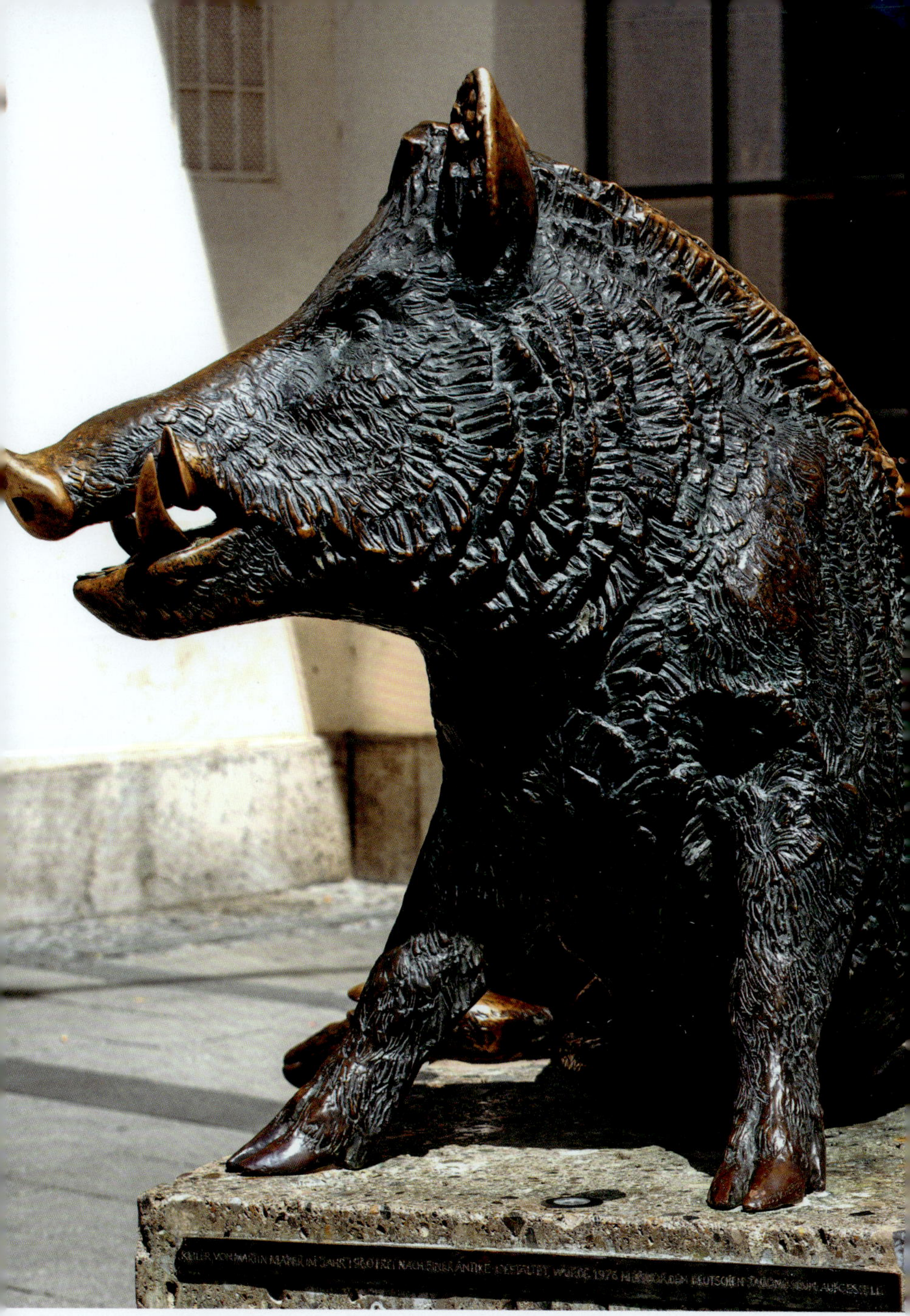

Die Ahnen des beliebten Keilers in der Fußgängerzone reichen zurück bis in die Antike.

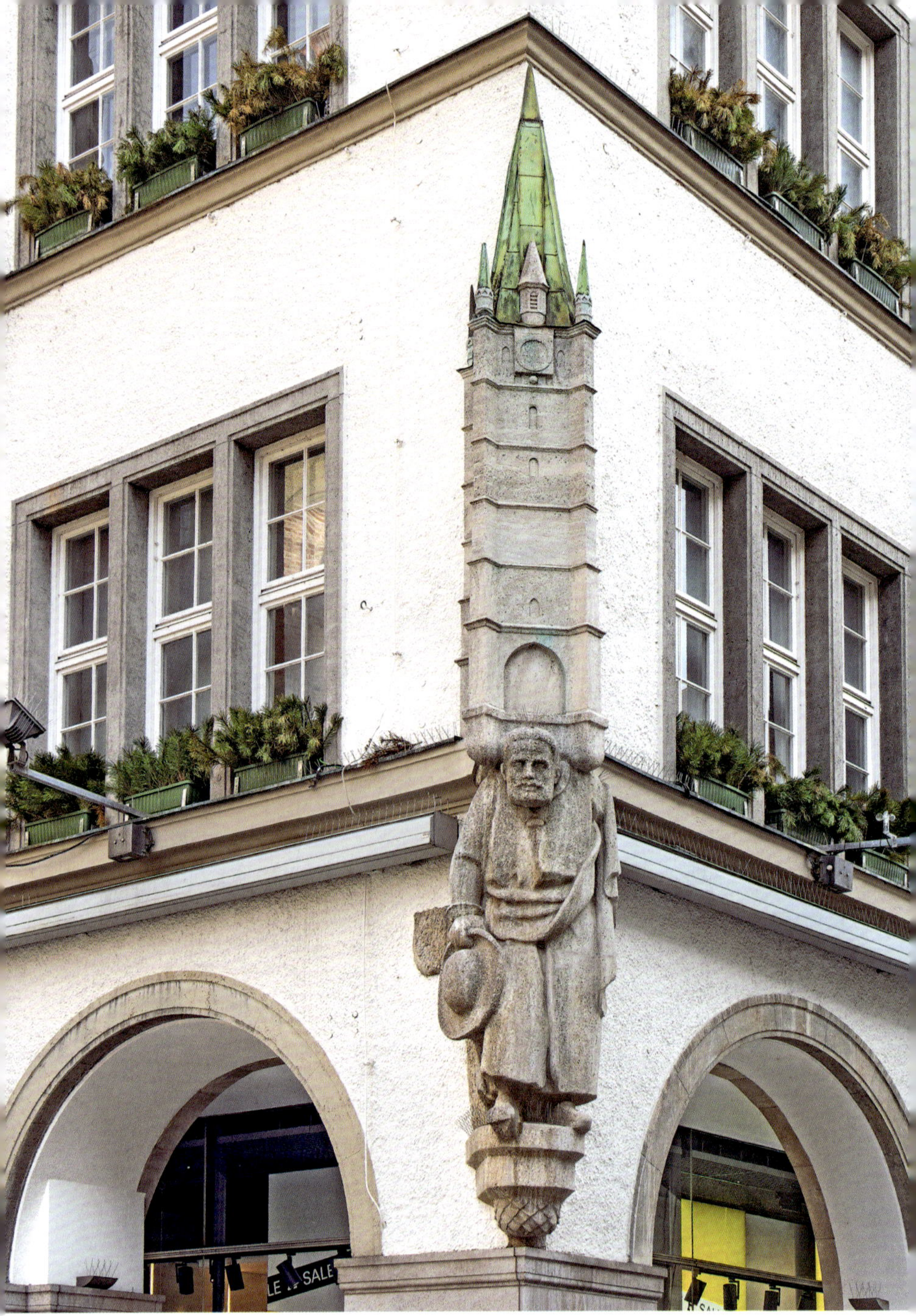

Am Hirmer-Haus erinnert eine Steinfigur an die Sage vom zu Unrecht verurteilten Goldschmied.

Der Name »Schöner Turm« verweist auf einen Torturm der mittelalterlichen Stadtmauer Münchens, der im Jahr 1807 abgerissen wurde. Von einer Gedenktafel am Hirmer-Haus erfahren wir mehr: *»Der Schöne Turm. Erbaut 1157 vor dem heutigen Hirmer-Haus als Torturm der ältesten Stadtmauer Münchens. 1479 neu aufgebaut und mit Fresken geziert, die ihm den Namen ›Schöner Turm‹ gaben. 1807 abgebrochen. Die Markierung am Boden zeigt seinen einstigen Standort.«*

In der Tat: Wenn man vor dem Hirmer-Haus die Augen zu Boden senkt, entdeckt man farblich abgesetzte Gehwegplatten, die den Grundriss und die Lage des einstigen Turms nachzeichnen, der hier hier von 1479 bis 1807 stand. Ab 1175 befand sich an dieser Stelle bereits ein Turm, der als Teil der ersten Stadtmauer fungierte, aber im 15. Jahrhundert wohl bereits abgetragen war.

An der Frontseite des Gebäudes, an der Ecke Kaufinger-/Augustinerstraße, erkennt man zwischen dem ersten und dem zweiten Stock einen Fassadenschmuck. Dieser zeigt einen Mann, der die schwere Last eines Turms auf seinen Schultern trägt. Die Steinskulptur wurde 1914 vom Bildhauer Julius Seidler (1867–1936) geschaffen.

Zu diesem Turm gibt es die faszinierende Sage vom »Goldschmied im Schönen Turm«: Vor langer Zeit hatte ein Goldschmied seine Werkstatt neben dem Turm eingerichtet. Eines Tages erhielt er den Auftrag eines Edelmanns, die Kopie eines kostbaren Schmucks anzufertigen. Als der Handwerker einmal vom Mittagessen in seine Werkstatt zurückkam, war die verschlossene Türe zur Werkstatt unversehrt. Das Fenster stand allerdings offen, und das funkelnde Originalgeschmeide war auf unerklärliche Weise verschwunden. Der Goldschmied kam nicht umhin, von seinem Unglück zu berichten, doch niemand glaubte ihm, dass es wie von selbst nicht mehr da war. Der Edelmann verklagte den Goldschmied vor dem höchsten Gericht. Man warf ihm vor, er habe den Schmuck unter der Hand weiterverkauft. Ungeachtet seiner eindringlichen Beteuerungen wurde der Goldschmied für schuldig befunden, zum Tode verurteilt und durch das Tor des einst so majestätischen Schönen Turms hinaus aus der Stadt geführt, wo sein Leben ein jähes Ende fand.

Einige Wochen nach seiner Hinrichtung begann man, den Schönen Turm zu renovieren, und als die Maurer oben an der Spitze Risse verputzen wollten, flog aus einer Dachluke ein aufgeschreckter Vogel. Mitten im Nest lag das verschwundene Schmuckstück. Der Richter, der den Goldschmied verurteilt hatte, stieg selbst aufs Gerüst und sah nun den wahren Dieb: eine Dohle.

25 DIE MARIENSÄULE

In den 1960er-Jahren konnte man zwischen Stachus und Marienplatz wohl kaum »flanieren«. Damals verkehrten in diesem Bereich täglich 75 000 Autos und 1400 Straßenbahnen. Die Fußgänger drängten sich auf den schmalen Bürgersteigen und wurden von den Autofahrern quasi an die Wand gedrückt. Am 30. Juni 1972 war es dann so weit: Oberbürgermeister Hans-Jochen Vogel eröffnete die Fußgängerzone. Seither ist der Marienplatz nicht nur der Mittelpunkt der Stadt. Es ist zu »Münchens guter Stube« geworden.

Mitten auf dem Marienplatz steht die Mariensäule, eine mit Sockel etwa 14 Meter hohe Säule im korinthischen Stil. Auf dieser Säule thront eine Statue der Jungfrau Maria. Diese wird mit Krone und Zepter als Herrscherin dargestellt und hier als »Patrona Bavariae«, als Schutzpatronin Bayerns, verehrt.

Während des Dreißigjährigen Krieges gab Kurfürst Maximilian I. das Versprechen ab, im Falle der Verschonung Münchens und Landshuts ein »gottgefälliges Werk« zu errichten. Obwohl München während des Krieges von schwedischen Truppen besetzt wurde und die Zerstörung der Stadt gefordert wurde, entschied sich der schwedische König Gustav II. Adolf dagegen. So kamen beide Städte mit dem Schrecken davon, und die Mariensäule wurde 1638 aus Adneter Marmor auf dem Marienplatz in München errichtet.

Die die Mariensäule krönende vergoldete Marienstatue aus Bronze wurde vermutlich von Hubert Gerhard 1593 für das Grab Wilhelm V. geschaffen und bis 1613 für den Hochaltar der Münchner Frauenkirche verwendet. Es handelt sich hierbei um den Darstellungstypus in der Tradition des Gnadenbildes von Maria Loreto, also mit Jesuskind am Arm auf einer Mondsichel stehend.

1639 wurden auf dem Sockel vier Bronzeputten hinzugefügt. Die Heldenputten kämpfen mit vier als Tieren dargestellten Menschheitsplagen. Der Löwe verkörpert den Krieg, der Basilisk – ein Fabelwesen – die Pest, der Drache den Hunger und die Schlange den Unglauben.

26 DER FISCHBRUNNEN

Der Fischbrunnen ist eines der prägenden Bauwerke am Marienplatz und lässt sich bis ins Mittelalter nachverfolgen. Bereits 1318 ist ein Brunnen auf dem Schrannenplatz nachgewiesen. Der Vorläufer des aktuellen Fischbrunnens,

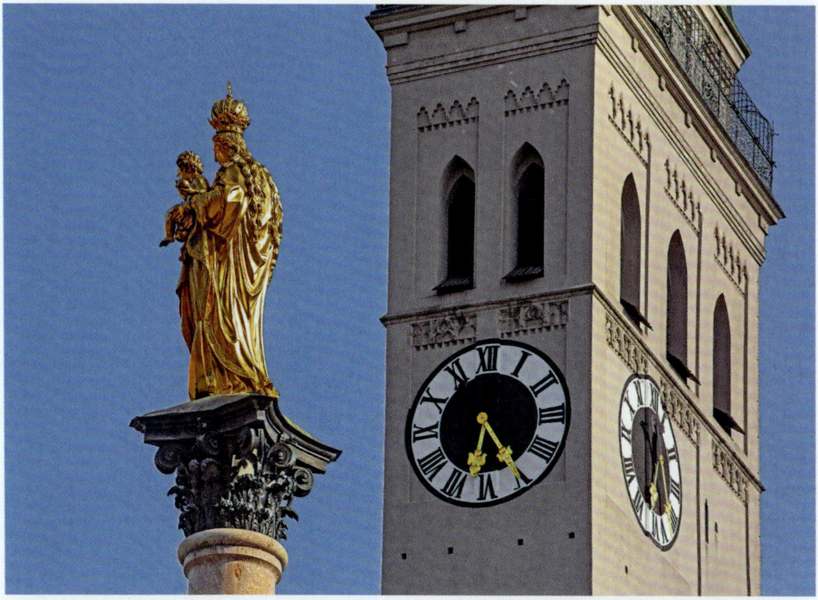

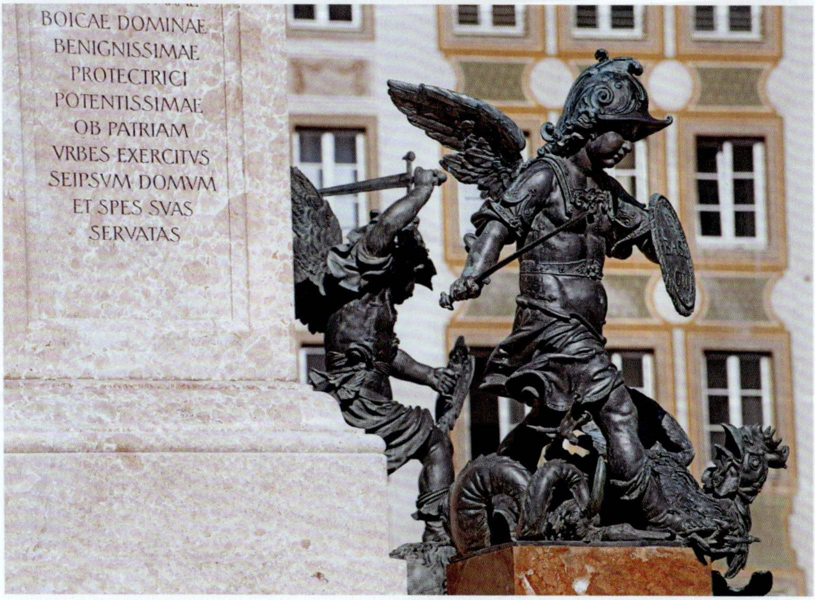

▲ Die »Patrona Bavaria« wacht von ihrem erhöhten Standort auf der Mariensäule.
▼ Tapfer kämpfen die barocken Putten an der Mariensäule gegen Plagen der Menschheit.

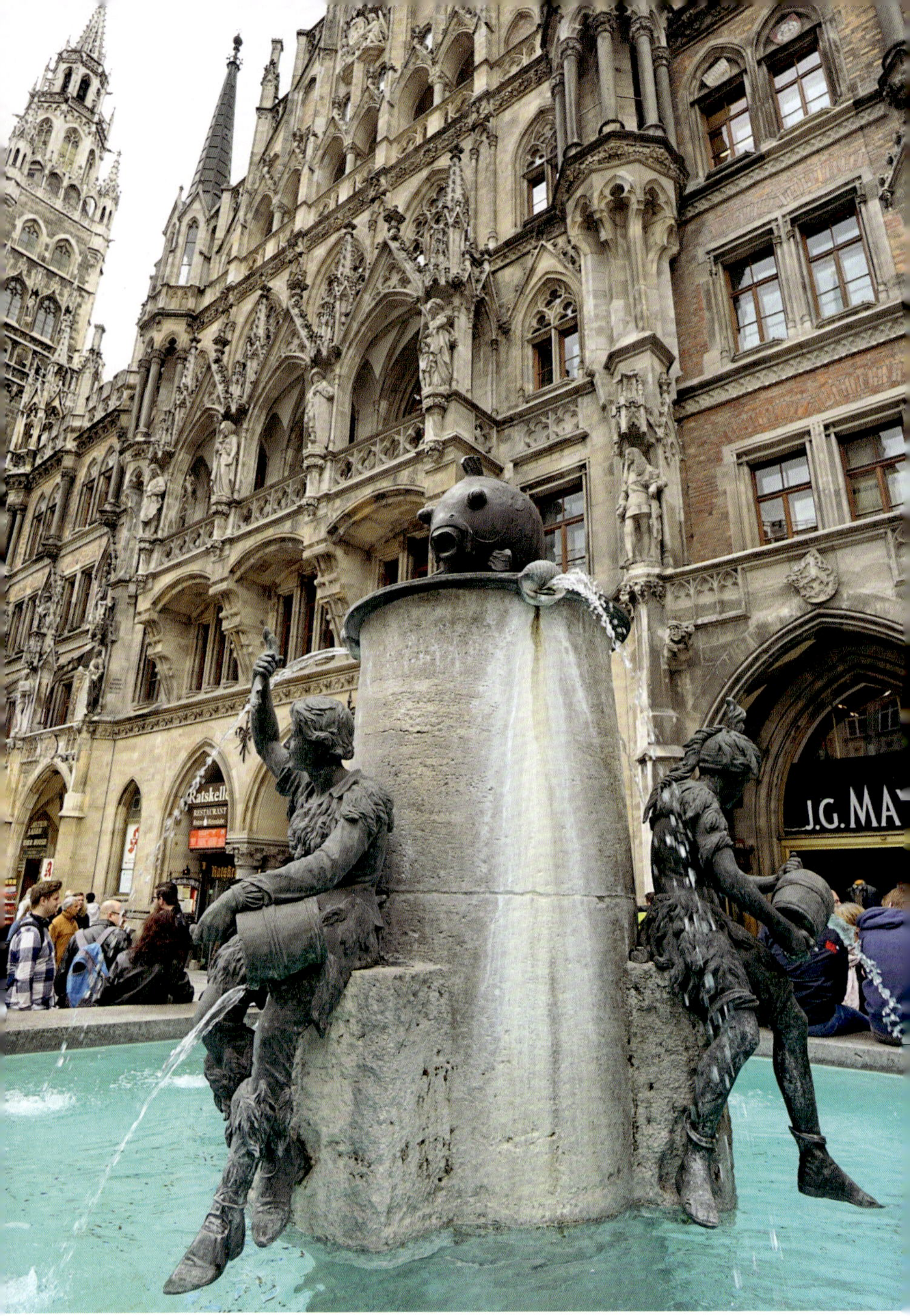

Der prächtige Fischbrunnen auf dem Marienplatz ist ein beliebter Treffpunkt.

entworfen von Konrad Knoll (1829–1899), wurde 1866 in Betrieb genommen. Im Fischbrunnen befanden sich vier Metzgerburschen, die Wasser mit Eimern in den Brunnen gossen. Über ihnen waren vier musizierende Kinder platziert, und ganz oben stand ein erfahrener Geselle mit einem erhobenen Becher.

Nachdem der Brunnen im Krieg nahezu vollständig zerstört worden war, wurde er im Jahr 1954 von Josef Henselmann (1898–1987) neu gestaltet. Hierbei wurden drei der noch erhaltenen Metzgerfiguren verwendet. Die drei ebenfalls erhaltenen Musikanten aus dem Knoll-Brunnen wurden zum Karlstor verlegt.

Der Brunnen präsentiert sich seither mit einem türkisfarbenen Becken aus Nagelfluh, einem Konglomeratgestein aus dem nördlichen Alpenvorland, das dem Wasser eine besondere Leuchtkraft verleiht. Rund um die Mittelsäule gruppieren sich die drei bronzenen Metzgerburschen, die Wasser aus Eimern in das Becken gießen. Die zentrale Säule des Brunnens krönt ein eleganter bronzener Fisch, der auf die Zeit zurückblickt, als der Marienplatz als Hauptmarktplatz diente und die Fischhändler ihre lebendige Ware in kunstvoll gefertigten Körben in das Brunnenwasser hängten.

Eine traditionsreiche Münchner Praxis, die bis ins Jahr 1426 zurückreicht, hat sich bis in die heutige Zeit erhalten: das »Geldbeutelwaschen«. Diese Sitte, die ihren Ursprung eigentlich in der schwäbisch-alemannischen Fastnacht hat, markiert den Abschluss der Saison. Die Geldbeutel werden extra für diesen Anlass geleert, um sie dann zu waschen und – gemäß einem alten Glauben – sie auf diese Weise anschließend mit frischem Geld zu füllen. In München wird dieses Spektakel jedes Jahr am Aschermittwoch aufs Neue zelebriert, wobei der Oberbürgermeister oder einer seiner Stellvertreter stets mit von der Partie ist und den Stadtsäckel symbolisch ins Brunnenwasser taucht, damit bald wieder mehr Geld eingeht.

Die Münchner Metzgerinnung organisiert alle drei Jahre eine Brauchtumsveranstaltung namens »Metzgersprung«, der als eine Art Initiationsritus dient, um das Ende der Lehrzeit zu markieren. In früheren Zeiten pflegten die Lehrlinge der Metzgerzunft, verkleidet in Schafspelzen und geschmückt mit Lamm- und Kalbsschwänzen, in einem Umzug durch die Straßen zum Fischbrunnen zu ziehen. Die festliche Entlassung aus ihrer Lehrzeit wurde dort zelebriert, gefolgt von einem erfrischenden Sprung ins Wasser und einer erneuten Übergießung mit Eimern voll Wasser. Als Höhepunkt dieser Zeremonie warfen sie den Zuschauern Nüsse zu.

Der Marienplatz gilt zu Recht als der Hauptplatz im Herzen der Münchner Altstadt. Welche Wege Sie auch gegangen sind, am Marienplatz sind Sie angekommen. Zeit also für einen Kaffee – mit Aussicht!

Das »Café Glockenspiel« gibt es seit über 25 Jahren. Es ist auf jeden Fall ein Klassiker und ein Muss, besonders wenn Sie zu Besuch, oder mit Besuch, in München unterwegs sind. Hoch oben über den Dächern der Stadt genießen die Gäste einen beeindruckenden Blick auf den Marienplatz und das neugotische Münchner Rathaus mit dem weltberühmten Glockenspiel. Die Aussicht ist unbezahlbar – auch für Münchner!

Während unten auf dem Marienplatz mit Tüten beladene Menschen von einem Geschäft zum nächsten hetzen, geht es fünf Stockwerke weiter oben mit herrlichem Panorama eher gemütlich zu – was will man mehr! Auf der Dachterrasse, von der aus man die Turmuhr des Alten Peter erkennen kann, lässt es sich ebenfalls wunderbar aushalten (Öffnungszeiten: Montag bis Samstag 9–23 Uhr, Sonntag 10–18.30 Uhr).

Das Café Rischart ist eines der meistbesuchten Kaffeehäuser Deutschlands. Hier können Sie morgens Frühstück genießen, mittags mit ständig wechselnden Gerichten Energie tanken, nachmittags bei Tee oder Kaffee die überragende Auswahl an Kuchen und Torten verkosten und sich abends einen Drink genehmigen – bei schönem Wetter direkt auf dem Marienplatz. Das Café Rischart hat zudem einen Ableger direkt am Viktualienmarkt (Öffnungszeiten: Montag bis Samstag 7–21 Uhr, Sonntag und Feiertage 8–21 Uhr).

Ein wenig Glück müssen Sie schon haben, wenn Sie einen Platz im Monaco Café ergattern wollen, in einer gemütlichen Ecke im Kaufhaus Beck. Dann können Sie aber auch hier neben Ihrer Tasse Kaffee oder einem Stück Kuchen einen sagenhaften Blick auf den Marienplatz genießen.

27 AIRBORNE

Bevor wir weitergehen, lohnt es sich, eines kleinen Abstecher zu machen, um ein äußerst interessantes Kunstwerk aufzusuchen: die Plastik »Airborne« von Christopher Klein. Vom Marienplatz geht man über den Rindermarkt zum Oberanger und von dort zum Sankt-Jakobs-Platz. Dieses Areal war nach der Zerstörung im Zweiten Weltkrieg viele Jahre lang die tristeste Wüstenei in der Innenstadt. Bis in die frühen 2000er-Jahre wurde es nur als privater Parkplatz

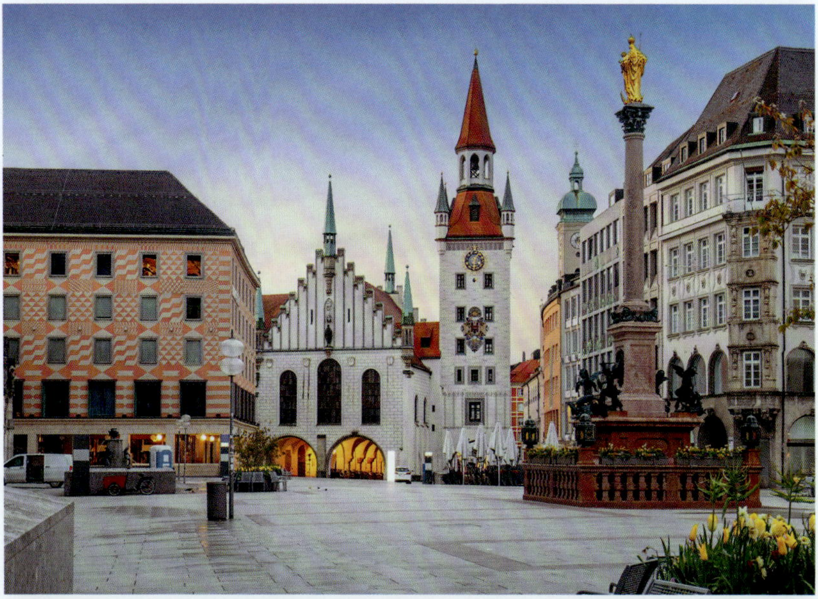

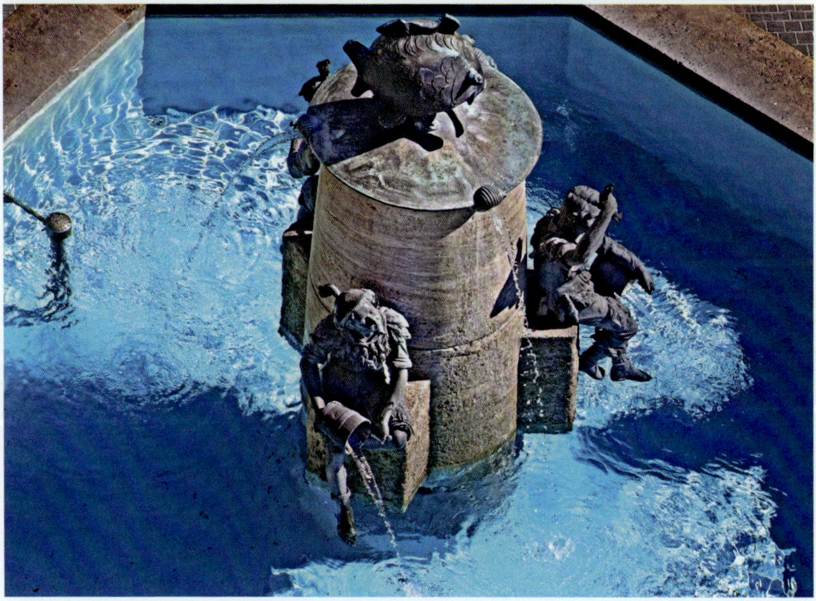

▲ Der Marienplatz im Herzen von München hat Einheimischen und Gästen viel zu bieten.
▼ Der Fischbrunnen, hier von oben, begleitet die Münchner bereits seit dem Mittelalter.

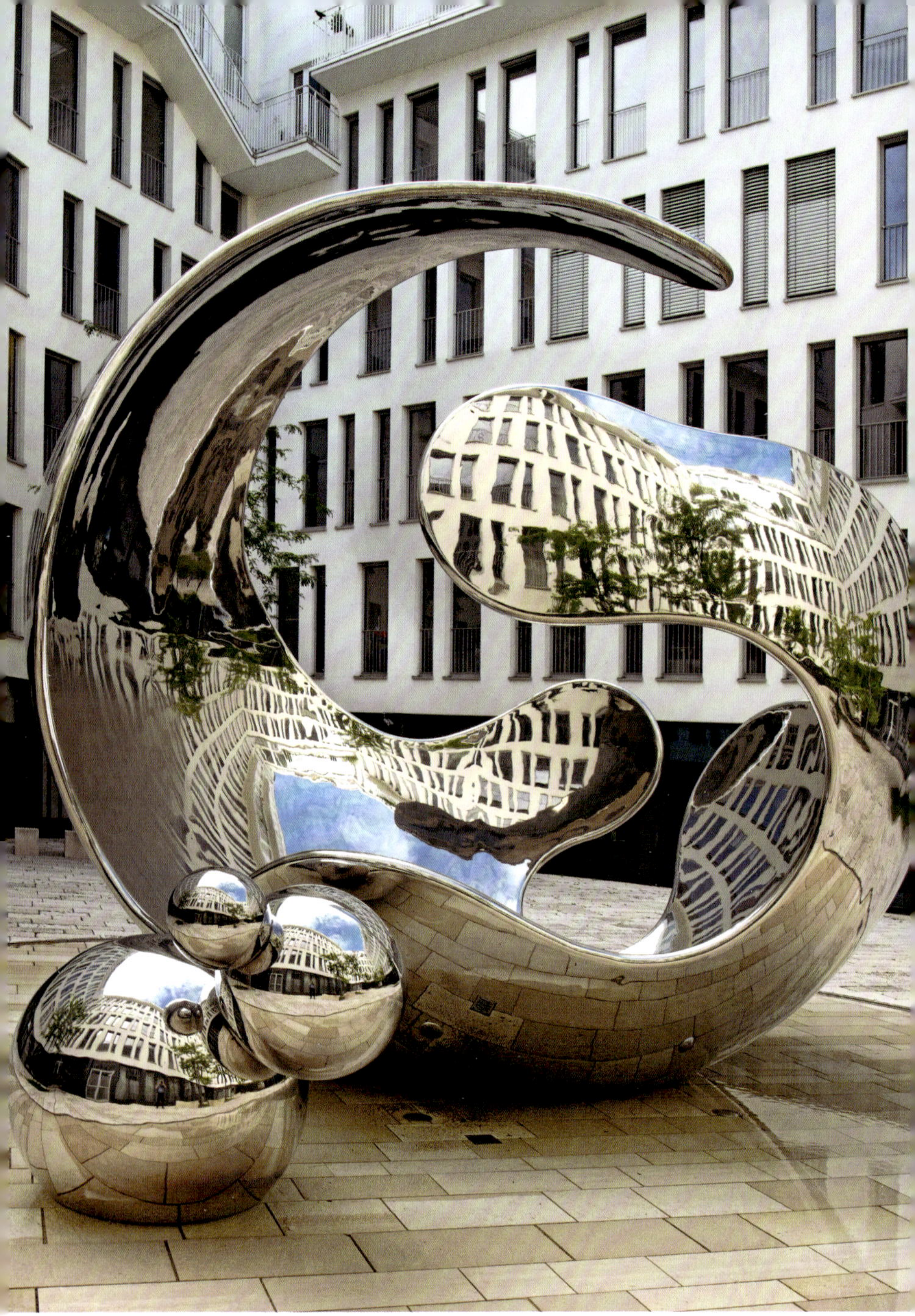

Spiegelnden Edelstahl nutzte Christopher Klein für die Molekül-Skulptur »Airborne«.

genutzt. Dann wurde beschlossen, in Kooperation mit der Israelitischen Kultusgemeinde ein dauerhaftes Jüdisches Museum einzurichten. Dazu gesellten sich wenig später eine Synagoge und ein jüdisches Gemeindehaus. Alle drei Bauten sind durch das Material Travertin geprägt, und in ihrem Zusammenspiel entstand ein schöner Freiraum zum Flanieren, Spielen und Entspannen.

Das Gebäude, in dessen Innenhof sich die Plastik »Airborne« befindet, erhebt sich zwischen dem Oberanger und dem Unteren Anger, direkt am ältesten Kloster Münchens, dem Kloster St. Anna, und dem Sankt-Jakobs-Platz. Die von dem Bildhauer Christopher Klein erschaffene Skulptur befindet sich im Innenhof des Gebäudes und stellt in thematischer Anlehnung an den früheren Nutzer, die Linde AG, ein Gasmolekül dar. Die Herstellung erfolgte durch die Firma Sandmeir in Rain am Lech. Das größte Element der Skulptur weist einen Durchmesser von über sechs Metern auf.

Gigantische Skulpturen aus rostfreiem Edelstahl üben immer eine besondere Faszination aus, weil deren reflektierende Oberflächen durch die verzerrte Spiegelung der natürlichen Umgebung je nach Betrachtungswinkel die unterschiedlichsten Eindrücke vermitteln. In einem gewissen Sinn wird der Betrachter damit selbst Teil des Kunstwerks.

28 KLANGSTEINE IN DER GASSE

Wer kennt noch die Steinpyramiden an der Isar bei Lenggries? Es ist Jahre her, da konnte man auf einem Isar-Spaziergang zwischen Bad Tölz und Lenggries am Ufer des Flusses zahlreiche aus aufeinander gestapelten Flusskieseln erstellte Steinpyramiden sehen. Karl-Heinz Fett, ein Rentner aus Bad Tölz, hatte sie errichtet und Jahr für Jahr nach jedem Hochwasser wieder aufgebaut. Längst sind die letzten Reste dieser Kunstwerke verschwunden.

Manches überlebt aber in der Erinnerung. Die Künstlerin Andrea Schmeing-Häusler ließ sich von den Pyramiden und den Kieselsteinen zu ihrem Projekt »Klangsteine« inspirieren. So findet man heute, wenn man in die schmale Gasse zwischen Oberanger und Jakobsplatz direkt hinter dem Jüdischen Museum einbiegt, fünf flache im Pflaster eingelassene goldfarbene Steine. Vorbild für deren Form waren Isarkiesel, die die Künstlerin abformen ließ. *»Die Steine sollten plan liegen, sodass man mit dem Fuß Halt darauf findet, und unterschiedlich aussehen«*, erklärte sie.

Wenn man in der kleinen Gasse nur stur geradeaus schaut, fallen die Steine auf dem Kopfsteinpflaster gar nicht so sehr auf. Doch wenn man zufällig oder auch absichtlich daran stößt oder darauf tritt, dann erlebt man eine Überraschung. Tief aus einem danebenliegenden Schacht erklingt ein Glockenton, bei jedem Stein in einer anderen Tonlage.

Fünf klassische Kirchenglocken, aus Bronze gegossen, wurden zu diesem Zweck unterirdisch und unsichtbar für die Passanten in einem Hohlraum montiert. Die Trittsteine funktionieren mit einem sehr empfindlichen Drucksensor: Schon ein Gewicht ab etwa zehn Kilogramm auf einem der Klangsteine löst den Anschlaghammer der jeweiligen Glocke aus. Es sind klassische Kirchenglocken aus Bronze, die in den Tönen Fis 2, Gis 2, Ais 2, Cis 3 und Dis 3 erklingen. Um die lieben Anwohner nicht allzu sehr zum »Grantln« zu motivieren, wurden die Klänge auf die Zeit von 10 bis 17 Uhr beschränkt.

Das Stadtcafé am Sankt-Jakobs-Platz ist eine Münchner Institution. Bei manchen gilt es als Intellektuellen-Café. Mitarbeiter der Abendzeitung und der SZ waren Stammgäste, als deren Redaktionen noch in der Nähe lagen. Hier kann man entspannt eine Stunde lang etwa eine Tasse Assam-Tee genießen, ohne das Gefühl zu haben, von Kellnern zu weiteren Bestellungen gedrängt zu werden. Wer gerne gesehen werden möchte, nimmt draußen auf dem Sankt-Jakobs-Platz Platz. Für diejenigen, die es ruhig und schattig bevorzugen, gibt es eine sehr ruhige Ecke im Innenhof (Sankt-Jakobs-Platz 1, Dienstag bis Samstag 11–22.30 Uhr, Sonntag 11.30–18.30 Uhr).

Und gleich um die Ecke sind wir am Viktualienmarkt, dem »Bauch von München«. Weil der Schrannenplatz, der heutige Marienplatz, als Markt für Getreide und andere ländliche Erzeugnisse zu klein geworden war, verfügte König Max I. Joseph am 2. Mai 1807 die Verlegung eines Teils des Marktes an den heutigen Standort. Der neue Markt bekam den Namen Viktualienmarkt, von »Victualia«, dem lateinischen Wort für Lebensmittel.

Aus heutiger Sicht unvorstellbar, dass nach den schweren Zerstörungen im Zweiten Weltkrieg in den 1960er-Jahren ernsthafte Gedanken darüber angestellt wurden, den Viktualienmarkt aufzugeben. Stattdessen sollten auf dem wertvollen Grundstück Hochhäuser errichtet werden. Der südliche Teil des Marktes sollte einer breiten Straße weichen, die bestehenden Gebäude auf der gegenüberliegenden Seite sollten abgerissen werden. Ein Modernisierungswahn hatte die Stadt erfasst. Vor allem sollte die Isarmetropole insgesamt »auto-

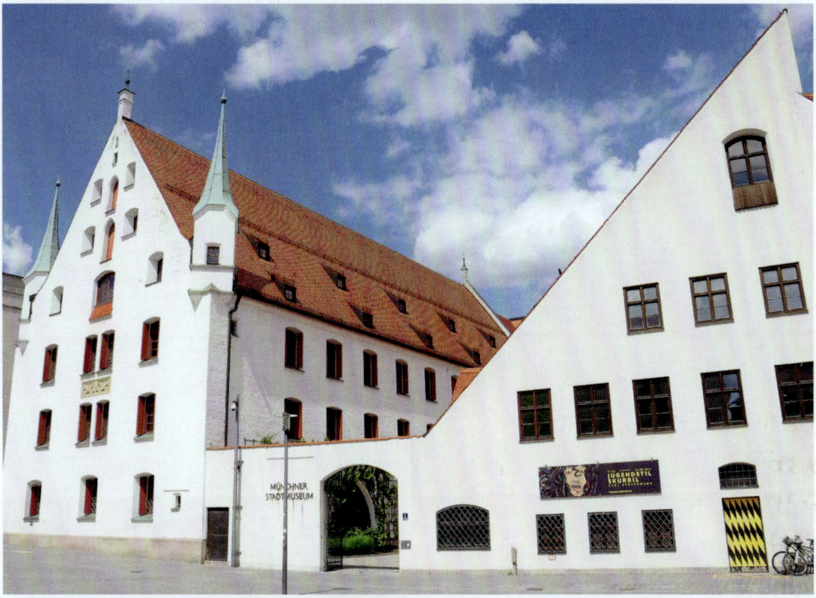

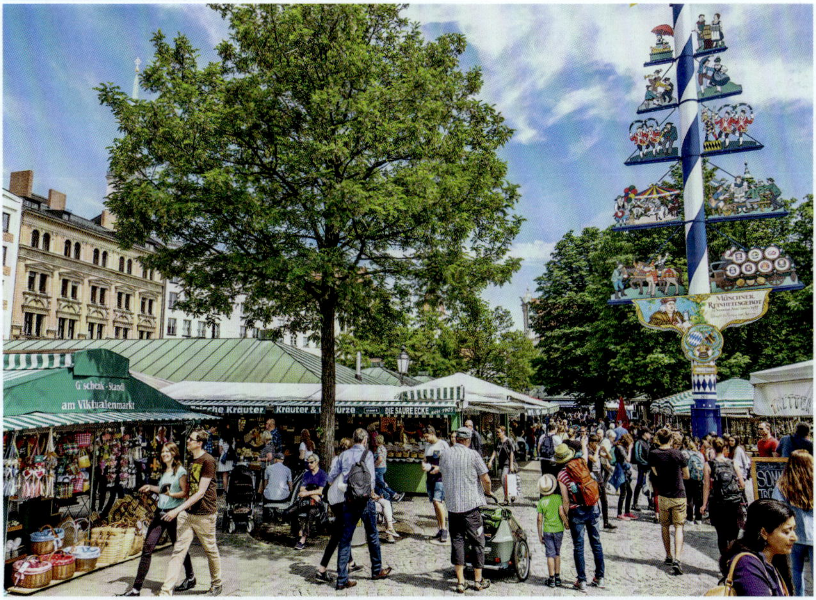

▲ Das Stadtcafé auf dem Areal des Stadtmuseums ist eine Münchner Institution.
▼ Einkaufen, staunen, genießen – den »Ratsch« gibt's auf dem Viktualienmarkt umsonst dazu.

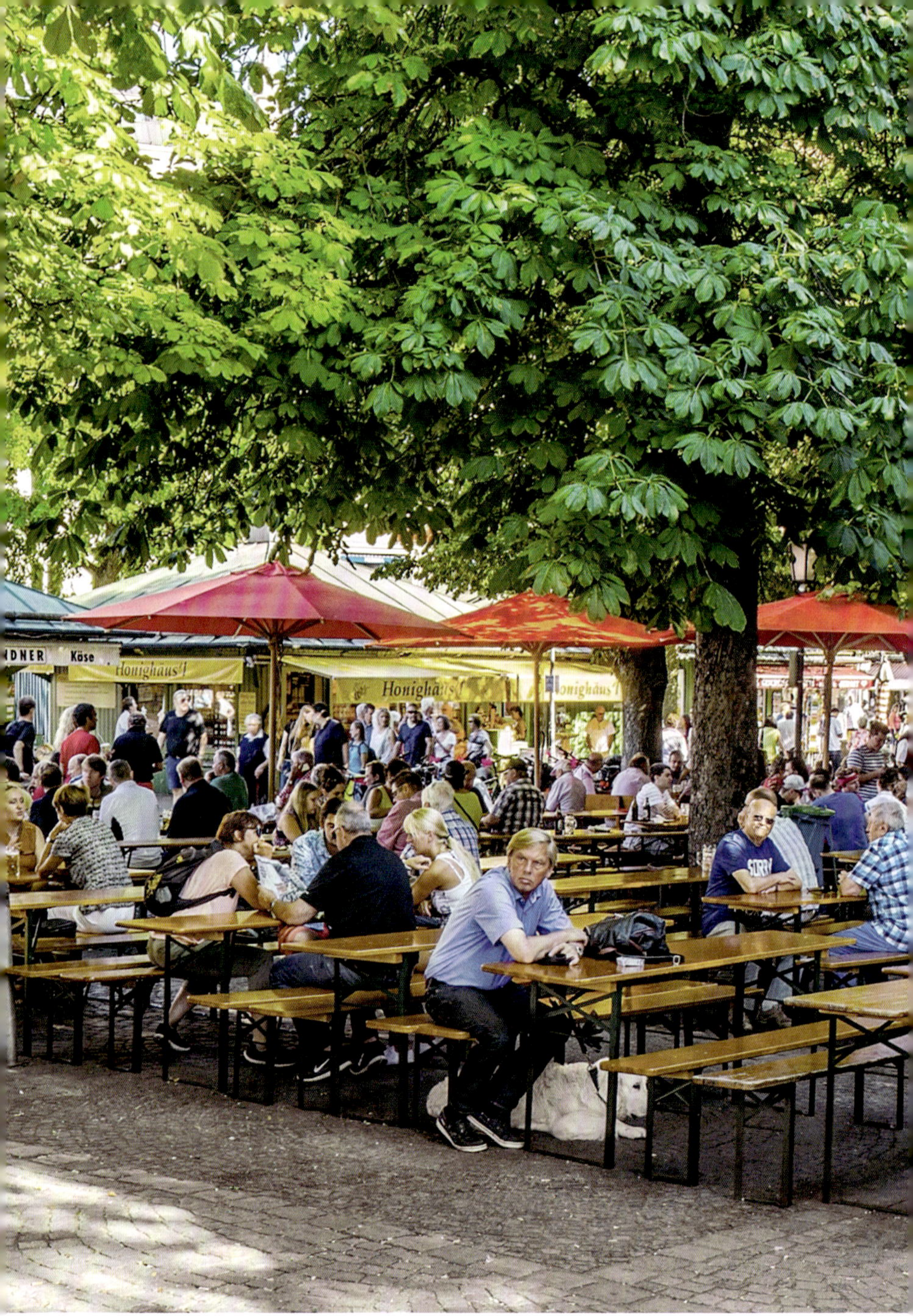

Unaufgeregte Münchner Gemütlichkeit lässt sich im Biergarten am Viktualienmarkt erleben.

gerecht« werden. Man dachte beispielsweise daran, parallel zur Isar eine fünf Kilometer lange und bis zu 40 Meter breite »Isar-Parallele« anzulegen – von der Wittelsbacher Brücke bis zur Kennedybrücke.

Die Bürger antworteten auf diese Pläne mit großem Engagement: Es entstanden Versammlungen und Bürgerinitiativen, Unterschriften wurden eifrig gesammelt und leidenschaftliche Protestreden gehalten.

Der Viktualienmarkt wurde schließlich gerettet! Heute gibt es in der bayerischen Hauptstadt keinen Ort, der so sehr das Münchner Lebensgefühl verkörpert wie dieser Markt. Er beherbergt nun auf einer großzügigen Fläche von 22 000 Quadratmetern mehr als 100 Stände, die eine breite Palette an Produkten im Sortiment haben, von frischem Obst und Gemüse über Fisch und Fleisch bis hin zu Brot, Gewürzen, Delikatessen, Kunsthandwerk und Souvenirs.

Seit 1970 gibt es mitten auf dem Viktualienmarkt einen großen zentralen Biergarten. Die Leere, die zuvor hier herrschte, kann man sich heute kaum noch vorstellen, und die einst jungen Kastanienbäume haben inzwischen beeindruckende Ausmaße angenommen. Unter ihrem Schatten kann man urgemütlich eine Brotzeit, ein »Helles« oder ein Erfrischungsgetränk genießen. Wie überall in traditionellen Münchner Biergärten ist es auch hier erlaubt, seine eigene Brotzeit mitzubringen. Dazu kommt eine Besonderheit dieses Biergartens, eine Art »Demokratisierung« des Bierausschanks: Die Biere aller sechs Münchner Brauereien kommen abwechselnd zum Zuge. Etwa alle sechs Wochen wechselt der Ausschank von einer Brauerei zur nächsten.

Der Liedermacher Konstantin Wecker verortete 1977 in seiner Ballade »Willy« *»die echten Leit, de wo net dauernd ›Ja, Herr Lehrer!‹ sagn«* am Viktualienmarkt. Für sechs »echte Leit«, namentlich sechs unvergessene Volkskünstler und Persönlichkeiten wurden ab 1953 auf dem Viktualienmarkt Brunnendenkmäler errichtet. So entwickelte sich das Gelände im Lauf der Zeit zu einer regelrechten Brunnenlandschaft mit kleinen entzückenden Brunnen, die allesamt altbekannte bayerische Volkssänger und Volksschauspieler porträtieren: Es handelt sich um Karl Valentin, Liesl Karlstadt, Weiß Ferdl, Ida Schumacher, Elise Aulinger und den Roider Jackl.

Jeweils am ersten Freitag im August werden die Brunnen mit Blumen geschmückt. Außerdem gibt es Auftritte von Volkssängern, Volksschauspielern, Kabarettisten und Kostümgruppen, die Darbietungen zur Erinnerung an die Münchner Originale vortragen.

29 KARL-VALENTIN-BRUNNEN

Eigentlich müsste man ihn nicht beschreiben. Welcher Münchner kennt ihn nicht? Karl Valentin (1882–1948), mit bürgerlichem Namen Valentin Ludwig Fey, war ein Münchner Komiker, Volkssänger, Autor und Filmproduzent. Sein Sprachwitz traf zielsicher ins Herz, vor allem, wenn er sich selbst auf die Schippe nahm. Die Wirkung seines Humors auf das Publikum wurde von seiner langen, grazilen Gestalt, die er gekonnt in Szene setzte, unterstützt.

Karl Valentin und seine begnadete Bühnenpartnerin Liesl Karlstadt bildeten ein unnachahmliches Komikerduo, das im frühen 20. Jahrhundert zu den strahlendsten Sternen am Himmel des Humors zählte. Ihr unverkennbares Markenzeichen durchzog viele der über 400 Sketche und Komödien, die das Publikum zum Lachen und Staunen brachten.

Während der Nazi-Zeit gerierte sich Karl Valentin zwar nicht als Widerstandkämpfer, streute aber immer wieder Provokationen in seine Programme:

»Gut, dass Hitler nicht Kräuter heißt, sonst müsste man ihn mit ›Heil Kräuter‹ grüßen«.

Valentin war aber kein Autor, der gegen das Regime schrieb. Er zog sich einfach zurück.

»I sag halt garnix. Dös wird ma doch noch sagn dürfen!«

»Saudumm daherreden«, das konnte aber kaum jemand besser als er:

»Zuerst wartete ich langsam, dann immer schneller.«

»Ich freue mich heute noch, dass es mir gelungen ist, den heutigen Tag noch zu erleben.«

»Mögen hätt ich schon wollen, aber dürfen hab ich mich nicht getraut.«

»Alle reden vom Wetter, aber keiner unternimmt was dagegen.«

»Ich bin auf Sie angewiesen, aber Sie nicht auf mich! Merken Sie sich das!«

»Sauft nicht so viel, trinkt lieber ein Bier.«

»Hoffentlich wird es nicht so schlimm, wie es schon ist!«

»Als ich das Licht der Welt und sodann die Hebamme erblickte, war ich sprachlos. Ich hatte diese Frau ja noch nie in meinem Leben gesehen.«

Einmal wurde Karl Valentin auf dem Stachus von einem Fremden angesprochen: *»Entschuldigen Sie, wie weit ist es zum Hauptbahnhof von hier?«* Valentins schlagfertige Antwort: *»Wenn Sie in die Richtung weitergehen, sind es noch 40 000 Kilometer. Wenn Sie aber umdrehen, bloß fünf Minuten.«*

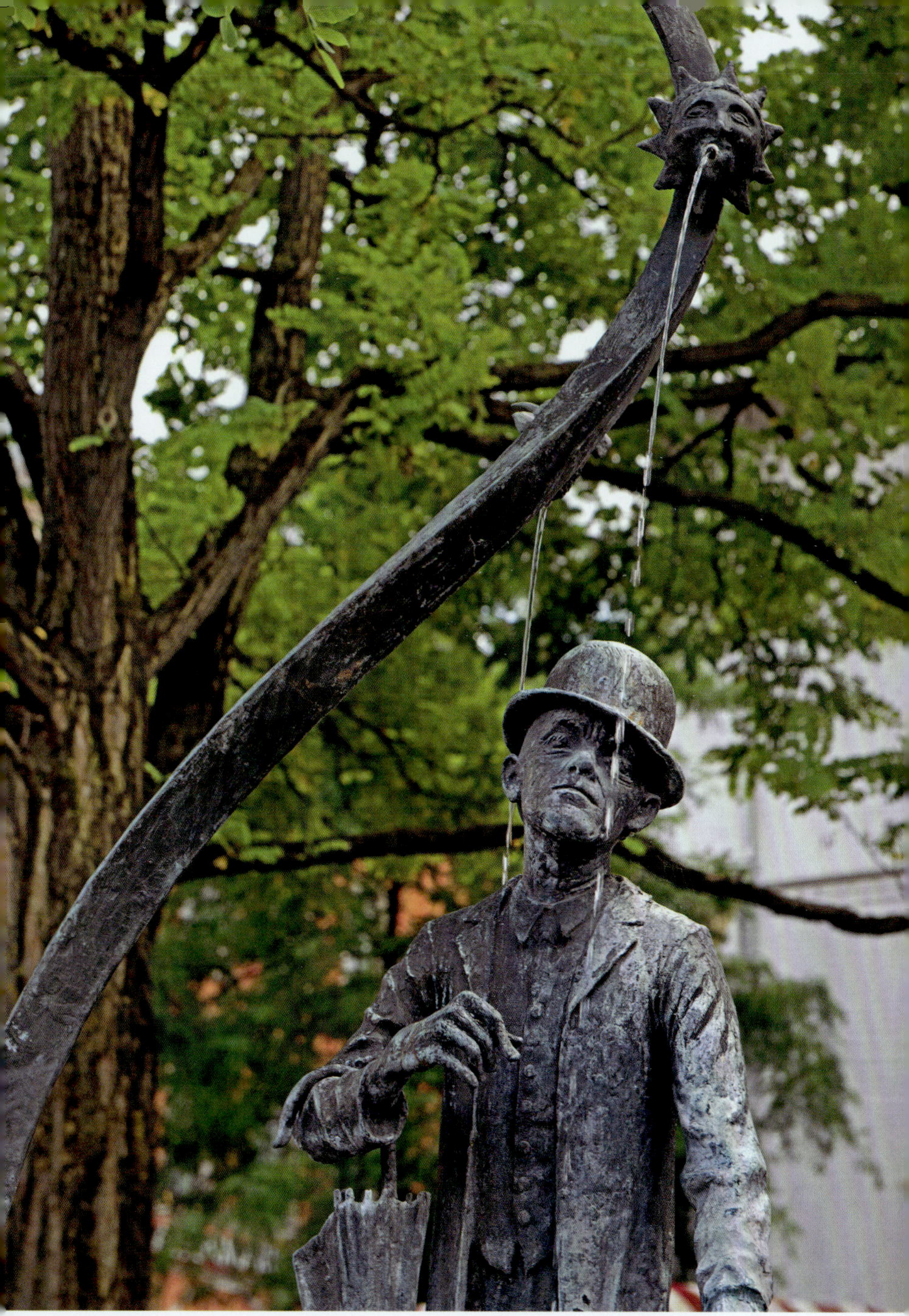

Denkmal für den Humor: der Karl-Valentin-Brunnen, gestaltet von Ernst Andreas Rauch

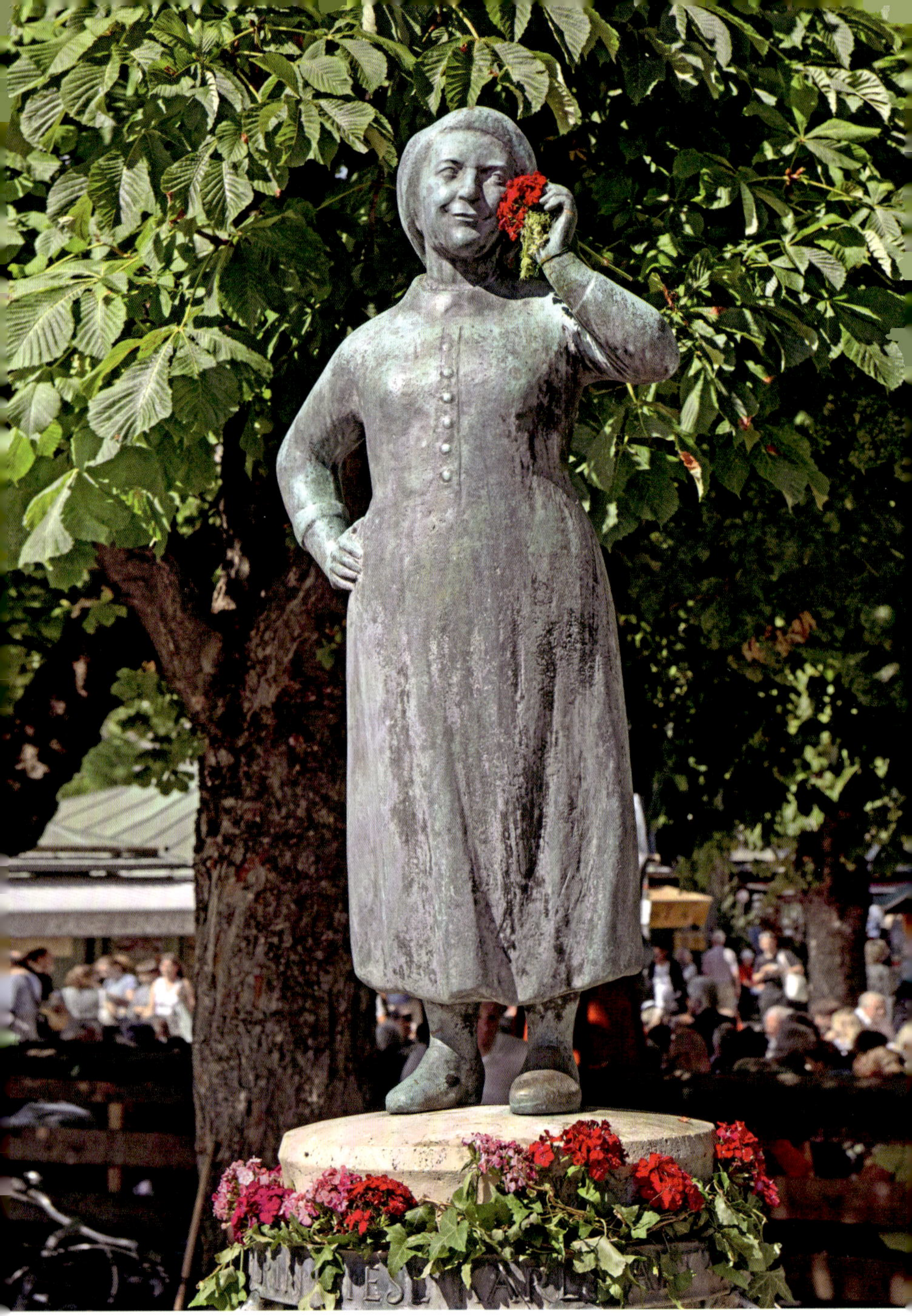

Der Brunnen zur Erinnerung an Liesl Karlstadt stammt vom Münchner Bildhauer Hans Osel.

Am Sonntag, den 18. Oktober 1953, wurde auf dem Viktualienmarkt der von Ernst Andreas Rauch (1901–1990) gestaltete Karl-Valentin-Brunnen enthüllt. Liesl Karlstadt, die ehemalige Partnerin Valentins, hatte höchstpersönlich diese Aufgabe übernommen. Die Bronze für den Brunnen stammt von einem der Bronzelöwen auf dem Siegestor, der im Zweiten Weltkrieg beschädigt worden war. Die langbeinige, hagere Gestalt im Gehrock mit der Melone auf dem Kopf und den Schirm über den rechten Unterarm gehängt, balanciert auf einer Weltkugel und einem stilisierten Notenschlüssel.

Im Januar 2010 wurde der Karl-Valentin-Statue auf dem Viktualienmarkt von unbekannten Vandalen die linke Hand abgerissen. Um diesen Schaden zu beheben, fertigte der renommierte Bildhauer Josef Fromm anhand von Fotografien eine Wachsreplik der Hand an. Diese wurde dann in einer Kunstgießerei in Bronze gegossen. Bereits im September desselben Jahres konnte der Brunnen wieder aufgestellt werden.

30 LIESL-KARLSTADT-BRUNNEN

»Sie, Fräulein – Fräulein, Sie san eben als Subrettn aufgetreten, heut hab i Sie zum ersten Mal g'sehn. Des is nix. Wissen S' ... Wissen S', Sie san so schüchtern, und so brav schaun S' aus. Sie ham mich direkt derbarmt. Aber Sie san sehr komisch.«

So sah Karl Valentin seine zukünftige Bühnenpartnerin Liesl Karlstadt (1892–1960), eigentlich Elisabeth Wellano, die ebenso wie er zu einer Ikone der deutschen Unterhaltungsgeschichte werden sollte. Berühmt wurde Liesl Karlstadt fast ausschließlich wegen ihrer Zusammenarbeit mit Karl Valentin. Die beiden bildeten ein berühmtes und einflussreiches Duo in der deutschen Kabarettszene. Sie galt zwar immer nur als »kongeniale Partnerin« Karl Valentins, aber viel von ihrem gemeinsamen Erfolg hing an der Geistesgegenwart, mit der sie auf Valentins Improvisationen reagierte.

Genau ein Jahr nach ihrem Tod, am 27. Juli 1961, wurde Liesl Karlstadt als dritte prominente Person mit einem Trinkwasserbrunnen auf dem Viktualienmarkt geehrt. Der Bildhauer Hans Osel (1907–1996) stellte sie als eine resolute, aber freundliche Frau dar. Bei der Einweihungsfeier wurde Karl Valentins Lied »Chinesisches Couplet« übertragen. Das klingt etwa so: *»Mantsche Mantsche Pantsche Hon kon Tsching Tschang / Kaifu schin sie Peking gigu wai hai wai / Titschi tatschi makka zippi zippi zappi / Guggi dutti suppi Mongolei.«*

Grantig, lustig, laut. Weiß Ferdl (1883–1949), der eigentlich Ferdinand Weisheitinger hieß, zählt zu den bekanntesten bayerischen Volkssängern und Volksschauspielern. Die Münchner liebten ihren Weiß Ferdl. Seit 1953 befindet sich am Viktualienmarkt, unmittelbar am kleinen Biergarten, ein Brunnen mit einem Weiß-Ferdl-Denkmal. Erschaffen hat ihn der Bildhauer und Karikaturist Josef Erber (1904–2000).

Trotz seiner anfänglichen Sympathien für die Nationalsozialisten wandelte sich Weiß Ferdl im Lauf des Krieges. Während dieser Zeit gab er sich humorvoll-kritisch, indem er beispielsweise seinem Publikum erzählte, dass er zwar fest davon überzeugt sei, dass 98 Prozent der Bevölkerung uneingeschränkt hinter dem Regime stünden, er jedoch aus irgendwelchen Gründen immer nur die übrigen zwei Prozent auf der Straße treffe.

Einmal landete er kurz im Gefängnis, weil er eine Schweinefamilie vorgestellt hatte: *»Sohn Mann, Tochter Mann, Frau Mann, Herr Mann«* – dies war eine Anspielung auf Reichsminister Hermann Göring.

Als er aus dem Gefängnis kam, stellte er die Familie wieder vor: *»Sohn Mann, Tochter Mann, Frau Mann – und wegen dem Schwein da saß ich im Gefängnis!«*

Aufgrund seiner kritischen Äußerungen war bei seinen Vorstellungen permanent ein Polizist zugegen. Einmal betrat er die Bühne mit einem Koffer und verkündete: *»In diesem Koffer befindet sich unsere Regierung!«* Der Polizist forderte ihn auf, den Koffer zu öffnen. Während der Durchsuchung rief der Polizist aus: *»Das sind ja alles Lumpen!«* Daraufhin Ferdl: *»Das haben Sie gesagt.«*

Weiß Ferdl verfasste scharfe und kritische Gedichte. Viele seiner Sketche und Lieder erlangten über die Grenzen Bayerns hinaus Bekanntheit, da er in seinen Darbietungen gern auf die »Preißn« als beliebtes Angriffsziel zurückgriff.

Berühmt bleibt er mit seinem Lied »Ein Wagen von der Linie 8«, eine Satire auf die Münchner Trambahn und deren grantelnde Passagiere.

»Ein Wagen von der Linie 8
weiß-blau, fährt ratternd durch die Stadt.
So fährt der Wagen schnell dahin
Die Menschen, die im Wagen drin
die schaun gar grantig, niemand lacht
Da drin, im Wagn der Linie 8.«

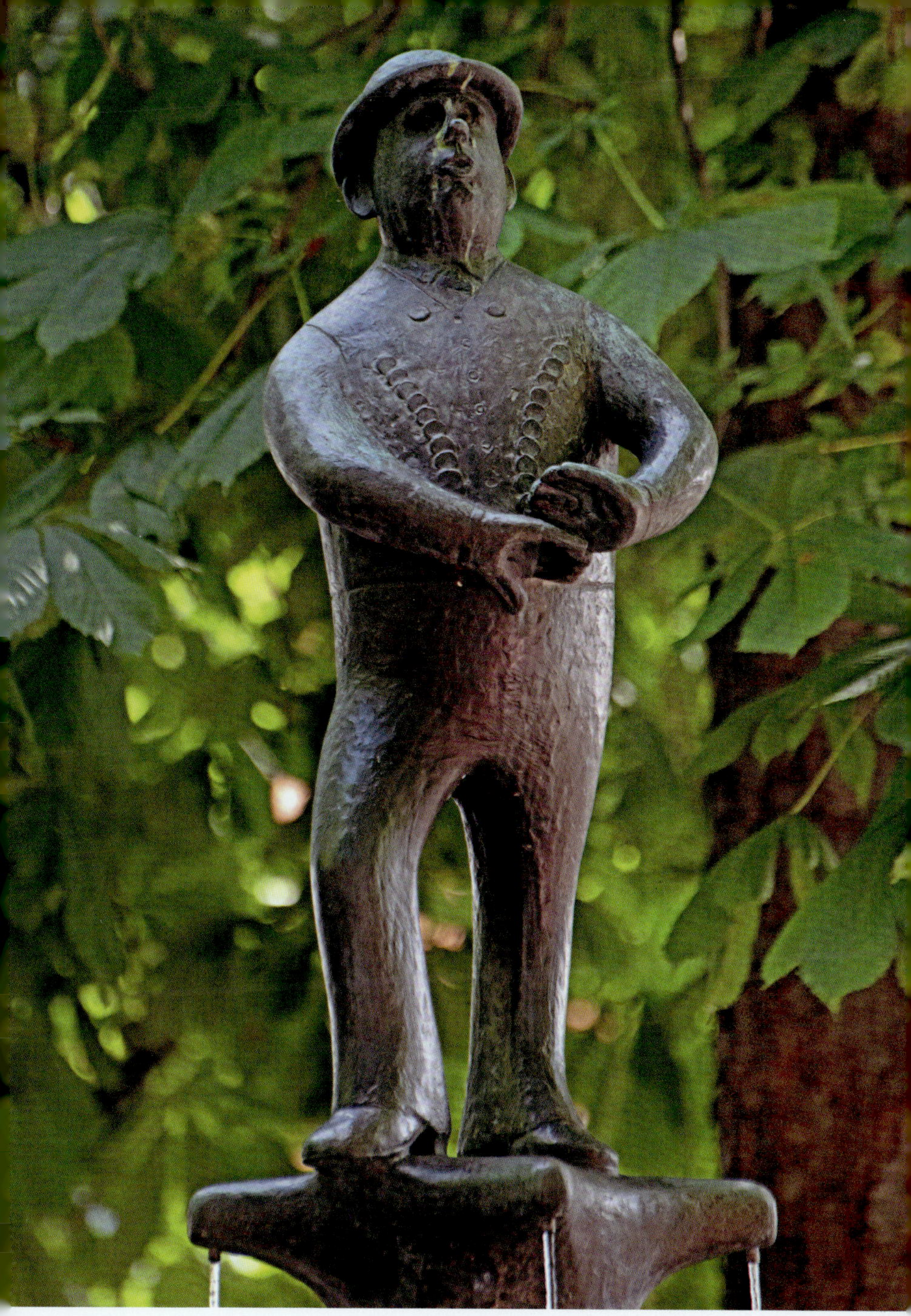

In typischer Pose hielt Bildhauer Josef Eber den Volkssänger Weiß Ferdl fest.

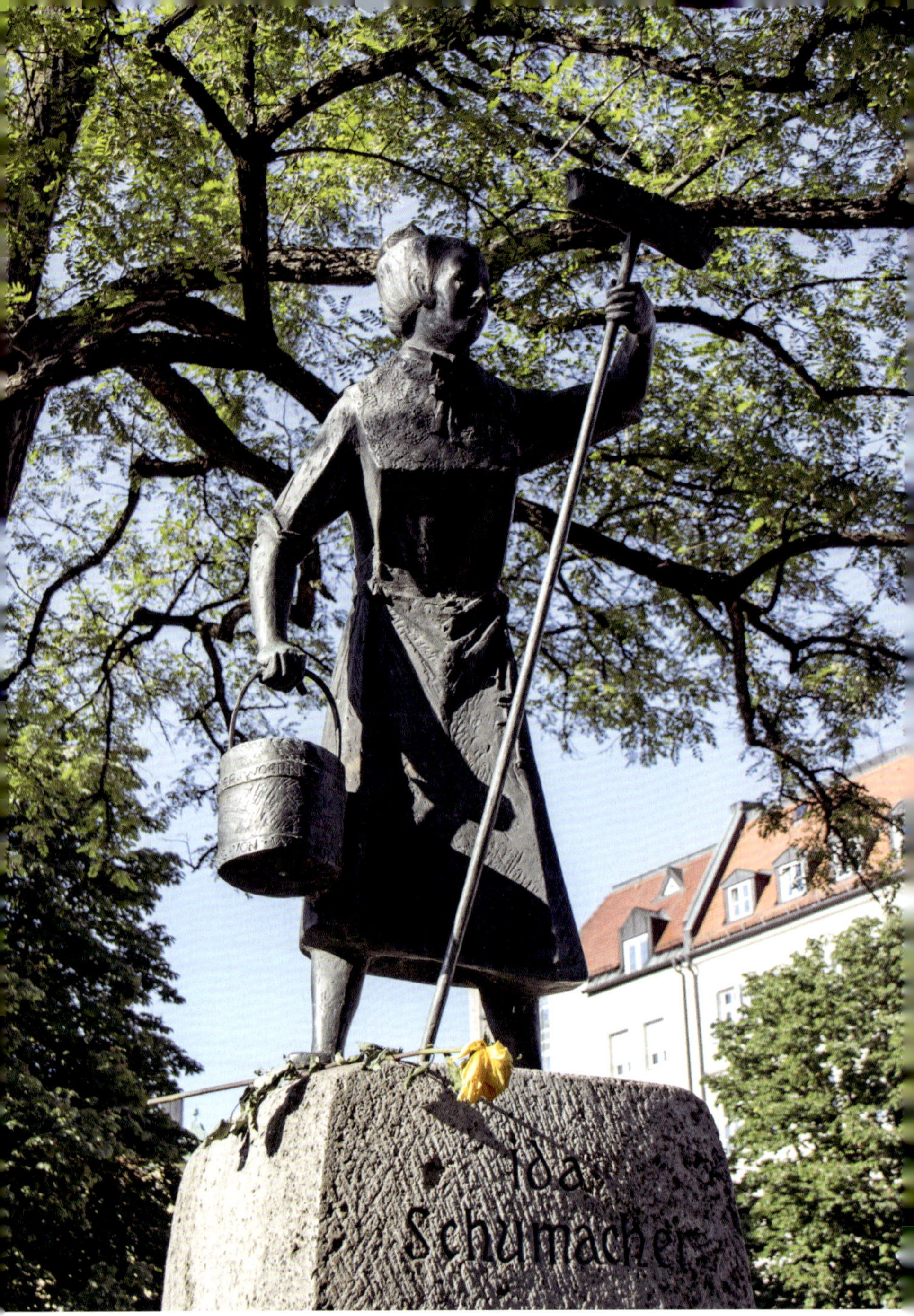

Komödiantin Ida Schumacher steht in ihrer Paraderolle als »Ratschkathl« auf ihrem Brunnen.

32 IDA-SCHUMACHER-BRUNNEN

Ida Schumacher war eine 1895 im niederbayerischen Arnstorf geborene Volkssängerin, Schauspielerin und Komödiantin. Weil sie 1930 nach einer schweren Erkältung ihre Stimme verlor, beendete sie ihre Karriere als Sängerin – sie hatte die Hochschule für Gesang absolviert – und wechselte zu reinen Sprechrollen. Ihre markante nasale Reibeisenstimme wurde später zu ihrem Markenzeichen. In den Jahren 1949 bis 1956 trat sie als »Ratschkathl« auf, dies war die humoristische Figur einer geschwätzigen Bayerin, die ihre Kollegin Elise Aulinger erfunden hatte.

Bis zu ihrem Tod 1956 galt Ida Schumacher als Inbegriff der redseligen Hausfrau, die mit spitzer Zunge über Gott und die Welt herzieht. Die Brunnenfigur aus Bronze und Muschelkalk, die am 23. September 1977 auf dem Viktualienmarkt enthüllt wurde, ist von Marlene Neubauer-Woerner (1918–2010). Sie zeigt sie mit Schrubber und Putzeimer beim »Ratsch im Treppenhaus«.

Neubauer-Woerner schuf im Auftrag der Stadt München auch den Daphnebrunnen am Orleansplatz, der heute im Park an der Wahnfriedallee steht. Sie erhielt 1978 den Schwabinger Kunstpreis, 1984 wurde ihr der Bayerische Verdienstorden verliehen. Die Städte Köln, Wien, Paris und Athen ehrten sie mit Medaillen. 1987 wurde sie als Ehrengast der Villa Massimo in Rom aufgenommen. 2008 übergab ihr die Stadt München in Anerkennung ihres Lebenswerks die Medaille »München leuchtet«.

Die Ratschkathl am Eierstandl: *»Stimmt des, Sie, das Ei 26 Pfenning? Ihr seids ja unter d'Raubritter ganga! Vorige Woch hams 21 Pfenning kost.«*

Sogt die protzad Handlarin zu mir: *»Des stimmt scho, brauchans Eahna nix denga. Und wenn S' 's nächstmoi net gscheit sehng, na nehman S' ein Lorgnett mit. Es stimmt scho, und wenn S' a bißl a Hirn hättn, na miaßtns wissen, daß bei dera Köitn d' Henna net legn.«*

Sog i: *»Ja freili, Es habts aba raffinierte Henna beinand. Mit 21 Pfenning, do is eahna z' koit, und mit 26, do leint eahna da Hintan wieda auf.«*

»Ja freili«, hots gsogt, *»na derfas Eeahna schleicha, Sie Bixlmadam, Sie windige, weil wegn dem einen Ei, wos Sie mir vielleicht obkaffa, do werd i aa net reicha.«*

»Wos«, hob i gsogt, *»ein Ei? – Gor koans! Weil i möcht ja Oar und koane Schussa, und jetz bleib i extra steh, weil i sehng möcht, ob si net do oane findt, so a bläde Gans, die wo des Glump kafft.«*

33 ROIDER-JACKL-BRUNNEN

Von der Nachkriegszeit bis Mitte der 1970er-Jahre begeisterte Jakob Roider, auch bekannt als Roider Jackl (1906–1975), als Volkssänger sein Publikum. Mit seinen gesellschaftskritischen »Gstanzln«, also kurzen Spottliedern, und seinen Ansprachen war er eine prägende Figur. Er trat in bekannten Hörfunksendungen wie der »Weißblauen Drehorgel« und beim »Salvatoranstich auf dem Nockherberg« auf. Selbst Karl Valentin zählte zu seinen Bewunderern. Roider Jackl sollte nicht als Kabarettist, Komiker oder oberflächlicher Spaßmacher im bayerischen Stil verstanden werden. Seine Themen waren zeitgemäß, seine Formulierungen präzise und zielgerichtet. In seinen Liedern und Gstanzln griff er sowohl aktuelle politische Ereignisse als auch menschliche Schwächen auf. Überraschenderweise war kaum einer der »Derbleckten« jemals beleidigt, man betrachtete es im Gegenteil als besondere Ehre, von Jackl aufs Korn genommen zu werden. 1971 wurde ihm der »Bayerische Poetentaler« verliehen.

Der aus Kalkstein und Bronze gearbeitete Brunnen des Roider Jackl ist ein Werk des Bildhauers Hans Osel (1907–1996). Er schuf auch den Brunnen von Liesl Karlstadt. Im Jahr 1964 wurde Osel mit der Olympischen Verdienstmedaille ausgezeichnet, 1976 mit dem Bundesverdienstkreuz am Bande durch Bundespräsident Walter Scheel, 1982 erhielt er den Pasinger Kunst- und Kulturpreis, 1985 wurde er von Bundespräsident Richard von Weizsäcker mit der großen silbernen Plakette der Stiftung Sicherheit im Skilauf ausgezeichnet.

34 ELISE-AULINGER-BRUNNEN

Elise Aulinger (1881–1965), eigentlich Elise Sommer, begann 1903 ihre künstlerische Karriere im Münchner Volkstheater mit der Rolle der Vroni im Volksstück »Der Meineidbauer« von Ludwig Anzengruber. Später spielte sie klassische Rollen von Johann Wolfgang von Goethe und Henrik Ibsen. Am 23. September 1977 wurde in Erinnerung an sie auf dem Viktualienmarkt, unweit ihres Geburtshauses in der Blumenstraße, ein Brunnenmonument enthüllt – eine Ehre, die nur sechs Münchner Volksschauspielern und -sängern zuteil wurde. Die von Anton Rückel (1919–1990) gestaltete Bronzefigur auf dem Brunnen zeigt sie in lebhafter Erzählhaltung mit einem Buch in der Hand. Sie war die Großtante von Sigi Sommer, bekannt als »Blasius der

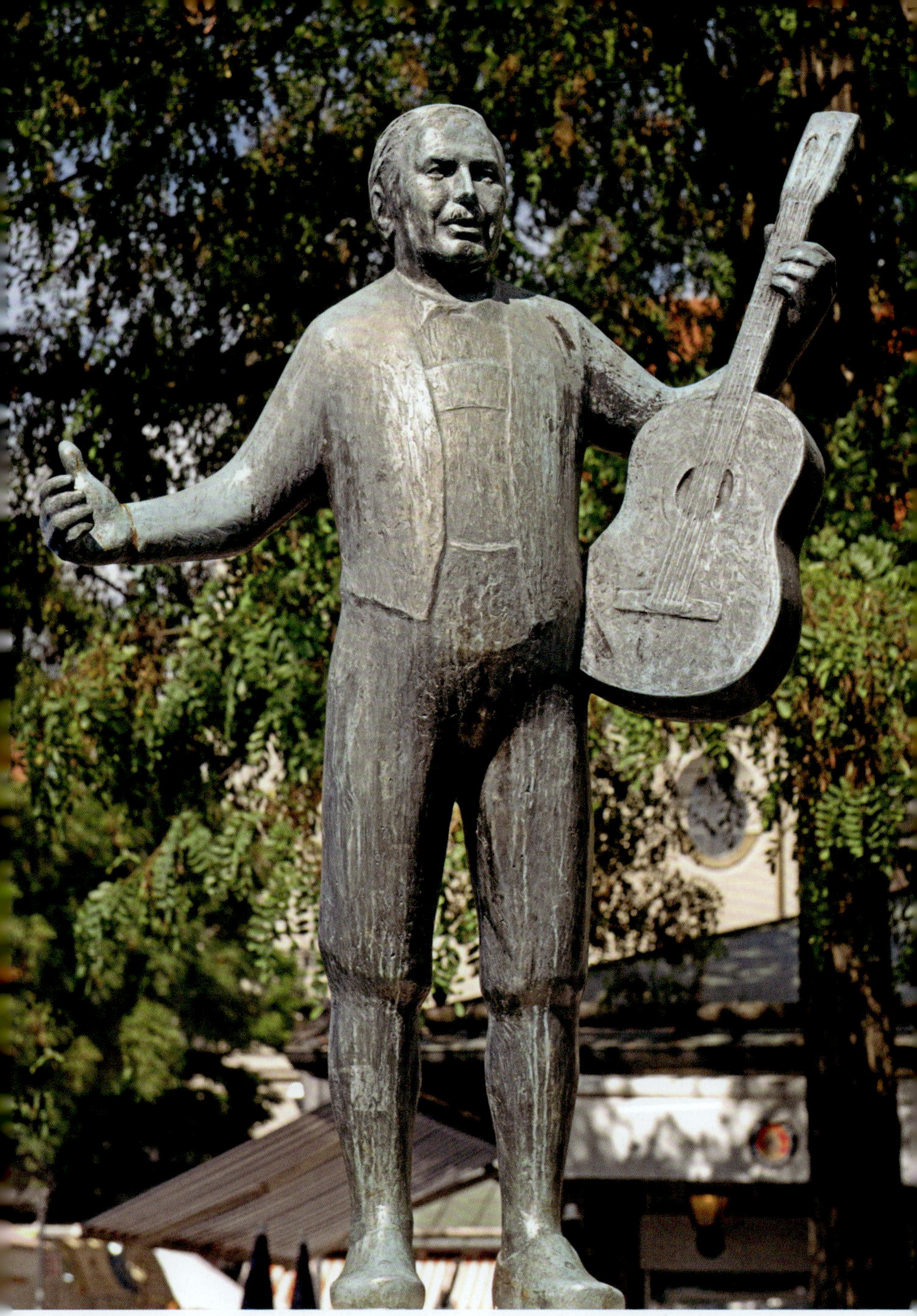

Bildhauer Hans Osel gab dem Volkssänger Roider Jackl seine Gitarre mit auf das Brunnendenkmal.

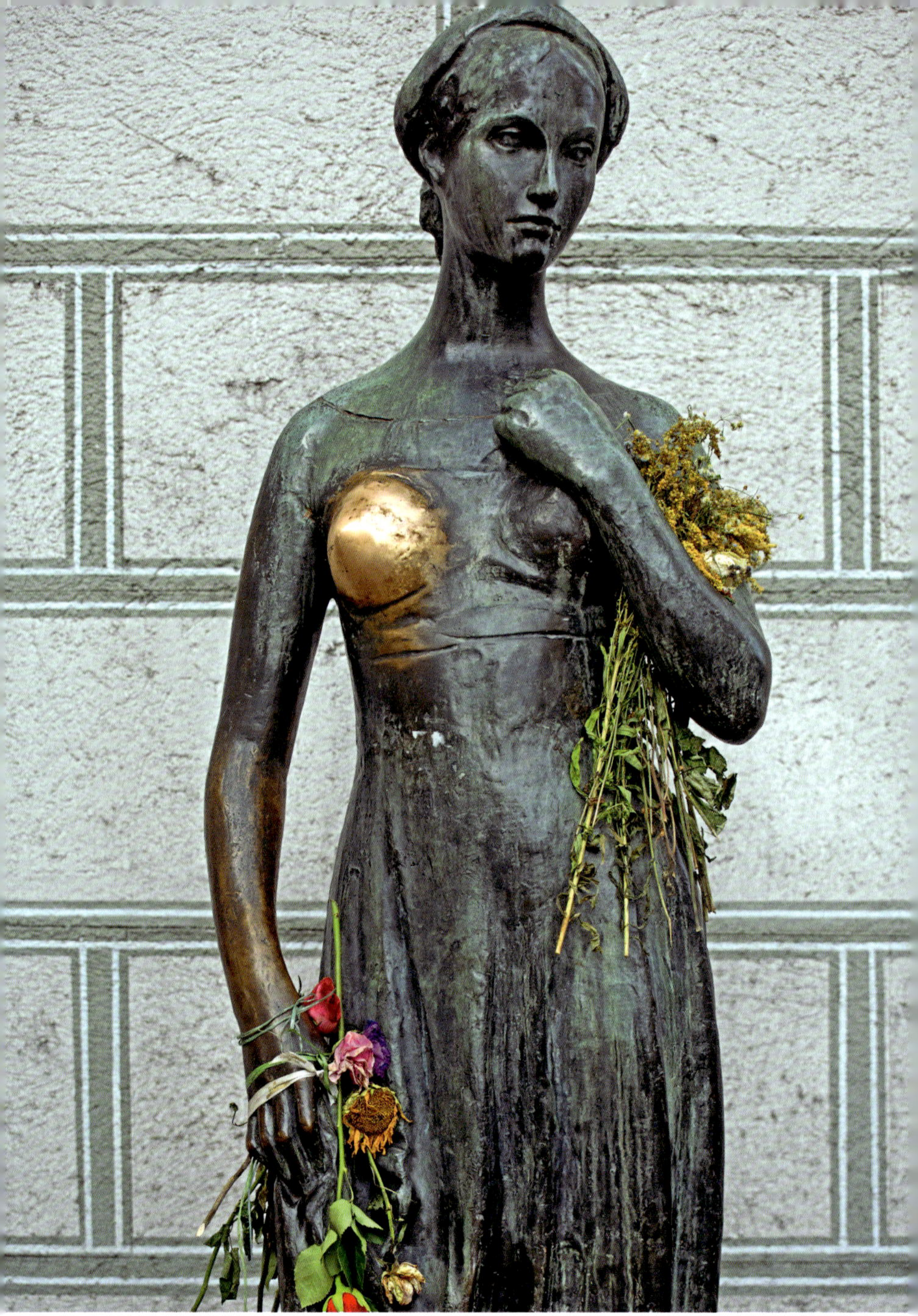

Geschenk der Stadt Verona: die Bronzestatue von Shakespeares Tragödien-Heldin Julia Capulet

Spaziergänger«, der am Rindermarkt in Bronze und Lebensgröße in nicht allzu großer Entfernung von ihr steht.

Eine »Schmalznudel« ist zwar kein Kunstobjekt, aber eine kunstvoll zubereitete Münchner Spezialität, die man sich bei einem Viktualienmarkt-Rundgang nicht entgehen lassen sollte. Das Café Frischhut in der Prälat-Zistl-Str. 8, im Volksmund nur »Schmalznudel« genannt, ist der Münchner Ort, an dem es das köstlichste Schmalzgebäck der Stadt gibt. Hier werden »Auszogne«, Krapfen und Rohrnudeln live vor den Augen der Kunden frisch hergestellt. Hier einzukehren ist ein echtes Münchner Lebensgefühl.

35 JULIA CAPULET

Seit 1974 steht vor dem Alten Rathaus in München zwischen Marienplatz und Viktualienmarkt eine Statue von Julia Capulet, die »Julia« aus dem berühmten Theaterstück »Romeo und Julia« von William Shakespeare. Die Figur, ein Symbol für die grenzenlose Liebe, die allen Gefahren und Widersachern bis in den Tod trotzt, ist eine Replik des Originals des Bildhauers Nereo Costantini (1905–1969). Dieses ist in Verona in der »Casa di Giulietta«, dem angeblichen Geburtshaus der Julia, zu finden. Die 2,65 Meter große Kopie war ein Geschenk der Gemeinde Verona an ihre Partnerstadt München.

Einem alten Aberglauben nach soll dem, der die Brust der Julia berührt, Glück in der Liebe gewährt werden. So posieren hier täglich zahllose Menschen, Männer wie Frauen, neben der Statue, um sich mit der berühmten Liebenden fotografieren zu lassen. Dabei berühren sie mehr oder weniger unauffällig die rechte Brust derselben. Und weil diese Tradition längst den Einzug in alle Reiseführer gehalten hat, braucht man sich nicht zu wundern, dass diese Brust blank gerieben ist und golden glänzt. Eine Tradition, die zum Schmunzeln einlädt.

Aber Vorsicht! 2018 prangte einmal hinter der Julia-Figur ein Plakat mit dem Schriftzug »#MeToo«. Sind wir also vielleicht im Bereich der sexuellen Belästigung? Handelt es sich gar um eine Form von Sexismus? Eine Stadträtin verlangte sogar, dass man eine männliche Statue neben Julia stellen solle. Damit auch Frauen etwas zu betatschen haben. Da kann man nur sagen: »Bitte einen Gang herunterschalten!« Was wären dann die blank polierten Schnauzen der Löwen vor der Residenz und die Schnauze des Keilers vor dem Jagdmuseum? Ein Fall für den Tierschutz?

Munich Art District

»Hässlich ist, wenn man versucht, aber versagt hat«, so urteilt der Journalist Eugene Quinn über die Architektur mancher Stadtviertel. Auch das »leuchtende München« ist davor nicht verschont geblieben. Der Leuchtenbergring im Osten der Stadt? Ein Graus nicht nur für Autofahrer! Der Teil von Berg am Laim, der Stadtbezirk 14, direkt in seiner Nähe? Kaufhausparkplätze, gesichtslose Wohn- und Bürogebäude, vielerorts herrscht Gewerbegebiet-Charakter.

Aber: Seit einiger Zeit hat sich hier unübersehbar etwas verändert. Das graue Viertel wird gerade ein ganzes Stück bunter! Wie von Zauberhand wurden manche Wände mit äußerst interessanten Gemälden übermalt. An einer 300 Meter langen Wand am Leuchtenbergtunnel fließt Farbe herab, eine Idee der jungen Künstlerin Janine Mackenroth: „Ein Viertel läuft über", so hat sie ihr Werk genannt. Anderswo wurden Wände mit menschlichen kleinen Bohnen übermalt oder mit Riesenhänden, die ein Brot kneten, mit täuschend echten Tomaten und Weintrauben, in die man meint, direkt hineinbeißen zu können.

Das Gewerbegebiet rund um die Neumarkter Straße in Berg am Laim verwandelt sich gerade in den sogenannten Munich Art District, ein Stadtviertel, in dem Kunst im öffentlichen Raum für jeden erlebbar sein soll. *„Das bisher oft unbeachtete Gebiet soll zu einem urbanen Raum mit neuer Geschichte werden, wir wollen Berg am Laim als Kunstviertel etablieren"*, so Tom Wimmer, Geschäftsführer des Munich Art District. Auch internationale Größen der Street-Art-Szene können hier ihrer Kreativität freien Lauf lassen. Das Projekt steht unter der Schirmherrschaft des Bayerischen Staatsministeriums für Wissenschaft und Kunst, und mehrere Immobilienentwickler sind als Partner mit an Bord. Fast ein ganzer Straßenzug wurde bereits mit feinster farbiger Kunst ausgestaltet. Man kann die verschiedenen Kunstwerke des Munich Art District auf der Webseite munichartdistrict.com/tour und deren interaktiver Karte gut überblicken. Einige davon sollen hier vorgestellt werden.

Geht man die Neumarkter Straße, die am Leuchtenbergring ihren Ausgang nimmt, in Richtung Osten, sieht man zunächst auf einer über 100 Meter langen Mauer die Streetart Gallery des Künstlerkollektivs Broke.today. Dies ist eine Gruppe, die den Künstlern, die hier leben, Platz und Möglichkeiten bieten möchte, der Öffentlichkeit gegenüberzutreten.

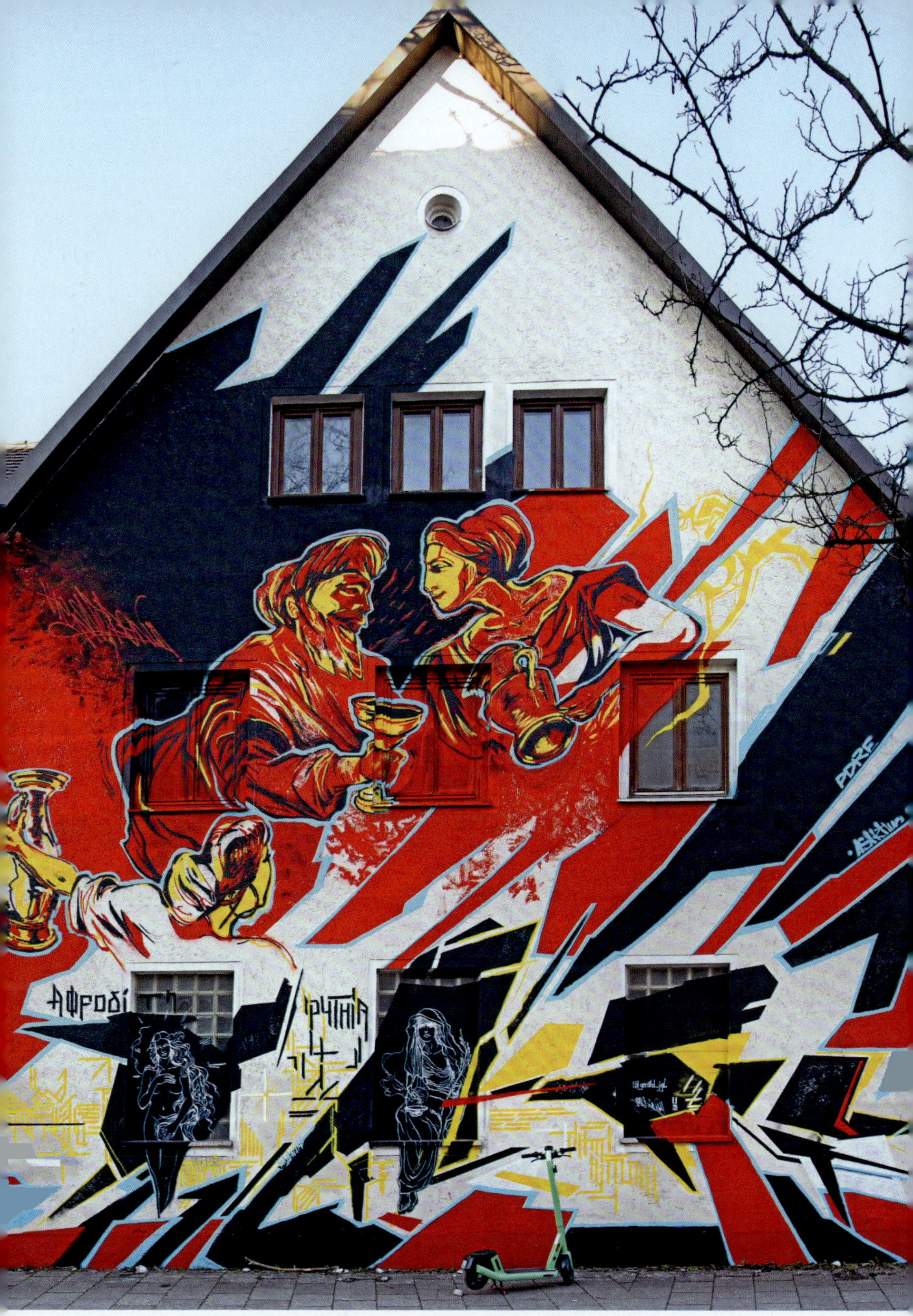

Familiäre Abgründe greift Gerald Jegal in seinem Mural »Lot und seine Töchter« auf.

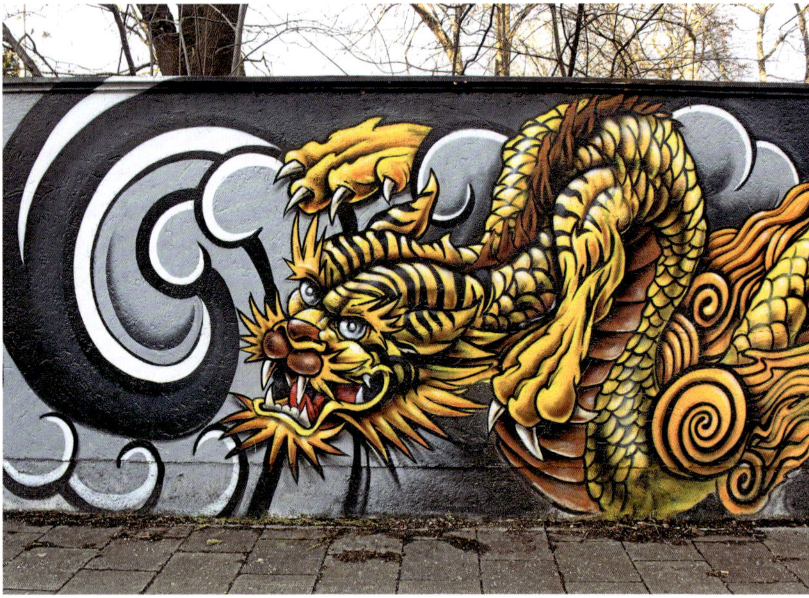

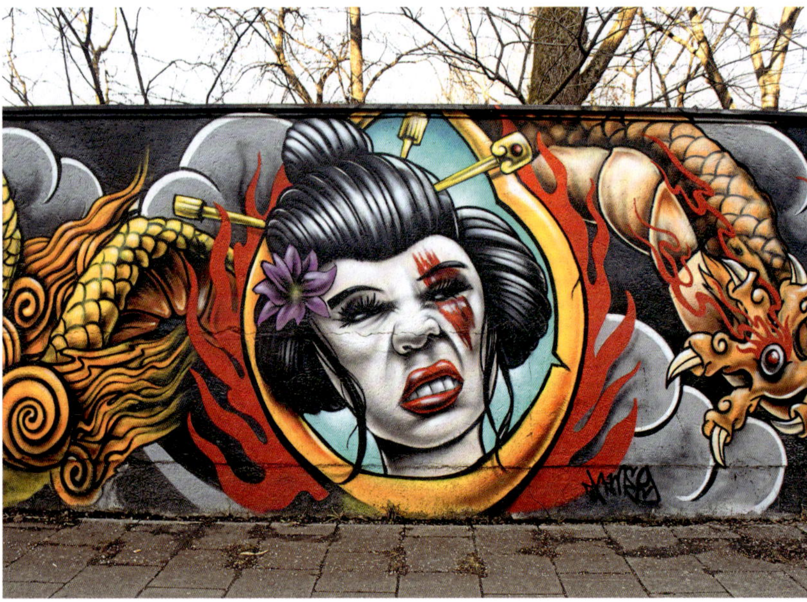

▲ »Tiger and Dragon« des renommierten Tätowier- und Street-Art-Künstlers Shamey ABC

▼ Ein Film inspirierte das Münchner Graffiti-Urgestein zu dem Werk – hier ein weiterer Ausschnitt.

36 TIGER AND DRAGON

Der Street-Art-Künstler Shamey ABC (Ralf Spitzer) ist in der Szene europaweit bekannt und respektiert, mit mehr als 25 Jahren künstlerischer Erfahrung gehört er schließlich zu den alten Hasen. Seine Anfänge Ende der 1980er gehen auf die Münchner Graffiti-Crew ABC zurück. Seine bemerkenswerte Verarbeitung von Farbe und Sprühlack, seine Techniken mit Pinsel und Airbrush sind einzigartig. Ralf Spitzer hat sich im Bereich der Tattoo-Art auf Linework, Realistic oder Wannado's Kali spezialisiert und ist durch sein außergewöhnliches Gespür für Perspektiven Münchens renommiertester Tintenkünstler geworden. Er betreibt ein eigenes Tattoo-Studio im Herzen der Stadt, das Black Rabbit Ink.

Ralf Spitzers Street-Art-Beitrag für den Munich Art District trägt den Titel »Tiger and Dragon« und ist vom gleichnamigen preisgekrönten chinesisch-taiwanischen Film des Regisseurs Ang Lee inspiriert.

37 MUSTERHAUS

Der Name dieses Projekts der Münchner Künstlerin Miriam Ganser bezieht sich nicht auf die farbenfrohe Gestaltung des ehemaligen Pförtnerhäuschens, sondern auf das Potenzial welches im Leerstand des gesamten Areals steckt. Hier befand sich früher die Bundesmonopolverwaltung für Branntwein.

38 LOT UND SEINE TÖCHTER

Gerald Jegal thematisiert mit seinem Mural »Lot und seine Töchter« die Liebe und die Schwierigkeiten des Zusammenlebens in der heutigen Gesellschaft. Die Geschichte aus dem Alten Testament lohnt eine kurze Erwähnung. Als die Stadt Sodom, in der Lot lebte, von Gott wegen ihrer Sündhaftigkeit verurteilt wurde, musste Lot mit seiner Familie die Stadt verlassen. Sie sollten sich aber keinesfalls umsehen. Lots Frau tat dies dennoch und erstarrte zur Salzsäule. Lot flüchtete mit seinen beiden Töchtern in eine Höhle, und sie glaubten, dass die gesamte Welt untergegangen sei. In ihrer Verzweiflung beschlossen die Töchter, ihren Vater betrunken zu machen und mit ihm eigene Nachkommen zu zeugen. Die Geschichte ist eine der moralisch problematischen Erzählungen in der Bibel, da sie inzestuöse Handlungen zum Thema macht.

39 THE PAINTER

Ein weiteres herausragendes Kunstwerk entlang der Neumarkter Straße ist das 15 Meter hohe Mural »The Painter« des in Berlin lebenden Londoner Künstlers, Illustrators und Comiczeichners Dave the Chimp. Obwohl Dave bereits seit langer Zeit einen maßgeblichen Einfluss auf die Londoner Street-Art-Szene hat, zählt er sich nicht explizit zu den Street-Art-Protagonisten. Stattdessen ist er ein äußerst vielseitiger Künstler, der hauptsächlich Grafiken für Skateboard-Unternehmen erstellt, Skulpturen für Ausstellungen gestaltet, Fanzines – also Magazine, die von Fans für Fans gemacht werden – entwirft und Comicstrips realisiert. Besonders bekannt sind seine »Human Beans«, kleine farbenfrohe Bohnen-Männchen in Alltagssituationen, mit denen er Statements setzt und versucht, »Magie« zu erzeugen. Seit Langem zieren die kleinen Bohnen-Männchen schon das Stadtbild zahlreicher deutscher Orte. Sie sind Daves Art und Weise, Menschen zu erforschen. Die kleinen Wesen sind für ihn zugleich eine Reaktion auf die Besessenheit der Street-Art-Szene, Wände großflächig zu gestalten. Es sei, meint er, als würde man in der Szene nichts sein, wenn man nicht ganz groß malt.

40 MEISEN

In seinen Kunstwerken stellt Erik Mayer, ebenfalls ein Mitglied von Broke.today, eine Verbindung zwischen Tieren und der Natur her. Er ist beim Malen bestrebt, natürliche Elemente in das städtische Umfeld zu integrieren. Er möchte auch Kinder und Jugendliche ansprechen, die zunehmend den Bezug zur Natur verlieren. In seinen Werken konzentriert sich Mayer auf die Darstellung von Meisen, da er die farbenfrohen Vögel ganz besonders ins Herz geschlossen hat.

41 HANDS

Der argentinische Street-Art-Künstler Alan Myers hat an der Hauswand der Brotmanufaktur Schmidt das erste Kunstwerk für den Munich Art District fertiggestellt. Er realisierte an der Fassade des Unternehmens zwei übergroße Hände, die gerade dabei sind, einen Teig zu kneten. Ein Mural von beeindruckender Kraft!

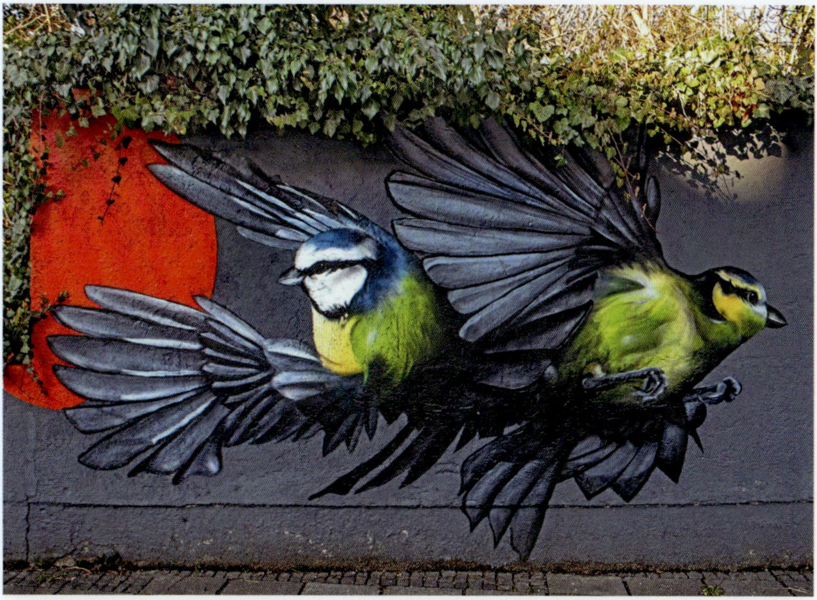

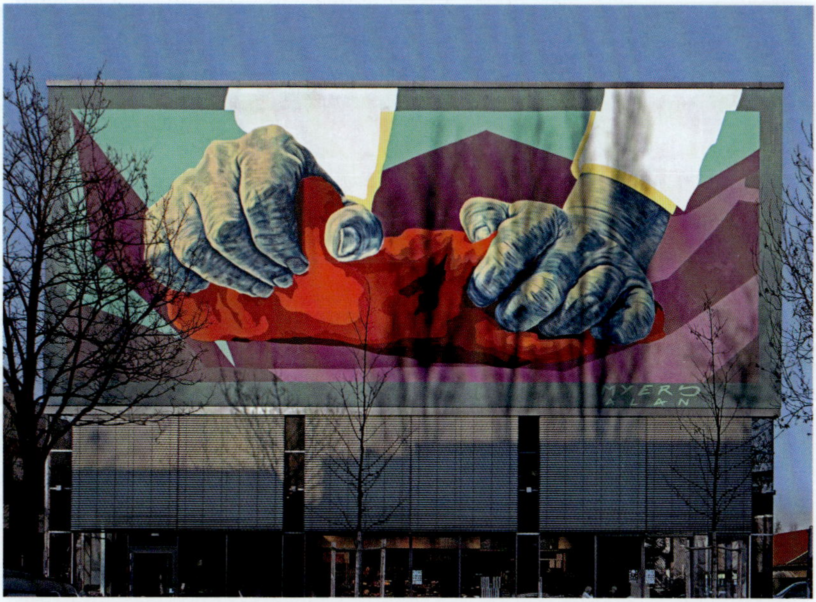

▲ Erik Mayer vom Künstlerkollektiv Broke.today brachte farbenfrohe Meisen an die graue Wand.
▼ Auf der Fassade der Brotmanufaktur Schmidt beeindrucken riesige Teig knetende Hände.

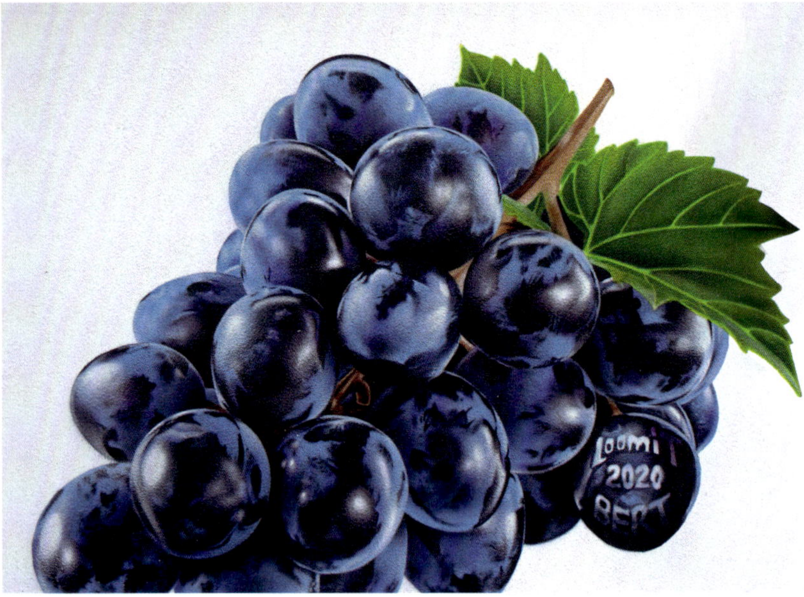

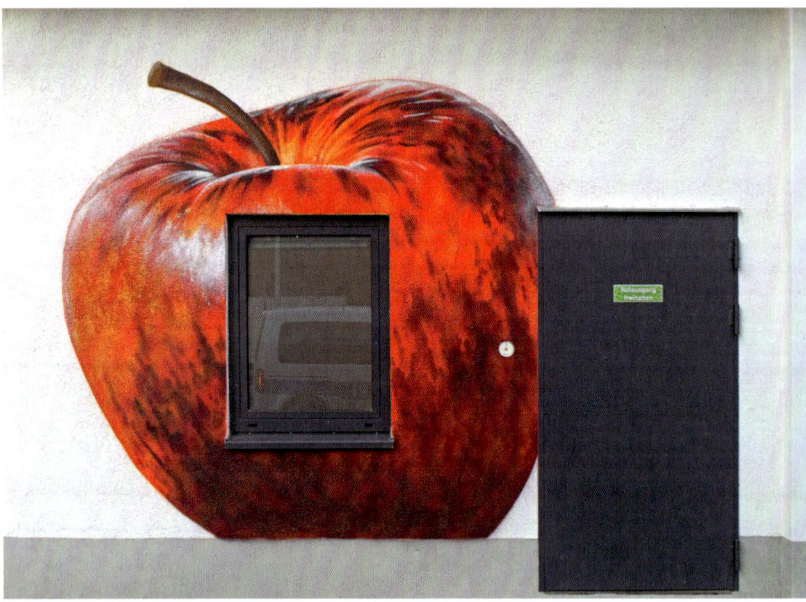

▲ Kunst vorm Discounter: fotorealistische Lebensmittelmotive wie zum Reinbeißen.
▼ Der täuschend echte Apfel stammt wie die Weintrauben von Bert MTA und Loomit.

42 DIE EINFACHEN DINGE

Die Außenwände einer Lidl-Filiale in der Weihenstephaner Straße wurden von Loomit (Mathias Köhler) und dem Fotorealismus-Experten Bert MTA (Nils Jänisch) mit Lebensmittelmotiven bemalt. Ein roter Apfel, Weintrauben, Tomaten, eine Breze und das frisch gebackene Brot wirken in ihrer fotorealistischen Darstellung derart echt, dass man direkt reinbeißen möchte.

Bert MTA (»most talked about«) sprühte seine ersten Graffiti bereits mit 14 Jahren, damals noch illegal. Nachdem er mit 18 beim Sprayen erwischt worden war, arbeitet er nur noch legal. Bert MTA bezeichnet sich selbst als Fassadengestalter und Graffitikünstler. Seine dem Fotorealismus zuzuordnenden Wandmalereien lassen alle Einzelheiten, jedes Licht- und Schattenspiel sowie jede Textur naturgetreu erscheinen. Seine Arbeiten können sowohl in Deutschland als auch international, wie in Miami und New York, bewundert werden.

Loomit, der mit 15 Jahren sein erstes Graffito auf den Wasserturm in Buchloe sprühte, wurde durch den »Geltendorfer Zug«, den ersten komplett besprühten S-Bahn-Zug in Deutschland, bekannt. *»Wir sind da nachts unter Güterwaggons durch in dieses Depot geschlichen«*, so Cryptic2 (heute Loomit), *»und haben 'ne riesengroße Panik geschoben, wenn 'n Scheinwerfer kam.«*

Sieben zum Teil noch minderjährige Jugendliche aus dem Großraum München waren in der Nacht vom 23. auf den 24. März 1985 an der Erstellung der Graffiti beteiligt. Zu den Motiven zählten unter anderem ein riesiges Krokodil und ein Pin-up-Girl. Die offizielle Schadensschätzung betrug damals etwa 6000 Mark. Allerdings blieb der Vorfall weitestgehend verborgen, da die Deutsche Bundesbahn den Zug umgehend einer Reinigung unterzog.

Loomit wird als Vorreiter der Street Art in Europa betrachtet und zählt heute zu den bedeutendsten Graffitikünstlern. Seit 1983 ist er in München ansässig, wo er zehn Jahre später das Badezimmer des Münchner Oberbürgermeisters Christian Ude gestaltete. Für diese Leistung wurde ihm im Jahr 2002 sogar der Schwabinger Kunstpreis verliehen.

Altstadt Nord/Kunstareal

Von hip bis historisch, von klassisch bis futuristisch: Die Kunst, die Münchens »Open-Air-Galerie« hier zu bieten hat, zeigt sich in allen Spielarten zwischen Museen, Unis und Geschäften. Die Urban Art im Werksviertel unterliegt stetiger Veränderung.

Dieser Spaziergang beginnt am Promenadeplatz, einem Ort, den (fast) jeder Münchner kennt, wenn auch nur vom Vorbeigehen. Dabei lohnt es sich, hier etwas länger zu verweilen. Die kleine Grünanlage in seiner Mitte mit den zahlreichen altmodischen Sitzbänken lädt formlich dazu ein. Man ist mitten in der Stadt und doch im Grünen. Wenn man von den ab und zu vorbeifahrenden Autos – die anschließende Maffeistraße ist für Autos gesperrt – oder Straßenbahnen absieht, ist der Platz eine kleine Insel der Ruhe.

Die Blicke wandern vom imposanten Neurenaissancebau des Parcus-Hauses zum Ballin-Haus mit seiner reich gegliederten Natursteinfassade mit barockisierenden Formen und von der stuckierten Fassade des Gunetzrhainerhauses zum ehemaligen Palais Montgelas, jetzt Teil des Fünf-Sterne-Hotels Bayerischer Hof. Der die Maffeistraße überspannende Maffeibogen schließt den Platz optisch auf elegante Weise gen Osten ab.

43 BRONZESTANDBILD FÜR LORENZ VON WESTENRIEDER

Das überlebensgroße bronzene Standbild von Lorenz von Westenrieder befindet sich seit dem 1. August 1854 auf dem Promenadeplatz. Das Denkmal wurde von Maximilian Ritter von Widnmann (1812–1895) entworfen und in der Erzgießerei von Ferdinand von Miller in Bronze gegossen. Der am 1. August 1748 in München geborene Lorenz von Westenrieder war Historiker und ein bedeutender bayerischer Schriftsteller des 18. Jahrhunderts. Er war einer der klügsten Köpfe seiner Zeit und trotz seiner jesuitischen Ausbildung zutiefst von den Prinzipien der Aufklärung überzeugt. Dies führte zu seiner Mitgliedschaft bei den Illuminaten, denen er 1779 vorübergehend beitrat.

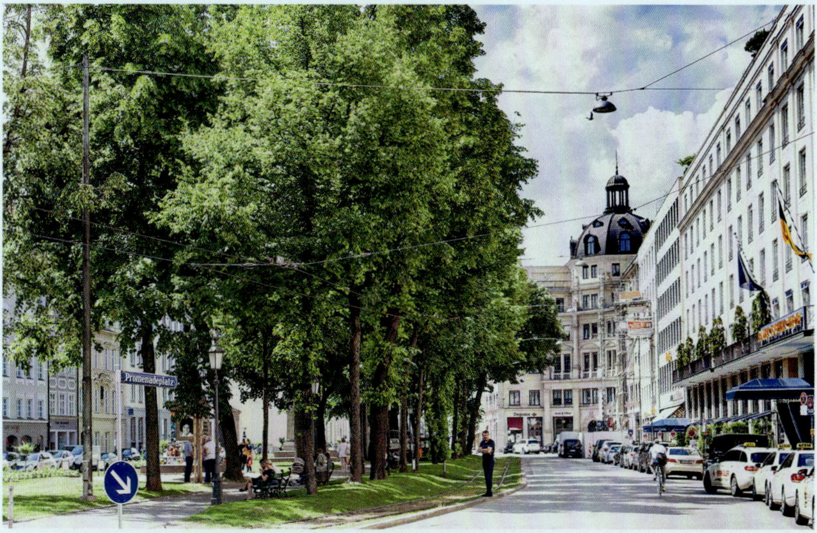

Sehenswerte Gebäude, Kunst und Grün hat der Promenadeplatz zu bieten.

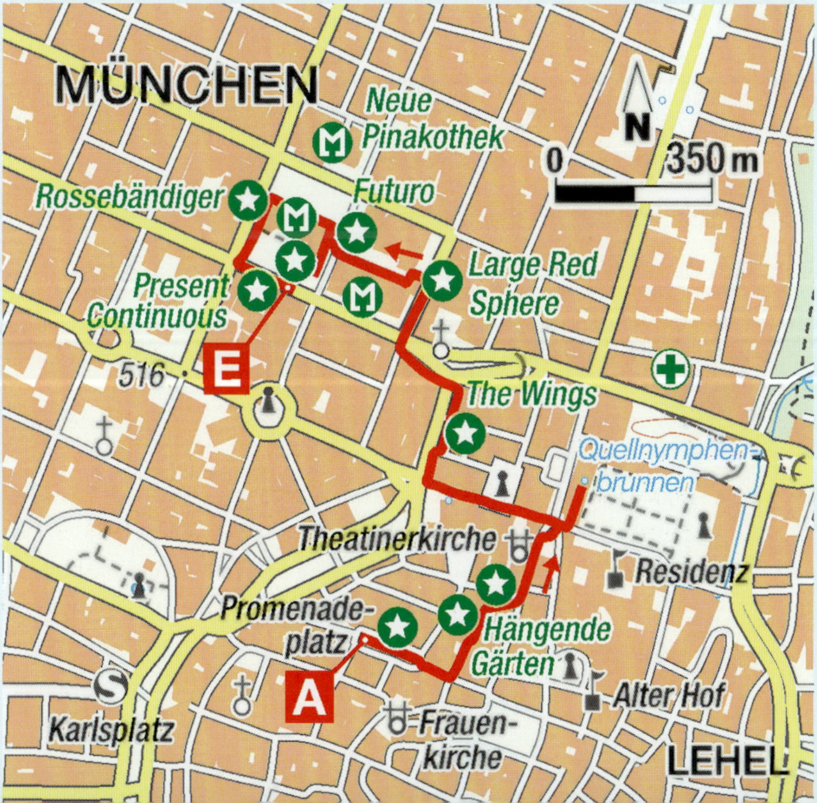

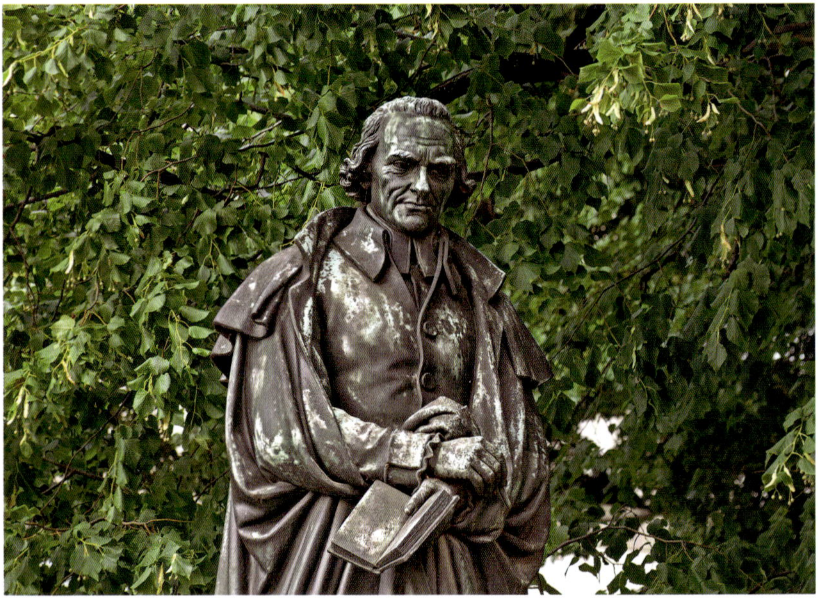

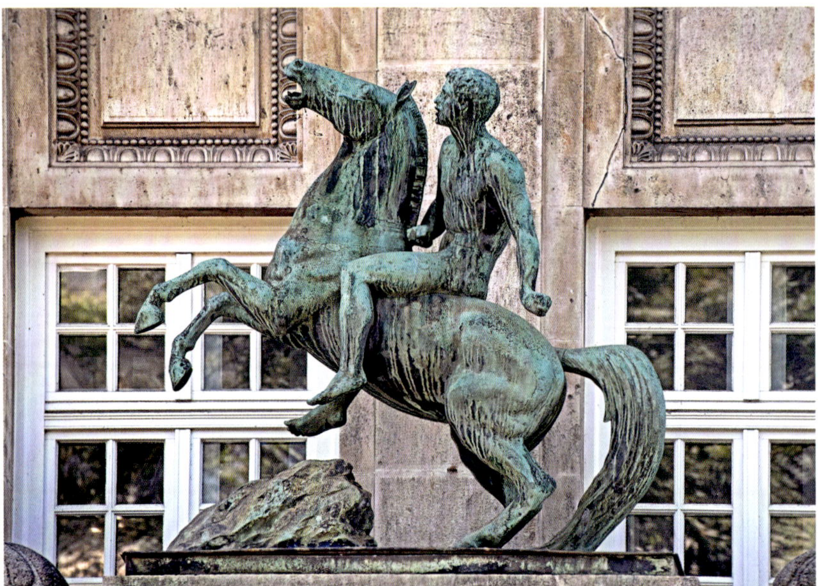

▲ Geschichtsschreiber und Verfechter der Aufklärung: Lorenz von Westenrieder
▼ Ein Gemeinschaftswerk von Heinrich Düll und Georg Pezold: »Aufsteigendes Pferd mit Reiter«

Der am 1. Mai 1776 vom Philosophen und Rechtswissenschaftler Adam Weishaupt in Ingolstadt gegründete Illuminatenorden war eine Geheimgesellschaft, die das Ziel hatte, durch Aufklärung die Herrschaft von Menschen über Menschen überflüssig zu machen. Die Illuminaten, die »Erleuchteten«, gelten als erster Geheimbund der Neuzeit. Sie wollten einen Staat ohne Feudalismus und ohne die Vormachtstellung der Kirche und des Adels errichten. Ihre Ziele entsprachen jenen der Aufklärung.

Unter den deutschsprachigen Geistesgrößen waren auch Wolfgang Amadeus Mozart, Johann Wolfgang von Goethe und Johann Gottfried Herder Mitglieder des Geheimbunds. Der Orden bestand nicht lange: Am 2. März 1785 wurde in Bayern ein Edikt erlassen, das die Illuminaten als landesverräterisch und religionsfeindlich bezeichnete und ihre Gemeinschaft verbot.

Der Illuminatenorden wurde durch den Bestseller »Illuminati« von Dan Brown und dessen Verfilmung mit Tom Hanks in der Hauptrolle weltbekannt: ein kleiner Beitrag zum Geschichtswissen der Allgemeinheit, auch wenn die historischen Fakten und wissenschaftlichen Zusammenhänge in Browns Werk zum großen Teil frei erfunden sind.

44 AUFSTEIGENDES PFERD MIT REITER

An der Fassade des Ballin-Hauses am Promenadeplatz 9 ist eine beeindruckende Bronzeplastik aus dem Jahr 1910 zu sehen, die von den Bildhauern Georg Pezold und Heinrich Düll konzipiert wurde. Die beiden Künstler, die auch an der Gestaltung des Friedensengels beteiligt waren, schufen das meisterhafte Abbild eines Reiters auf einem sich aufbäumenden Pferd.

45 CHRISTOPH-WILLIBALD-GLUCK-DENKMAL

Christoph Willibald Gluck (1714 –1787) gilt als einer der wichtigsten deutschen Opernkomponisten der zweiten Hälfte des 18. Jahrhunderts. Bemerkenswert ist, dass das von Friedrich Brugger (1815–1870), einem Schüler von Ludwig Schwanthaler, gestaltete Denkmal im Zweiten Weltkrieg eingeschmolzen wurde. Nur weil ein Abguss davon im Schloss Schleißheim eingelagert worden war, wurde es möglich, das Gluck-Denkmal 1958 anlässlich der 800-Jahr-Feier Münchens wieder aufzustellen. Brugger schuf zahlreiche weitere Denkmäler, unter anderem in Zusammenarbeit mit Johann Martin von Wagner und Johann Halbig die Quadriga auf dem Münchner Siegestor.

46 DENKMAL FÜR KURFÜRST MAX EMANUEL

Der Wittelsbacher Maximilian II. Emanuel (1662–1726) war von 1679 an Kurfürst von Bayern. Während des Großen Türkenkrieges machte er sich als Feldherr in kaiserlichen Diensten einen Namen. Die Osmanen nannten ihn wegen seines blauen Uniformrocks, der weit über die Schlachtfelder zu sehen war, »den blauen König«. Auch dieses Bronzestandbild auf dem Promenadeplatz ist ein Werk von Friedrich Brugger.

47 ORLANDO-DI-LASSO-DENKMAL

Orlando di Lasso (1532–1594) gilt als einer der bedeutendsten Komponisten der Hochrenaissance. 1553, im Alter von nur 21 Jahren wurde er Kapellmeister am Lateran in Rom. Nur drei Jahre später wurde er zum Leiter der Hofkapelle in München ernannt. Zweifellos zählte Orlando di Lasso zu den bedeutendsten Komponisten des 16. Jahrhunderts. Sein außerordentlich vielseitiges Gesamtwerk verbreitete sich dank des blühenden Musikaliendrucks rasch in Mittel-, West- und Südeuropa. Rund 1500 Kompositionen stammen aus seiner Feder. Viele der Stücke waren dabei gar nicht für die Öffentlichkeit gedacht, sondern speziell für berühmte Persönlichkeiten als »musica reservata« angefertigt worden. Der Komponist, den man den »Deutschen Palestrina« nannte, lebte bis zu seinem Tod im Jahr 1594 in München.

Als bei der Fronleichnamsprozession 1884 in München beim Erklingen seiner Motette »Gustate et videte« angeblich der strömende Regen plötzlich aufhörte, wurde seine Musik vom Volk endgültig als »göttlich« angesehen.

König Ludwig I. von Bayern beauftragte 1847 den Bildhauer Max von Widnmann, ein Standbild von Orlando di Lasso zu entwerfen. Gegossen wurde die Statue von Ferdinand von Miller. Max von Widnmann war außerordentlich produktiv. Von ihm stammen neben dem bereits genannten Bronzestandbild

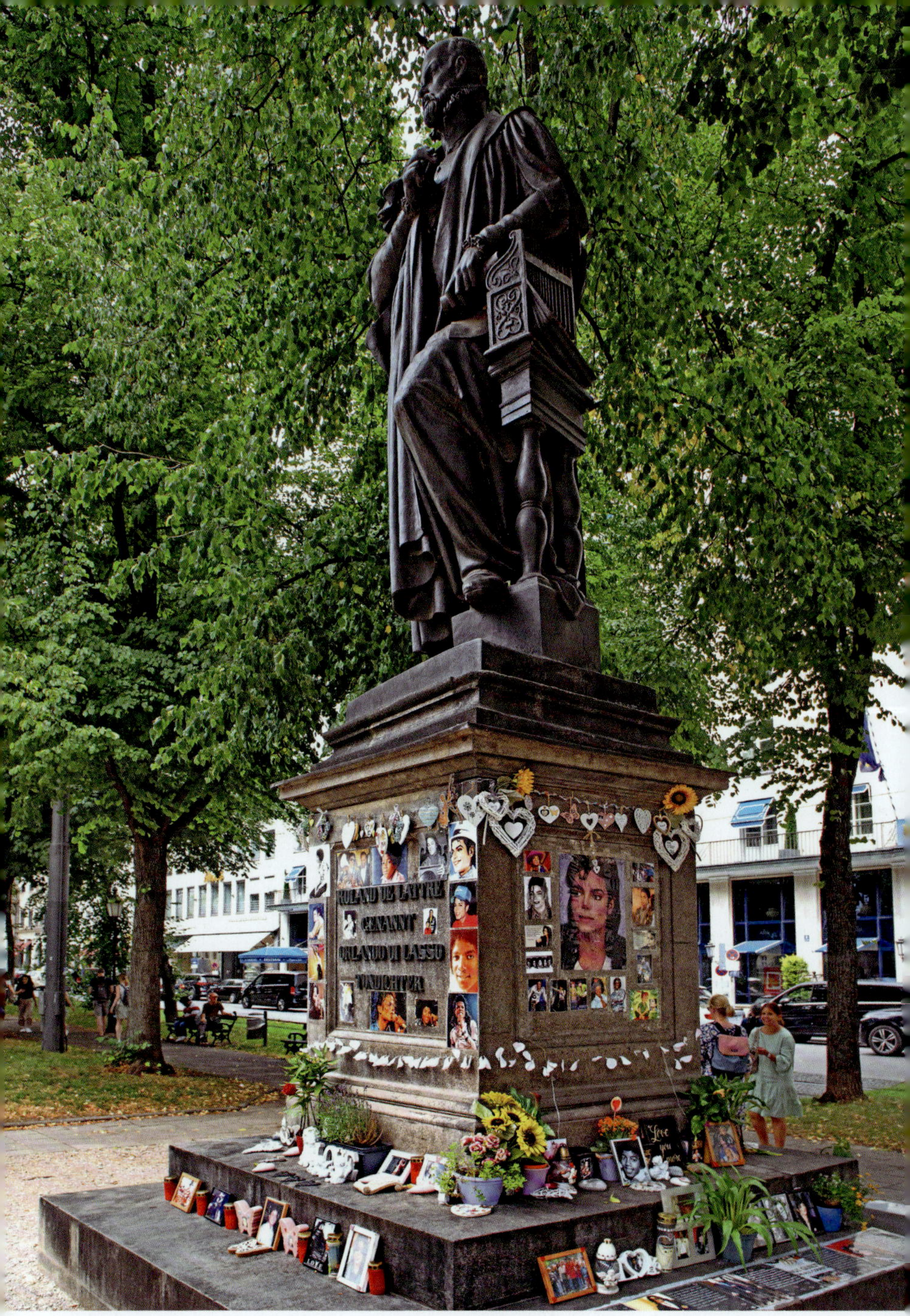

Doppeldenkmal: Die Orlando-di-Lasso-Statue dient auch als Erinnerungsort für Michael Jackson.

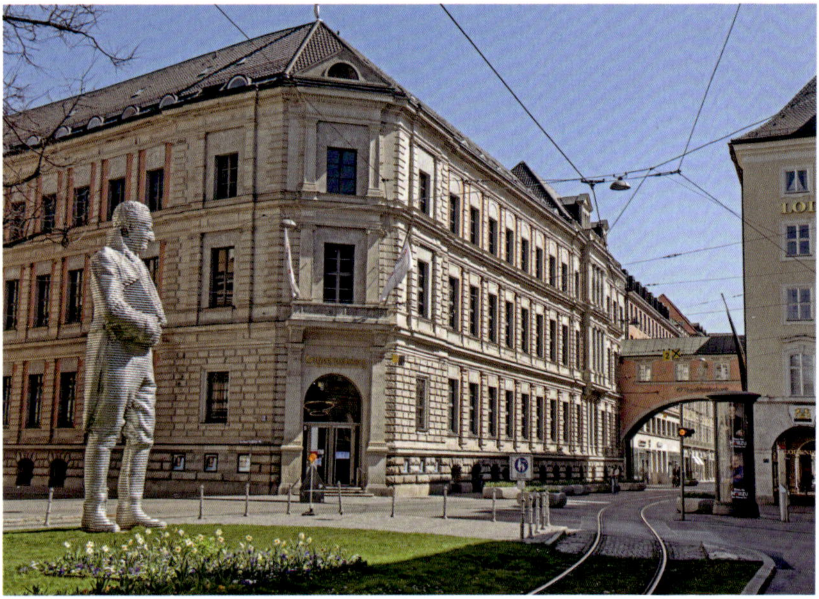

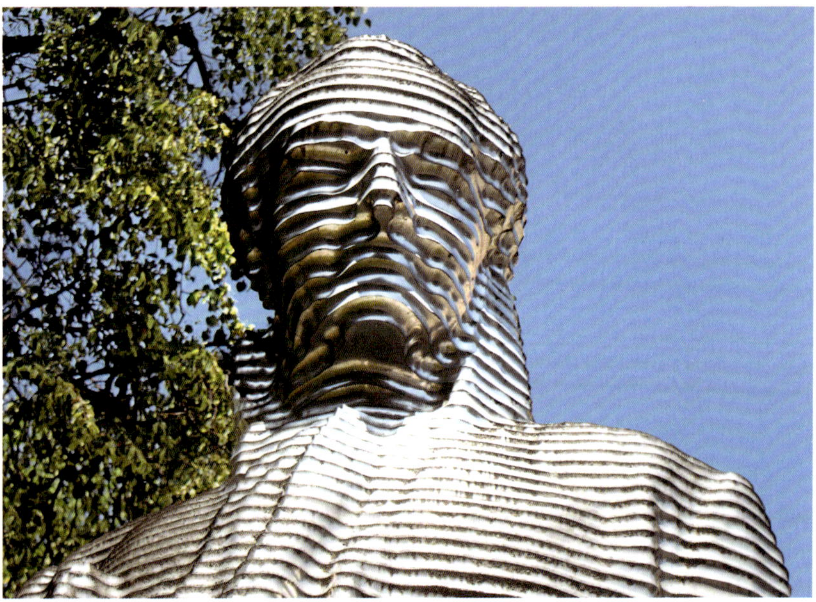

▲ Die mächtige computergenerierte Porträtrekonstruktion des Grafen von Montgelas
▼ Über sechs Meter hoch ist die glänzende Aluminium-Skulptur der Künstlerin Karin Sander.

für Lorenz von Westenrieder beispielsweise auch das Reiterdenkmal Ludwig I. am Odeonsplatz, das Schiller-Denkmal auf dem Maximiliansplatz und die Reiterstandbilder »Castor und Pollux« vor der Akademie der Bildenden Künste.

Kurz nach dem überraschenden Tod von Michael Jackson im Jahr 2009 wollten seine Münchner Fans eine Gedenkstätte für ihn errichten, um ihre Trauer auszudrücken. Und weil der »King of Pop« in München immer im Hotel Bayerischer Hof abstieg und sich genau gegenüber dem Hotel die Bronzestatue von Orlando di Lasso befindet, wurde diese von seinen Anhängern als Gedenkort für ihr Idol zweckentfremdet. Also legten sie Plakate, Bilder, Kuscheltiere, Fan-Liebesbriefe, Kerzen, Blumen und Objekte, die an Michael Jackson erinnerten, auf den Sockel des Komponisten-Denkmals. Auf diese Weise verwandelte sich das Orlando-di-Lasso-Monument allmählich in ein Doppel-Ehrenmal, das sich im Lauf der Jahre zu einer Pilgerstätte für Michael-Jackson-Fans aus der ganzen Welt entwickelte.

Die Michael-Jackson-Gedenkstätte am Promenadeplatz hat längst Eingang in Reiseführer und Stadtrundfahrten gefunden. Mehrmals von Unbekannten leer geräumt oder verwüstet, aber von den Behörden geduldet, tauchen die Fan-Devotionalien immer wieder aufs Neue auf.

48 MAXIMILIAN-VON-MONTGELAS-STATUE

Seit dem Jahr 2005 präsentiert sich der Promenadeplatz durch eine monumentale Statue in seinem Erscheinungsbild reichlich verändert. Das über sechs Meter hohe und 9,5 Tonnen schwere silbrig schimmernde Monument zu Ehren von Maximilian Joseph Graf von Montgelas wurde von der Berliner Künstlerin Katrin Sander (* 1957) gestaltet. Das Denkmal wurde nach Abbildern des Grafen digital errechnet und anschließend computergesteuert aus einem massiven Aluminiumblock gefräst. Seitdem glänzt die Skulptur gegenüber des ehemaligen Palais Montgelas. In den Worten der Künstlerin: *»Meine Idee war: Wenn man die Figur aus der Nähe sieht, löst sie sich gleichsam auf und wird abstrakt. Je weiter man sich aber von ihr wegbewegt, desto realistischer wird sie.«*

Maximilian Joseph Graf von Montgelas (1759–1838) war einer der mächtigsten bayerischen Politiker in der Ära des Kurfürsten und späteren Königs Maximilian I. Joseph. Er war Minister des königlichen Hauses und des Äußeren, Staatsminister der Finanzen und des Inneren. Es gelang ihm im Umbruch vom 18. auf das 19. Jahrhundert die Sicherung der Existenz Bayerns, seine territoriale Erweiterung und eine grundlegende innere Modernisierung durchzusetzen. Es ist sicher kein Zufall, dass auch Graf von Montgelas ein Vertreter des Geheimbundes der Illuminaten war.

Doch unter Historikern ist Graf von Montgelas eine durchaus umstrittene Figur. An ihm scheiden sich heute noch die Geister. So wird ihm unter anderem ein »gnadenloser Staatsdirigismus« vorgeworfen. Tatsächlich löste Montgelas als Minister während der Säkularisation ohne jegliche Rücksicht bayerische Klöster auf und fügte damit den Kultur- und Bildungszentren des Landes schweren Schaden zu. Am meisten verhasst dürfte der Graf aber bei den Tirolern sein. Als Verfechter der Aufklärung führte Montgelas auch in Tirol, das zwischen 1805 und 1814 unter bayerischer Herrschaft stand, radikal die Säkularisation durch und bekämpfte die Tiroler Volksfrömmigkeit. So wurden beispielsweise das Rosenkranzgebet, die Weihnachtsmette, die Aufstellung der Heiligen Gräber in der Karwoche, der Wettersegen und das Wetterläuten, die Novenen, die Kreuzgänge, das Läuten der Glocken an Feierabenden und für Verstorbene sowie die Einhaltung der Bauernfeiertage verboten.

Aber auch das Denkmal selbst ist durch seine ungewöhnliche Gestaltung bei Kunstkritikern und der Münchner Bevölkerung sehr umstritten. Der »Alu-Graf« wirke wie ein Fremdkörper und zerstöre, so eine Kritik, die historische Einheit des Platzes und damit ein wunderbares Ensemble. Die Größe der Statue ließe die übrigen Denkmal-Geehrten des Promenadeplatzes verblassen.

49 SPHERE

Die Münchner lieben ihre Fünf Höfe, das weltstädtisch-elegante Einkaufszentrum an der Theatinerstraße zwischen Marienplatz und Odeonsplatz, tief im Herzen der Altstadt. Die Fünf Höfe eignen sich ideal für einen Stadtbummel und bieten neben der außergewöhnlichen Architektur eine interessante Mischung aus Kultur, bunten Läden und coolen Lokalen, wenn auch vornehmlich der gehobenen Preisklasse.

Wenn man sich über den Viscardihof, direkt gegenüber der Theatiner-Passage gelegen, in die Fünf Höfe begibt, wird man von einem gewaltigen, über dem Kopf der Passanten schwebenden sphärischen Stahlgeflecht überrascht.

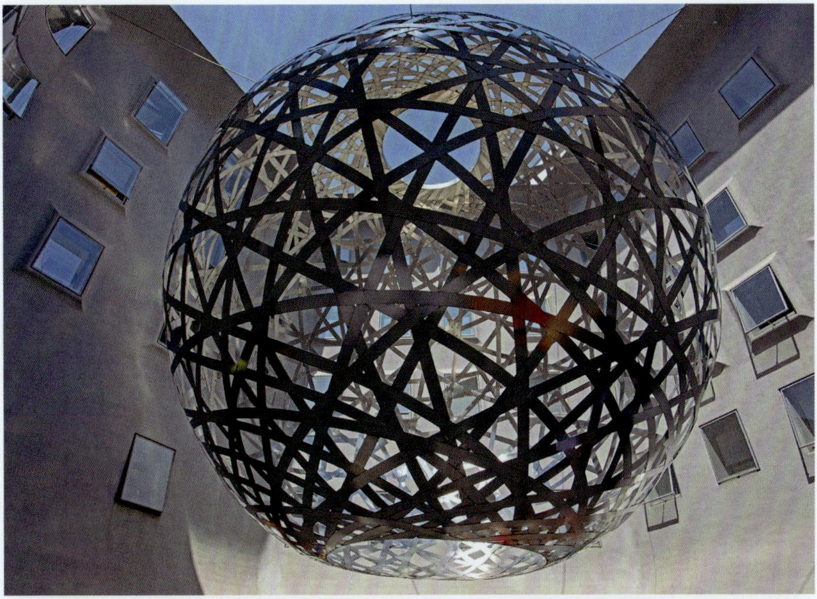

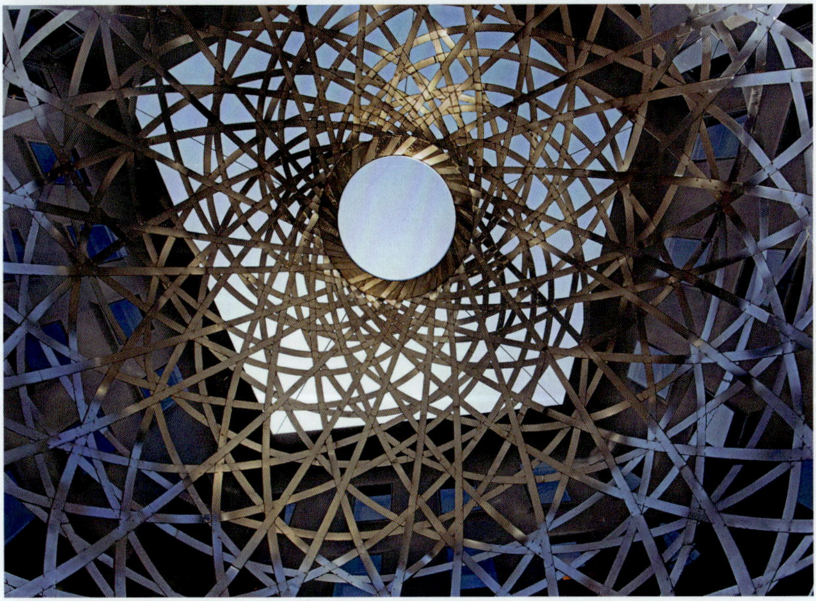

▲ Die riesige schwebende Kugel »Sphere« von Ólafur Elíasson im Viscardihof der Fünf Höfe
▼ Die Installation wirft ein faszinierendes Schattenspiel an die Wände der Einkaufspassage.

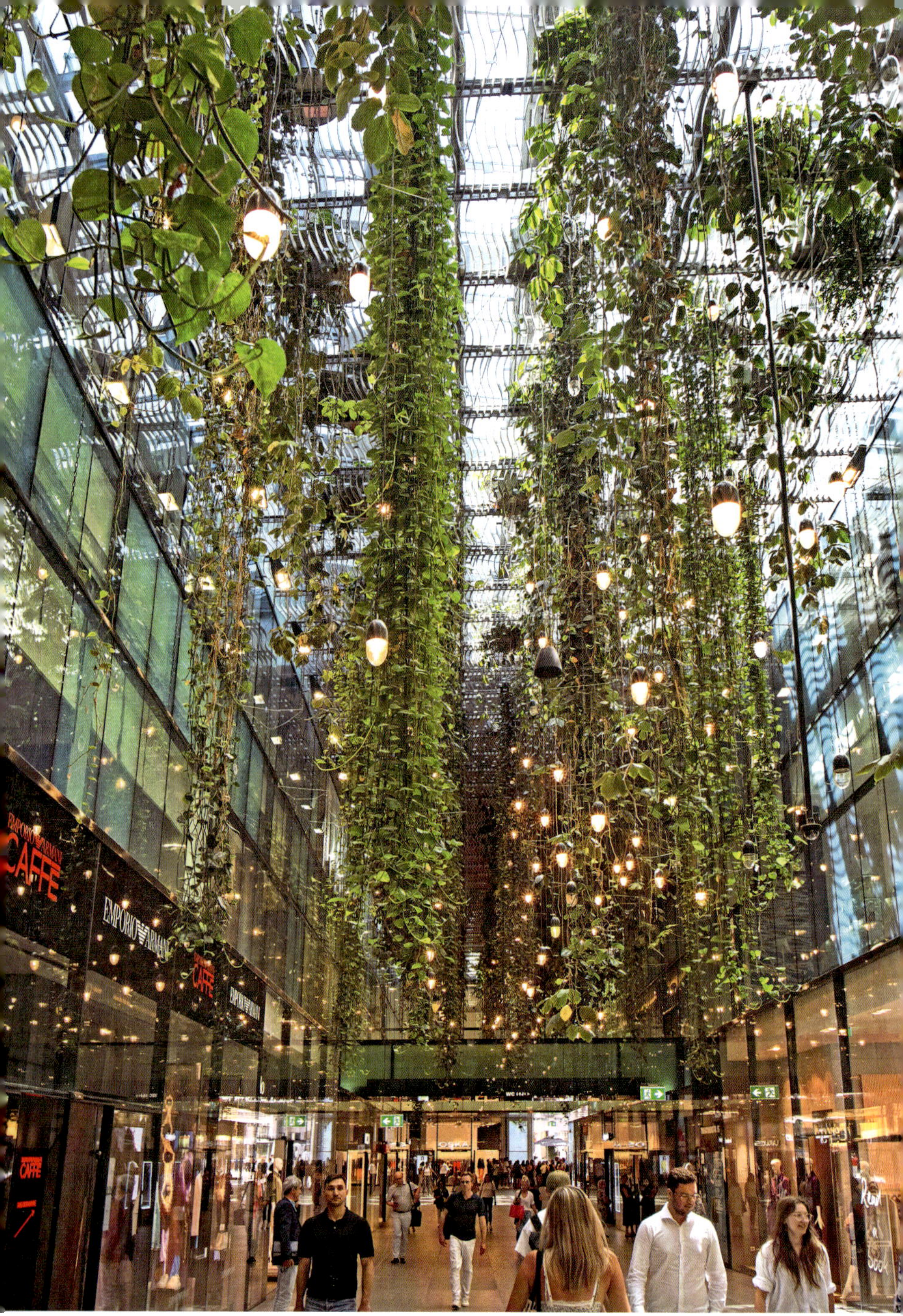

Die »Hängenden Gärten« von Tita Giese verleihen der Salvatorpassage ein besonderes Flair.

Die acht Tonnen schwere Spiralkugel »Sphere« ist ein Werk des dänischen Künstlers Ólafur Elíasson, dessen »Endlose Treppe« im Westend bereits erwähnt wurde. Die »Sphere« ist durch ihre schiere Größe nicht zu übersehen. Steht man darunter und schaut nach oben in das Innere der Kugel, scheint deren Dimension sich ins Unendliche zu steigern – gerade so, als würde man sich in den Weiten des Universums verlieren. Elíasson wollte damit die Vernetzung unserer Welt zum Ausdruck bringen. Ein wahrlich großartiges Beispiel von Kunst im öffentlichen Raum.

50 DIE HÄNGENDEN GÄRTEN

Wenn man die Salvatorpassage der Fünf Höfe betritt, wird man sofort von einer Kunstinstallation der besonderen Art bezaubert. Von der Decke hängt ein Garten aus immergrünen Schlingpflanzen. Ranken von Lilienwein, Kastanienwein, Riesengranadilla und Pfeifenwinde wachsen hier – obwohl es sich um Kletterpflanzen handelt – nach unten und enden in unterschiedlichen Höhen über den Köpfen der Passanten. Diese vertikale Pflanzeninstallation ist das meistfotografierte Motiv der Fünf Höfe. Konzipiert wurden die »Hängenden Gärten« von der Düsseldorfer Künstlerin Tita Giese (*1942).

Die Pflanzen wachsen in einem hochkomplexen »Gewächshaus« im dritten Stock des Gebäudekomplexes. Dort, in 14 Meter Höhe, befinden sich etwa 160 große Pflanzentöpfe, sicher auf einem metallenen Gitterboden befestigt. Das Grün wird automatisch bewässert. Darüber hinaus wird die Anlage dreimal die Woche abends nach Ladenschluss von einer Gärtnerei gewartet.

Die hier installierte Vegetation wächst und gedeiht zunächst über Jahre hinweg in einem Gewächshaus in den Niederlanden, bis die Triebe groß und robust genug sind, um in die Fünf Höfe umzuziehen. Die Pflanzen sind dann bereits etwa zehn bis zwölf Meter lang.

Regelmäßig alle drei bis vier Wochen werden die langen Ranken ein wenig gestutzt, damit ihre Länge annähernd gleich bleibt. Geht ein Gewächs ein, muss es durch genau dieselbe Art wieder ersetzt werden. Einmal pro Jahr werden die Pflanzen, die nicht mehr ansehnlich sind, ausgetauscht. Die neuen Triebe werden dann aus Holland antransportiert.

Ein großer Aufwand ist erforderlich, damit die Pflanzen den besonderen Herausforderungen des Ortes standhalten. Schließlich können die Temperaturen in der Passage im Winter manchmal auf fünf Grad sinken, und im Sommer kann es unter dem Glasdach im dritten Stock sehr heiß werden. Nur die sorgfältige Auswahl der Pflanzenarten und die intensive Pflege das ganze Jahr über sorgen dafür, dieses einzigartige »Biotop« zu erhalten.

51 TAUBEN-MARIE-BRUNNEN

Die als »Taubenmutterl« oder »Tauben-Marie« bekannte Therese Schedlbauer (1853–1940) war ein Original der Münchner Tierliebe. Sie gehörte bis zu ihrem Tod im Jahr 1940 zum selbstverständlichen Bild der Altstadt. Die Tauben-Marie wurde so berühmt, dass sie 1934 sogar auf einem Faschingsfestwagen Platz nehmen durfte. In ihren letzten Jahren vergrößerte die Frau ihren Aktionsradius abermals erheblich. Sie soll noch im hohen Alter von 83 Jahren täglich 42 Futterstellen für Tauben aufgesucht haben.

Tag für Tag war sie für ihre Tiere da, nicht zuletzt zum Ärger mancher Hausbesitzer und Denkmalpfleger. Was die Beziehung der Menschen zu diesen Vögeln betrifft, gilt nämlich: Man hasst sie oder man füttert sie. Dank dem Taubenmutterl prosperierte jedenfalls das Geschäft der Hersteller von Drahtnetzen, die über erhaltungswürdige Fassaden und Monumente gespannt werden mussten. 1958 ließ die Vereinsbank in der Maffei-Passage eine von Professor Josef Henselmann gestaltete Majolika-Figur aufstellen, die mit ihrer gestrickten Rüschenhaube und dem weiten Schurz, in dem sie Futter brachte, unschwer als Tauben-Marie zu erkennen ist. Das Denkmal wurde später in einen der Fünf Höfe versetzt, inklusive eines idyllischen Brunnens und zwölf Hockern aus Beton.

Ohne Lageplan ist der Tauben-Marie-Brunnen nicht auf Anhieb zu finden. Am besten ist es, wenn man von der Theatinerstraße über den Viscardihof in die Fünf Höfe eintritt. Bevor der Hof dann links in die Salvatorpassage mündet, zweigt man rechts in die leicht zu übersehende enge Passage ab, die zum Amirahof führt. Zwölf kleine Platanen beschatten den Raum, der dadurch in Ansätzen düster und geheimnisvoll wirkt. Auf dem Boden vor der Majolika-Figur der Tauben-Marie steht ein kleines rundes Wasserbecken, das als Tränke für Tauben gedacht scheint. Dahinter befindet sich die zwei Meter hohe Majolika-Säule. Sie zeigt unten rechts und links der Mitte, übereinander und leicht versetzt zwei rechteckige Nester mit jeweils einer Taube aus Majolika.

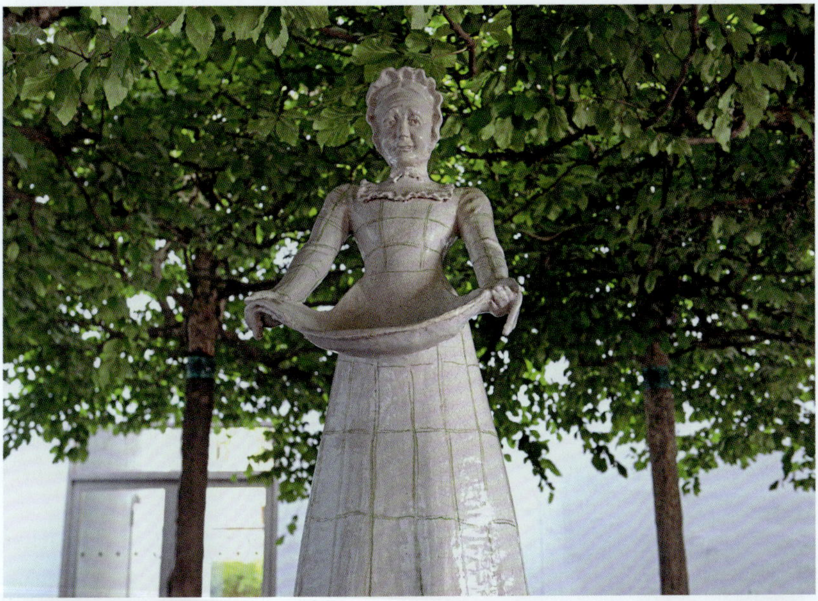

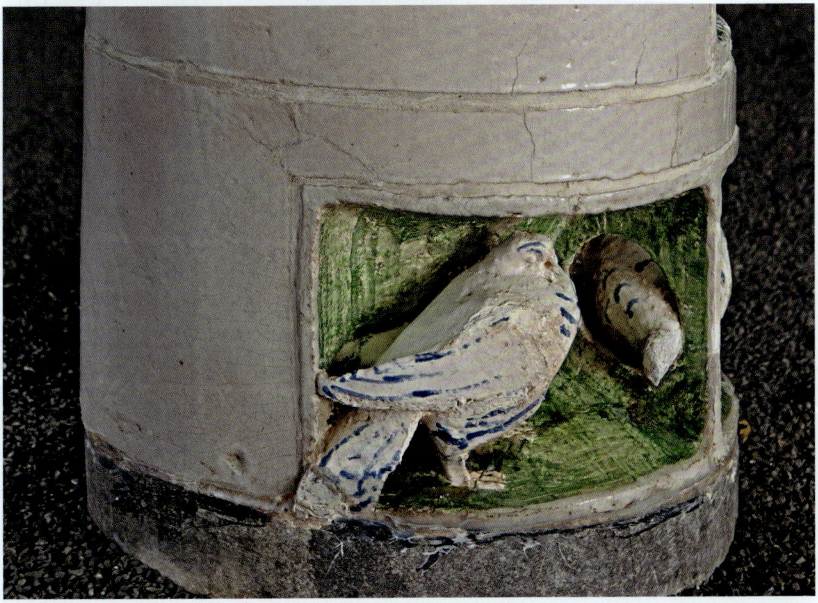

▲ Eine Ruhe-Oase im Großstadttrubel ist der Amirahof mit dem Tauben-Marie-Brunnen.
▼ Sogar an Taubennester dachte Henselmann bei seinem Denkmal für die tierliebe Münchnerin.

Auf der Säule erhebt sich die ebenso aus Majolika gefertigte, etwa 1,20 Meter hohe Figur der Tauben-Marie. Das Flair dieses außerordentlichen Raums ist eine Einladung zu Entspannung und meditativer Konzentration.

52 QUELLNYMPHENBRUNNEN

Zurück an der Theatinerstraße, empfiehlt sich ein kleiner Abstecher in den Hofgarten – ein kleines Refugium der Muße inmitten des lebhaften Stadtlebens. Wenn man den imposanten Torbogen am Odeonsplatz durchschreitet und gleich links an den Arkaden entlang über einen mit Kieselsteinen bedeckten Platz geht, eröffnet sich der Blick auf den von Ludwig von Schwanthaler entworfenen »Brunnen mit Wassernymphe«.

Die Anziehungskraft von Wasserjungfrauen auf Münchner Bildhauer ist offensichtlich. Ihre Vorliebe galt häufig Nymphen – weibliche Gottheiten oder Naturgeister, die als Verkörperungen von Naturkräften betrachtet und verehrt wurden. Die Verwendung allegorischer Figuren bot daneben auch eine Möglichkeit, erotische Sehnsüchte auszudrücken und diese von der Alltagswirklichkeit zu entkoppeln. Solange es sich bei den unbekleideten Schönheiten in der Öffentlichkeit um vollwertige Götter oder zumindest um Faune, Nixen, Nymphen und anderweitige Naturgeister handelte, sah das kunstbeflissene Publikum wohlwollend über die fehlende Kleidung hinweg. In der Zeit um die Jahrhundertwende spielten Nacktheit und Erotik eine bedeutende Rolle, und die Kunst bot eine wunderbare Möglichkeit, die erotischen Bedürfnisse der bürgerlichen Gesellschaft zu kanalisieren.

Der Brunnen im Hofgarten ist einer bereits gefertigten Marmorstatue von Schwanthaler, der »Nymphe von Anif«, nachgebildet. Der Nymphenbrunnen im Hofgarten, bei dem die in Bronze gegossene Statue gegenüber dem Original etwas mehr verhüllt ist, wurde erst nach dem Tod Schwanthalers 1852 von Ferdinand von Miller gegossen und 1853 im Hofgarten aufgestellt.

53 REITERSTANDBILD MAXIMILIAN I.

Man sollte auf keinen Fall am Wittelsbacher Platz vorbeigehen, ohne einen Blick auf *»das künstlerisch vollendetste Monument Münchens«* zu werfen, das prächtige Reiterstandbild des »großen Kurfürsten« des Heiligen Römischen Reiches

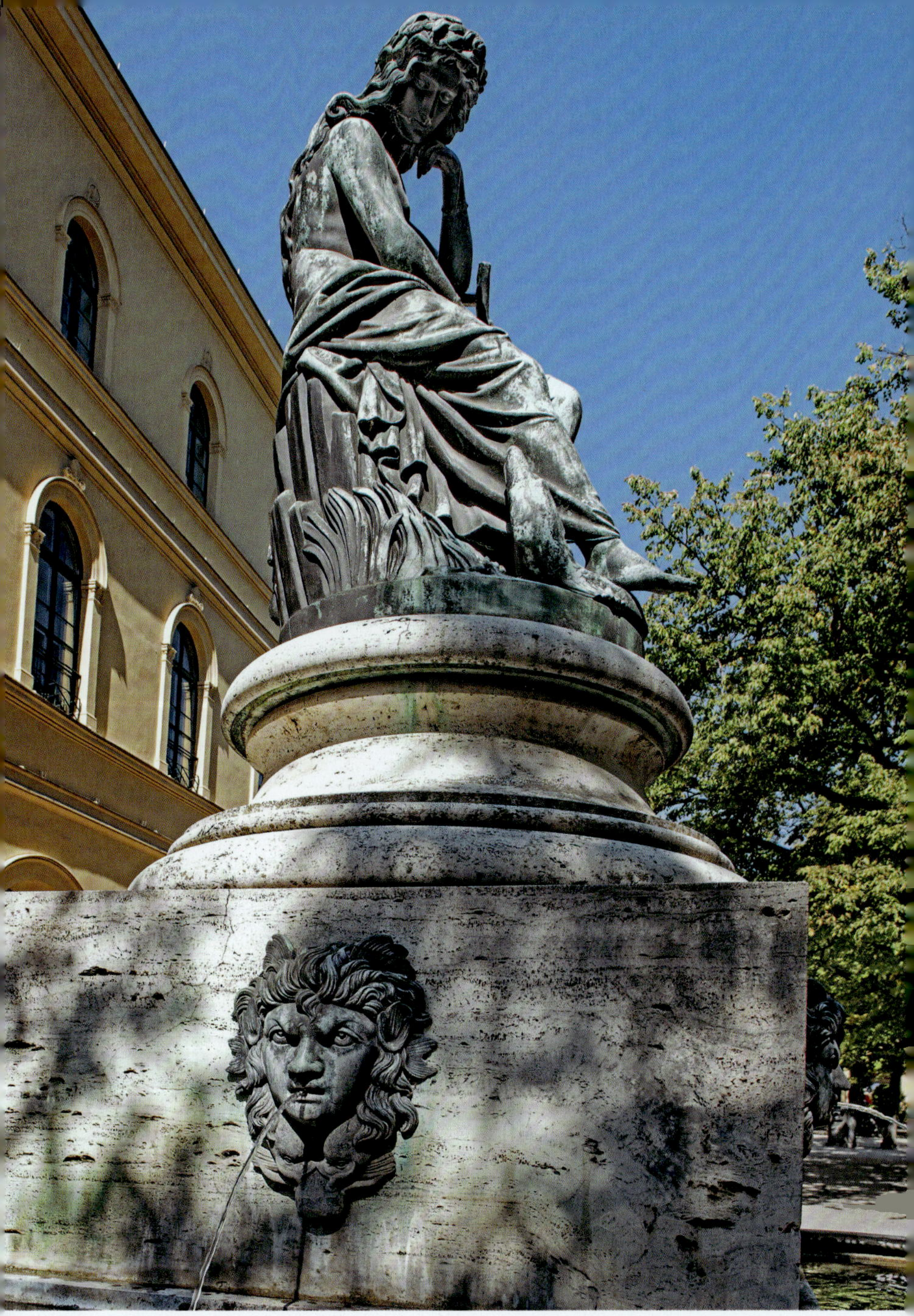

Versonnen blickt die Nymphe von Ludwig von Schwanthaler im Hofgarten auf Passanten herab.

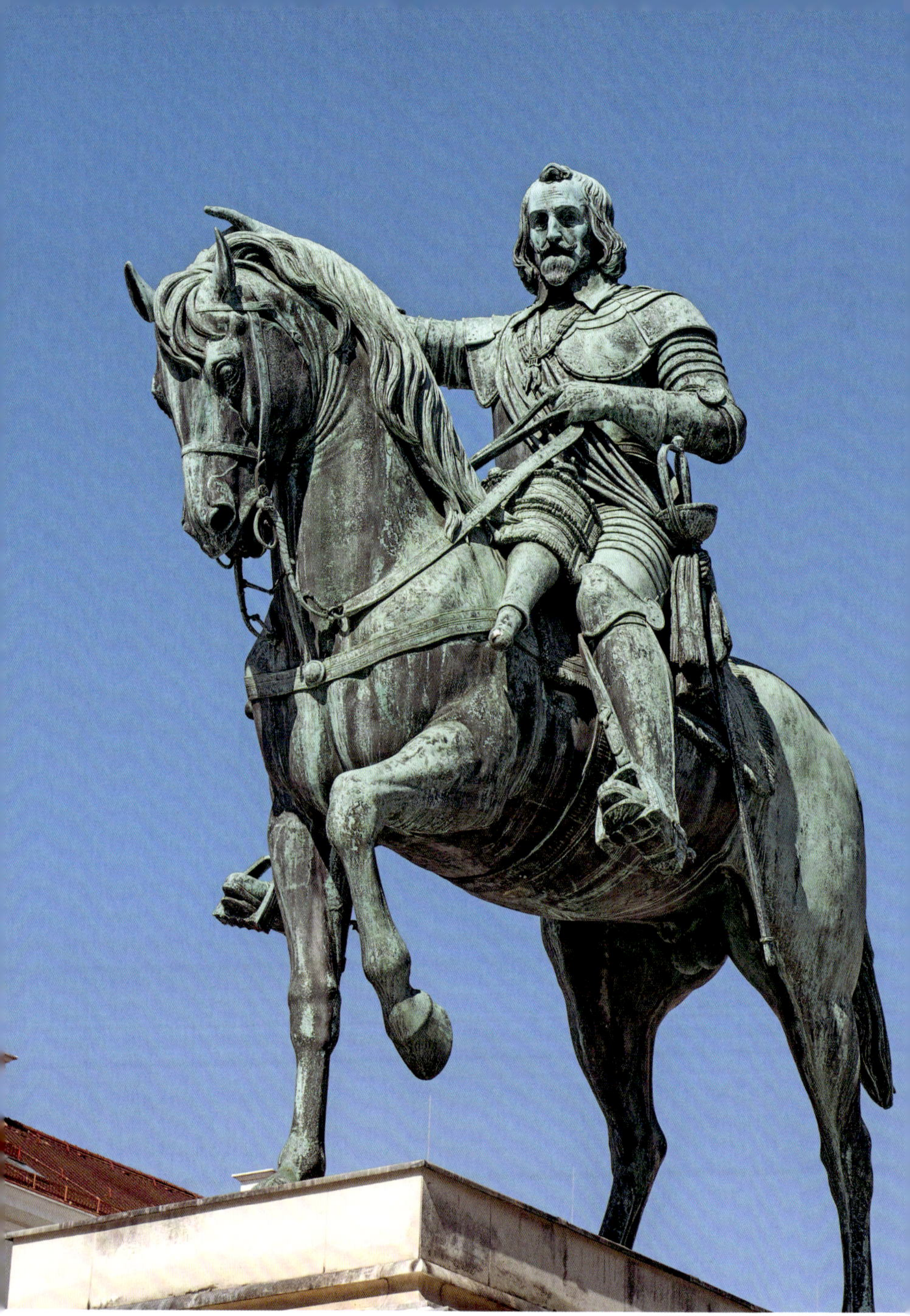

Das gigantische Reiterstandbild von Kurfürst Maximilian I. dominiert den Wittelsbacher Platz.

Maximilian I. (1573–1651). Es wurde 1839 nach einem Entwurf von Bertel Thorvaldsen (1770–1844) von Johann Baptist Stiglmaier (1791–1844) in Erz gegossen. Ein beeindruckendes Bild, das es lohnt, genauer betrachtet zu werden: Der Feldherr steht hoch zu Pferde auf einem Sockel *»in voller Feldrüstung von der Zeit des 30jährigen Krieges (mit Brust- und Rückenharnisch, mit Halbschienen an Armen und Beinen, mit der Feldbinde und dem Goldenen Vlies geschmückt, das Schwert in der Scheide, die Pistolen im Halfter) mit der Linken das Pferd an den Zügeln zurückhaltend, mit dem Zeigefinger der Rechten nach einer bestimmten Stelle hinzeigend«.*

»Der scharfblickende Lenker und Ordner der Schlachten, den wir hier mitten im Kampf sehen; das unbedeckte Haupt zeigt lang herabfallendes schlichtes Haar, eine mächtige hohe und etwas gefurchte Stirn, einen lebhaften scharfen Blick der Augen und ernste, männliche Züge, in denen sich der feste, entschiedene und unerschütterliche Charakter sowie der kriegerische Sinn des Helden bedeutungsvoll ausspricht …«, so Franz Paul Zauner im Buch »München in Kunst und Geschichte« von 1914.

54 PRINZREGENT-LUITPOLD-BRUNNEN

Luitpoldpark, Prinzregentenstraße, Prinzregententheater, Luitpoldbrücke, Luitpold-Gymnasium, Café Luitpold: Er war der Namensgeber für zahlreiche bayerische Straßen und Bauwerke. Kaum ein anderer Herrscher wurde bis heute so umfangreich im Münchner Stadtbild verewigt wie Prinzregent Luitpold von Bayern. Sogar eine Torte wurde auf seinen Namen getauft: Die Prinzregententorte hat für München eine ähnliche Bedeutung wie die Sachertorte für Wien.

Prinzregent Luitpold von Bayern (1821–1912) war von 1886 bis zu seinem Tod Regent in Bayern und in dieser Zeit der Vertreter seines Bruders Otto I. (1848–1916), der wegen einer psychischen Erkrankung bereits regierungsunfähig auf den Thron gekommen war.

Durch seine zugängliche Persönlichkeit, die einen starken Kontrast zu seinem Vorgänger Ludwig II. bildete, gewann Prinz Luitpold von Bayern rasch die Gunst der Münchner Bevölkerung. Er trat bürgernah auf, unterstützte Kunst und Wissenschaft und ermöglichte der Landeshauptstadt eine kulturelle Blütezeit. Im Jahr 1903 führte er sogar das Studium für Frauen ein.

Vor dem nach Luitpold benannten Café in der Brienner Straße 13 steht der Prinzregent-Luitpold-Brunnen von Josef Henselmann (1898–1983). Die

Bronzefigur wurde als Brunnensäule unter der Leitung des Inhabers der Mayerischen Kunstgießerei, Heinz Mocnik, gegossen. Mit mehreren ziemlich dünnen Wasserstrahlen dient er allerdings eher zum Händewaschen als für einen kräftigen Schluck Wasser.

Über den Prinzregent-Luitpold-Brunnen zu sprechen, ohne das Café Luitpold zu berücksichtigen, ist kaum möglich. Die opulenten Kaffeehäuser aus der Zeit der habsburgischen k. u. k. Monarchie dienten als Inspirationsquelle für den Münchner Architekten Otto Lasne (1854–1935), als er das Konzept des Café Luitpold, das 1888 seine Pforten öffnete, gestaltete.

Ohne Zweifel zeichnet sich das Café durch seine Eleganz und Atmosphäre aus. Ein besonderes Highlight ist der Palmengarten, der von einer beeindruckenden Glaskuppel überdacht wird, die eine Höhe von zwölf Metern aufweist. Ebenso erfreut sich bei Spaziergängern und Genießern die großzügige Terrasse entlang der Brienner Straße großer Beliebtheit.

55 THE WINGS

Am Eingang zur neuen Konzernzentrale der Siemens AG am Oskar-von-Miller-Ring erhebt sich eine eindrucksvolle Skulptur namens »The Wings« von Daniel Libeskind. Vier flügelartige verschränkte Aluminiumplatten lassen an einen aufblühenden Krokus denken oder an die Rotorblätter eines Hubschraubers, der kurz vor dem Start steht. Die Oberflächen der Aluminiumplatten sind matt geschliffen und beherbergen Tausende von integrierten LED-Lämpchen, die beeindruckende Lichteffekte erzeugen.

Nähert man sich dieser außergewöhnlichen Skulptur, lassen sich merkwürdige Geräusche vernehmen. Diese können mal an das Schnauben und Rattern einer alten Lok erinnern, mal wie technisch-futuristische Klicks und Beeps von Robotern klingen. Laut Daniel Libeskind soll die Skulptur das Zukunftsthema Digitalisierung auf visuelle Weise darstellen und ein Symbol für Innovationskraft sein.

Das spektakuläre Kunstwerk existiert in insgesamt vier Exemplaren. Neben dem Standort in München sind weitere Skulpturen an den Siemens-Niederlassungen in Berlin, Erlangen und Mailand zu finden. »The Wings« unterstreicht den Anspruch des Weltkonzerns Siemens, die Zukunft und den technologischen Fortschritt kreativ mitzugestalten. Außerdem soll die Auf-

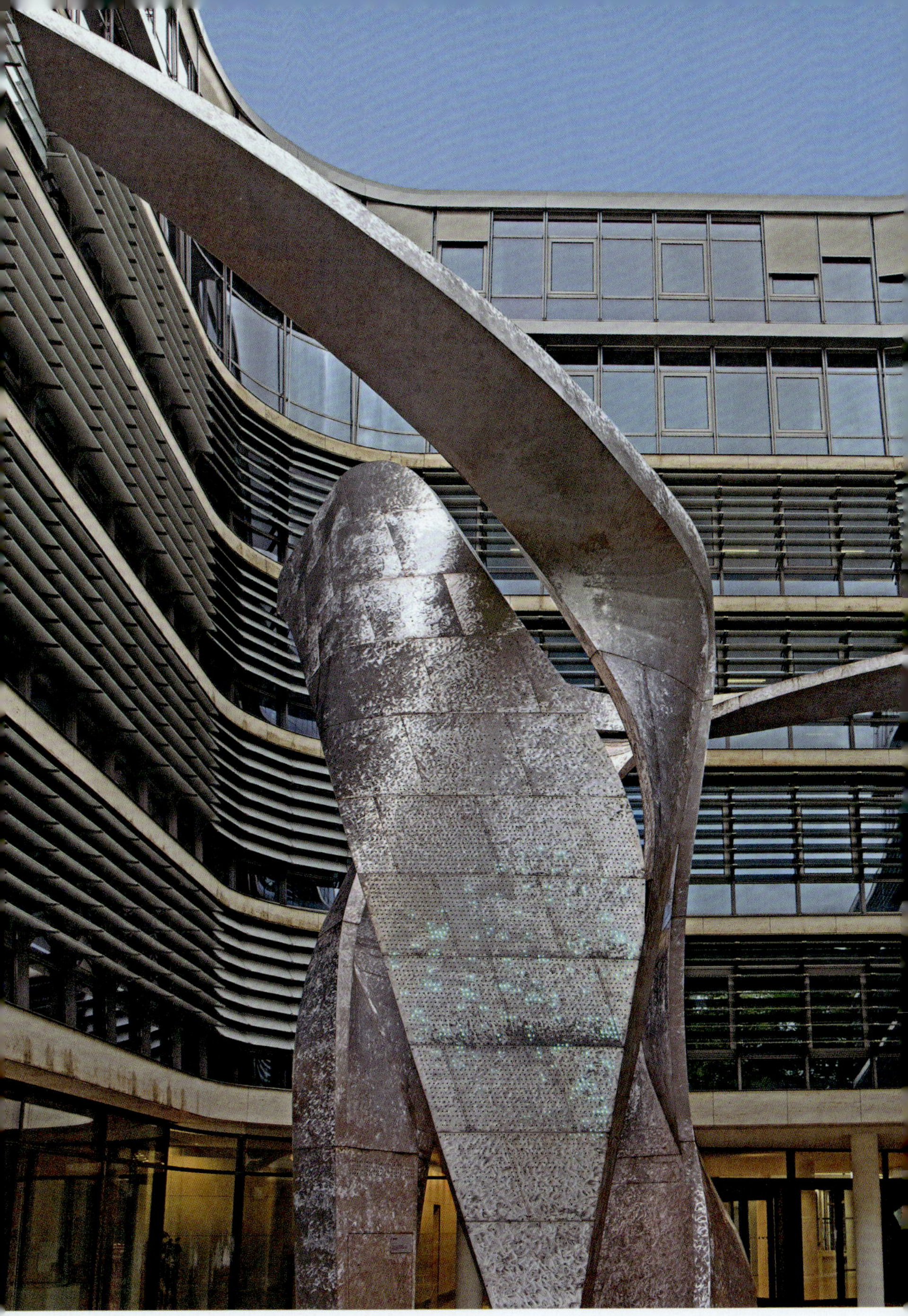

Tausende LEDs lassen die Skulptur »The Wings« von Daniel Libeskind nachts erstrahlen.

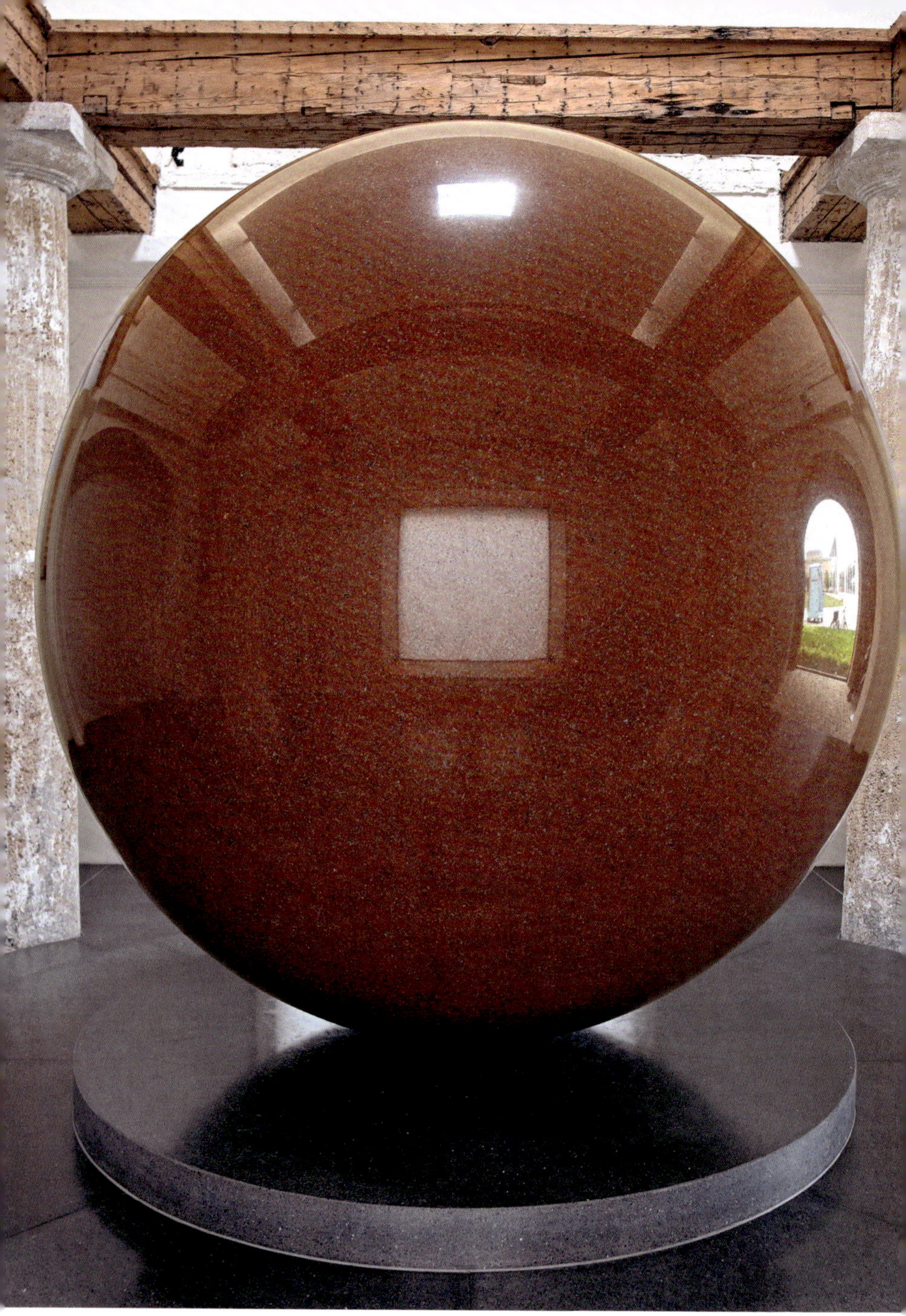

Die Skulptur »Large Red Sphere« von Walter De Maria ist kostenlos im Türkentor zu besichtigen.

stellung von vier gleichen Kunstwerken die Vernetzung des Unternehmens in der globalisierten Welt symbolisieren. Durch seine Positionierung vor dem Siemens-Hauptsitz direkt am Oskar-von-Miller-Ring dient die Skulptur als ein deutlich erkennbarer Orientierungspunkt auf der Verbindungsachse zwischen der Innenstadt und dem Kunstareal.

Über den Oskar-von-Miller-Ring und die Gabelsbergerstraße erreicht man im Nu das Kunstareal München. Dieser Kulturstandort im Münchner Stadtteil Maxvorstadt umfasst auf einer Fläche von etwa 66 Hektar 18 Museen und Ausstellungsräume, mehr als 20 Galerien, sechs international renommierte Hochschulen und zahlreiche Kulturinstitutionen.

56 LARGE RED SPHERE

Das im Oktober 2010 nach aufwendiger Restaurierung wieder eröffnete Türkentor beherbergt seitdem die von der Stiftung Brandhorst erworbene Skulptur »Large Red Sphere« von Walter De Maria (1935–2013). Der US-amerikanische Künstler, Musiker und Komponist gilt als wichtiger Vertreter des Minimalismus, der Konzeptkunst und der Land Art.

Die massive Granitkugel, die einen Durchmesser von 2,60 Metern und ein Gewicht von 25 Tonnen aufweist, symbolisiert die Welt, die Himmelskörper und die Unendlichkeit. Die »Große rote Kugel« wurde durch die Udo und Annette Brandhorst Stiftung erworben und als langfristige Leihgabe den Bayerischen Staatsgemäldesammlungen übergeben.

De Marias Konzept »One Room – One Work« wurde in diesem Werk umgesetzt. Als Schauplatz fungiert der kubische Bau des Türkentors. Im Zentrum dieses Raums befindet sich eine dreistufige, runde Plattform aus dunkelgrauem Stein. Darauf steht die rote Granitkugel. Die Form der Kugel und des Podests bildet einen Kontrast zur kubischen Struktur des Inneren des Türkentors. Diese Spannung ist ein wesentlicher Aspekt des Kunstwerks.

Wenn wir uns die Muße nehmen, uns auf diese Installation einzulassen, führt uns die Kugel ganz von selbst zu Assoziationen mit Planeten und Sternen, und die Gedanken schweifen unweigerlich in die unendlichen Weiten des Universums, in dem wir existieren. Zu besichtigen ist die »Große rote Kugel« von Dienstag bis Sonntag und an Feiertagen (April bis Oktober 11–17 Uhr, November bis März 12–15 Uhr, Eintritt frei).

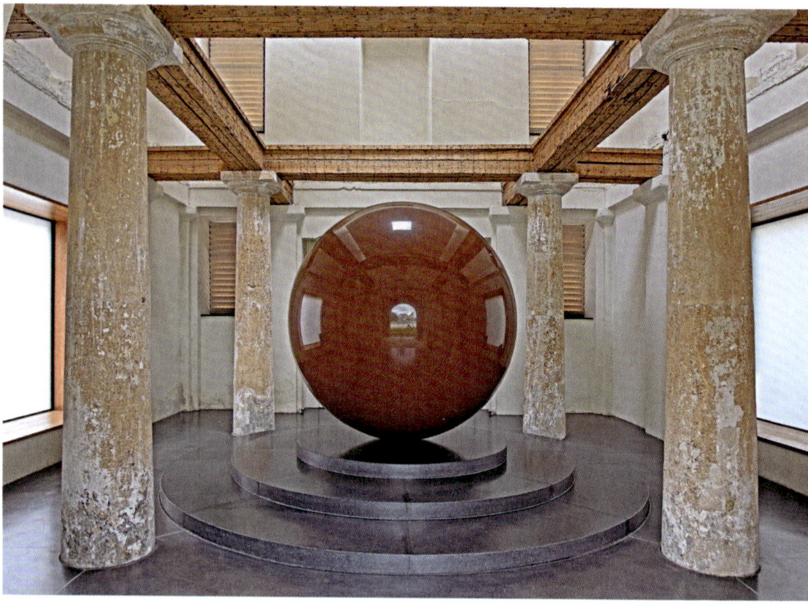

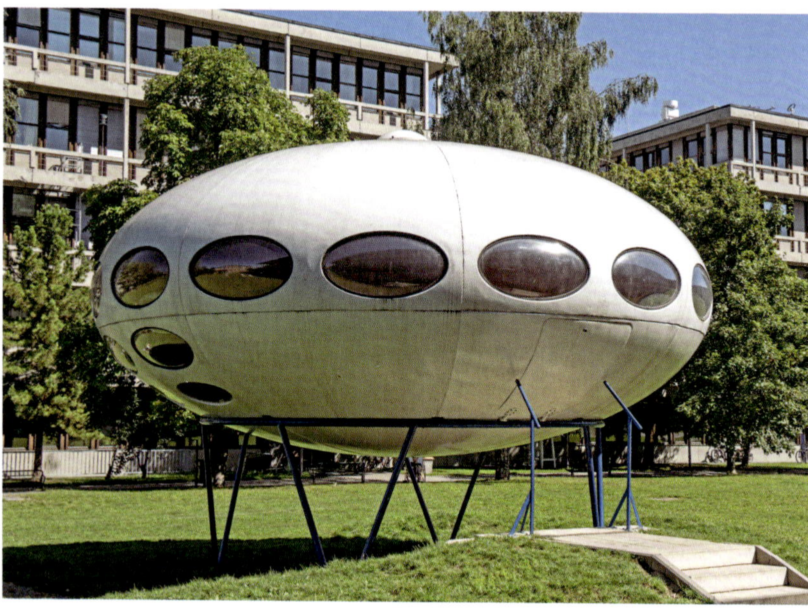

▲ Vom Militärbau zum Kunstraum: Das Türkentor war einst Teil einer Kaserne.
▼ Das Kunststoffhaus »Futuro« kann vor der Pinakothek der Moderne erkundet werden.

Türkengraben, Türkenstraße, Türkentor: Wie kam es eigentlich zu diesen Namen? Hierzu muss man ein wenig ausholen: Zwischen 1683 und 1699 tobte zwischen der Heiligen Liga europäischer Mächte und dem Osmanischen Reich der Große Türkenkrieg, in dem das Osmanische Reich zum zweiten Mal erfolglos versucht hatte, die Kaiserstadt Wien zu erobern. Mit dem Frieden von Karlowitz 1699 musste sich das Osmanische Reich erstmals von einer christlichen Macht Friedensbedingungen diktieren lassen.

Zwei Jahre später plante Kurfürst Max Emanuel (1662–1726), die Münchener Residenz durch einen Kanal mit dem neu errichteten Schloss in Schleißheim zu verbinden. Die Aushebung dieses Kanals erfolgte durch Soldaten der kurfürstlichen Infanterie. Bald verbreitete sich aber das Gerücht, dass türkische Kriegsgefangene an diesen Bauarbeiten beteiligt waren – was allerdings nicht der Fall sein konnte, weil die türkischen Kriegsgefangenen aus dem Großen Türkenkrieg 1699 bereits ausgetauscht worden waren.

Jedenfalls führte dieses Gerücht zur Bezeichnung »Türkengraben« für den niemals verwirklichten Kanal. Die Türkenstraße ist folglich nach dem Türkengraben benannt, auf den sie zulief. Und so bezeichnete man die 1826 errichtete Prinz-Arnulf-Kaserne auch als Türkenkaserne. Der einzig verbleibende Gebäuderest dieser Kaserne ist das heute denkmalgeschützte Türkentor. Die Restaurierungskosten waren nicht unerheblich. Den Löwenanteil in Höhe von 780 000 Euro stellte die Stiftung Pinakothek der Moderne zur Verfügung.

57 FUTURO

Ist hier ein UFO mitten in München gelandet? Könnte man meinen, denn das 1965 bis 1967 vom finnischen Architekten Matti Suuronen entwickelte und ursprünglich als Skihütte konzipierte Kunststoffhaus »Futuro« wirkt in der Tat äußerst futuristisch. Diese »fliegende Untertasse« ist streng genommen ein Kunststoffbauwerk, das vor 60 Jahren entstand und von den Raumfahrtvisionen der 1960er-Jahre inspiriert wurde. Es verkörpert die damaligen Zukunftsvisionen, in denen neue Materialien im Mittelpunkt wegweisender Konzepte für mobile Lebensräume standen. Geprägt von großem Vertrauen in Wissenschaft und Technologie sowie der Eroberung des Weltraums, symbolisiert das »Futuro« den Wunsch nach neuen, funktionalen, effizienten und in Massenproduktion herstellbaren Wohnstrukturen dieser Ära.

Das Objekt steht derzeit vor der Pinakothek der Moderne, nachdem es vom dort ansässigen Design-Museum der Neuen Sammlung angekauft und fertig restauriert wurde. Das Haus hat die Form eines abgeflachten Rotationsellipsoids. Mit einem Durchmesser von acht Metern und einer Gesamthöhe von knapp sechs Metern stellt das Bauwerk eine Wohnfläche von etwa 50 Quadratmetern zur Verfügung, die in weniger als 30 Minuten mithilfe der elektrischen Heizung erwärmt werden kann. Das Haus ruht auf einem stabilen Gestell aus Stahlrohren und wurde so konstruiert, dass es selbst in schwer zugänglichem Terrain aufgebaut werden kann, wobei es extremen Temperaturen, Erdbeben und Stürmen standhalten soll. Das vollständig ausgestattete Haus hat ein Gesamtgewicht von vier Tonnen und kann von Transporthubschraubern transportiert werden. Im Jahr 1968 betrug der Preis für das Haus 12 000 US-Dollar.

Das Futuro, eines der ersten seriengefertigten Kunststoffhäuser in der Architekturgeschichte, wurde von der finnischen Firma Polykem Ltd. entwickelt und international vermarktet. Seine Außenwände bestehen aus verstärktem Polyester, der zwischen zwei Schichten einer Polyurethan-Schaumisolierung angeordnet ist. Um den Montageprozess zu erleichtern, wurde das Haus in 16 kreisförmige Segmente unterteilt, die vor Ort innerhalb von nur zwei Tagen zusammengefügt werden können.

Es gibt bedauerlicherweise keine verfügbaren Aufzeichnungen darüber, wie viele Futuro-Häuser insgesamt verkauft wurden. Eine vorsichtige Schätzung geht von ungefähr 70 Exemplaren aus, von denen heute etwa 60 erhaltene Häuser bekannt sind.

58 BUSCANDO LA LUZ

Kein Zweifel: Die rostrote Stahlplastik vor der Pinakothek der Moderne kann man nicht übersehen. Sie erinnert an drei in eine Unterhaltung versunkene Riesen – verrostet und in monumentaler Größe. Trotz ihrer massiven Erscheinung bildet sie aber eine leichte und harmonische Einheit mit reichlich leerem Raum zwischen ihren Teilen. Man muss nur den richtigen Blickwinkel finden. Nicht selten dient die Plastik Kindern als Versteck oder Spielfläche, während sie aber auch geduldig für verschiedenste Selfies zur Verfügung steht.

Ein zentrales Thema in den Arbeiten des baskischen Künstlers Eduardo Chillida (1924–2002) ist die Beziehung zwischen Volumen und dem leeren

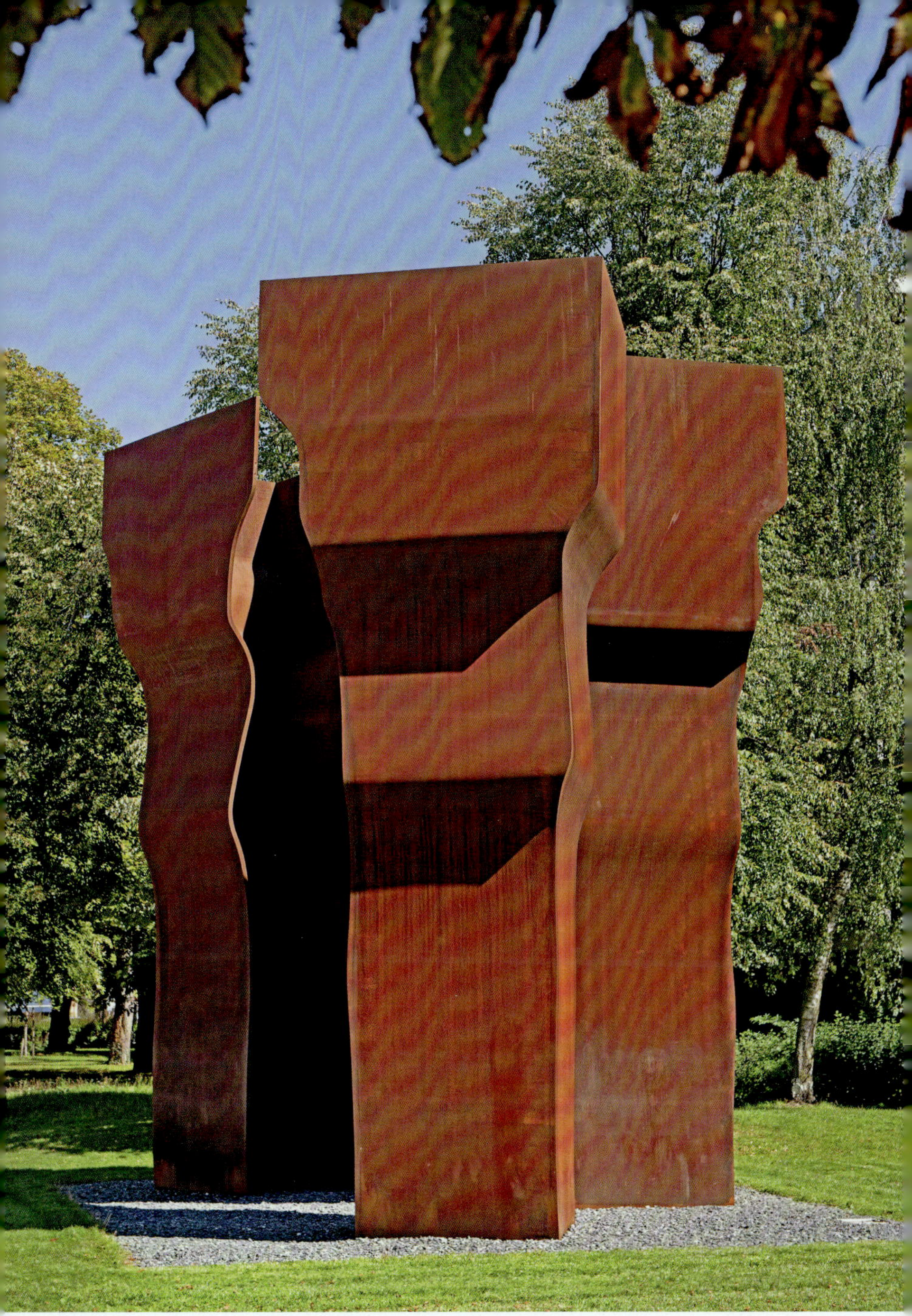

Vor der Pinakothek der Moderne beeindruckt die Großplastik »Buscando la Luz« von Chillida.

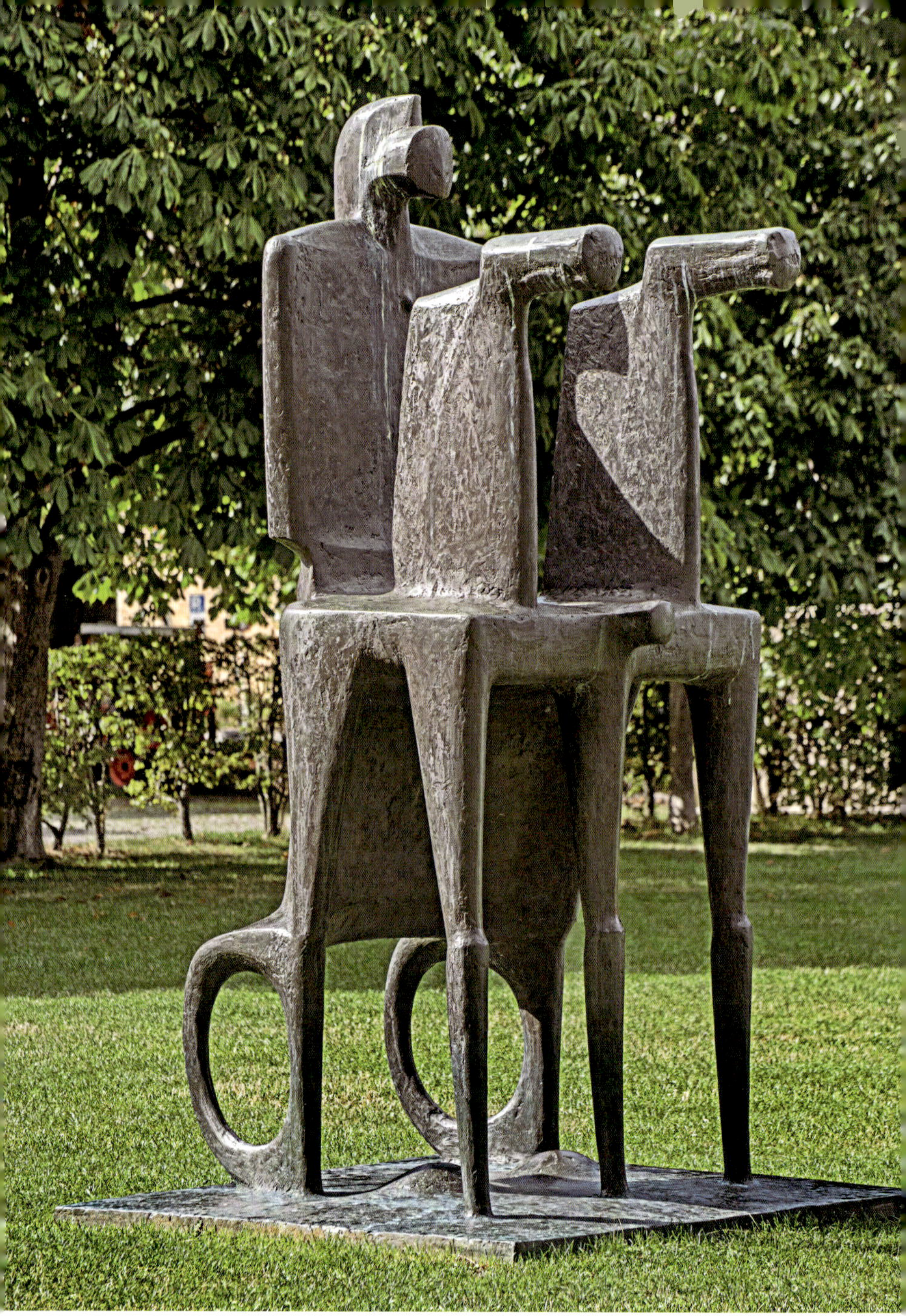

In seinem Werk »Große Biga« reduzierte Fritz König einen antiken Kampfwagen auf das Wesentliche.

Raum, zwischen Innerem und Äußerem. In seinen zahlreichen Skulpturen liegt der Schwerpunkt auf dem Verhältnis zwischen dem Gewicht des Materials und der nicht greifbaren Leere dazwischen.

Dieses Konzept findet sich ebenfalls in Chillidas Werk »Buscando la Luz«, übersetzt: Die Suche nach dem Licht, wieder. Die Art und Weise, wie die einzelnen Elemente zueinander angeordnet sind, hat eine entscheidende Bedeutung für die Gesamtwirkung dieses Kunstwerks. Es besteht aus drei acht Meter hohen Stahlsäulen, die über einem u-förmigen Grundriss stehen und sich in leicht unregelmäßigen Wellenlinien nach oben erstrecken. Diese geradezu organische Gestaltung fängt sowohl die Schwere des Materials als auch die abstrakte Natur des Kunstwerks ein. Kurz vor der Eröffnung der Pinakothek der Moderne im Jahr 2002 wurde diese beeindruckende Plastik dank einer privaten Spende in diesem Areal aufgestellt.

Mit seinen symbolträchtigen Metallskulpturen gehörte Chillida zu den wichtigsten plastischen Künstlern des 20. Jahrhunderts. Als er verstarb, ließ seine Geburtsstadt San Sebastián im Norden Spaniens als Zeichen der Trauer die Flaggen auf halbmast setzen.

59 GROSSE BIGA

Fritz Koenig (1924–2017) war einer der international bedeutendsten deutschen Bildhauer des 20. Jahrhunderts. Er erlangte schlagartig große Bekanntheit durch seine Skulptur »Kugelkaryatide N. Y.«, die vor dem World Trade Center in New York stand und nach den Terroranschlägen vom 11. September 2001 nur leicht beschädigt aus den Trümmern geborgen wurde, was weltweit Staunen hervorrief. Heute fungiert das Werk auch als Symbol für 9/11.

Koenig konnte seine künstlerischen Visionen besonders überzeugend in Bronze umsetzen. Man findet seine Skulpturen an verschiedenen Orten in München, darunter im Kabinettsgarten der Residenz, im Olympiapark und im Bereich vor dem Lenbachhaus. Seit frühester Kindheit von Pferden fasziniert, verfolgte Fritz Koenig als Künstler und Pferdezüchter die Idee eines symbiotischen Zusammenlebens von Mensch und Tier. Diese Vorstellung durchzieht in vielfältiger Form sein gesamtes plastisches und zeichnerisches Werk.

Die »Große Biga« ist eine interessante Bronzeplastik von Fritz Koenig. Dieses Kunstwerk wurde im Jahr 2000 vor der Alten Pinakothek innerhalb des

Kunstareals aufgestellt. Eine Biga ist ein antiker, mit zwei Pferden bespannter zweirädriger Wagen. Solche Zweiradwagen wurde im antiken Rom bei Schaukämpfen und Wagenrennen verwendet. Für die Latinisten unter den Lesern: Das Wort stammt aus »bis« (zweimal) und »iugum« (Joch/Gespann). In der Skulptur die »Große Biga« kann man auf stilisierte Weise die Quintessenz eines solchen antiken römischen Kampfwagens herauslesen, komplett mit Pferden und Lenker. In dieser Darstellung verschmelzen der Wagen, die Pferde und der Mensch zu einer harmonischen Einheit.

60 TROJANISCHES PFERD

Hans Wimmer (1907–1992) war einer der wenigen Künstler, der entgegen dem damaligen Zeitgeist Skulpturen im klassischen Stil herstellte und der Kunst der Antike eine besondere Bedeutung beimaß. Ein herausragendes Beispiel für solch ein von der Antike inspiriertes Werk ist sein »Trojanisches Pferd«, das sich an der Südostseite des Skulpturenparks befindet, unmittelbar vor der Alten Pinakothek. Datiert ist dieses Werk auf 1978/82. Die griechische Inschrift erzählt die Geschichte von Odysseus und seinen Gefährten, die bereits im Inneren des Pferdes versteckt auf der Akropolis von Troja standen.

Wimmer absolvierte von 1928 bis 1935 sein Studium an der Akademie der Bildenden Künste in München und übernahm nach dem Zweiten Weltkrieg (1949–1972) eine Professur für Bildhauerei an der Akademie der Bildenden Künste in Nürnberg. Wenn man in der Münchner Innenstadt mit offenen Augen spazieren geht, ist es fast unmöglich, nicht auf eines seiner Werke zu stoßen. Neben dem »Trojanischen Pferd« und der Skulptur »Großes Windspiel« vor dem Lenbachhaus findet man an der Nordseite des Alten Hofes das »Reiterstandbild Kaiser Ludwigs des Bayern« und – unübersehbar – den bereits erwähnten Richard-Strauss-Brunnen, auch Salome-Brunnen genannt, in der Münchener Fußgängerzone. Weit weniger bekannt, weil für Otto-Normalspaziergänger »nicht sichtbar«, dürfte sein Denkmal auf dem Ehrenhain für die Opfer der Luftangriffe in München auf dem Nordfriedhof sein.

Interessant, aber leider etwas entfernt vom Stadtzentrum befindet sich Wimmers Bronzeskulptur »Ochsenbrunnen« an der Ecke Zenetti-/Thalkirchner Straße. Diese Arbeit, die einen liegenden Ochsen darstellt, steht fast unbeachtet im Schlachthofviertel und ist Gegenstand einer Kontroverse. Das liegt daran,

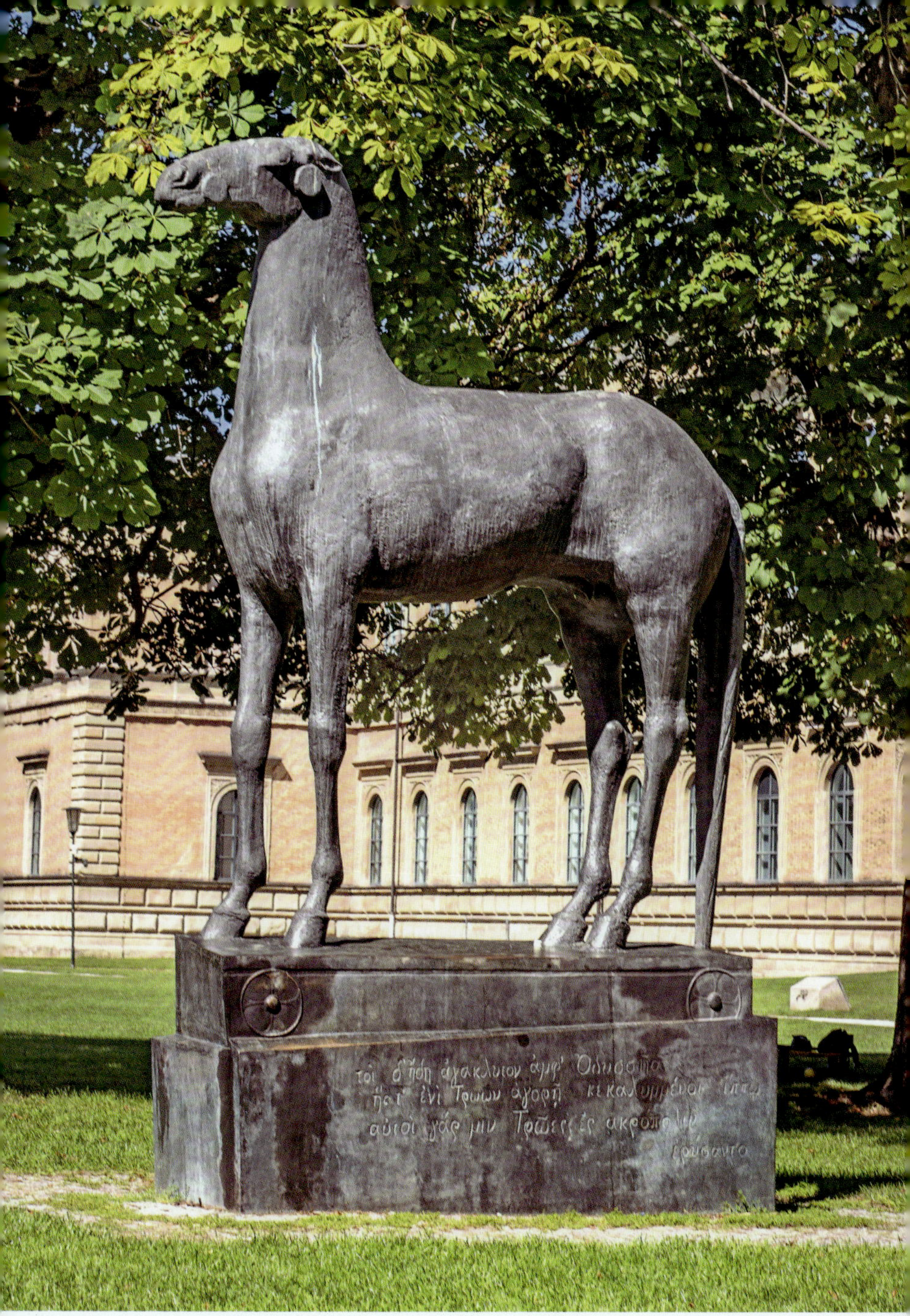

Eines der zahlreichen Werke von Hans Wimmer im Stadtgebiet: das »Trojanische Pferd«

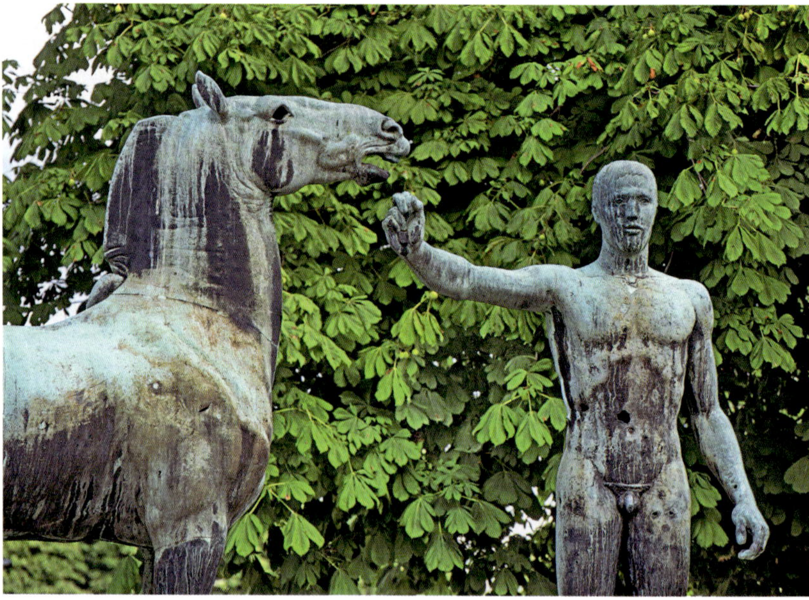

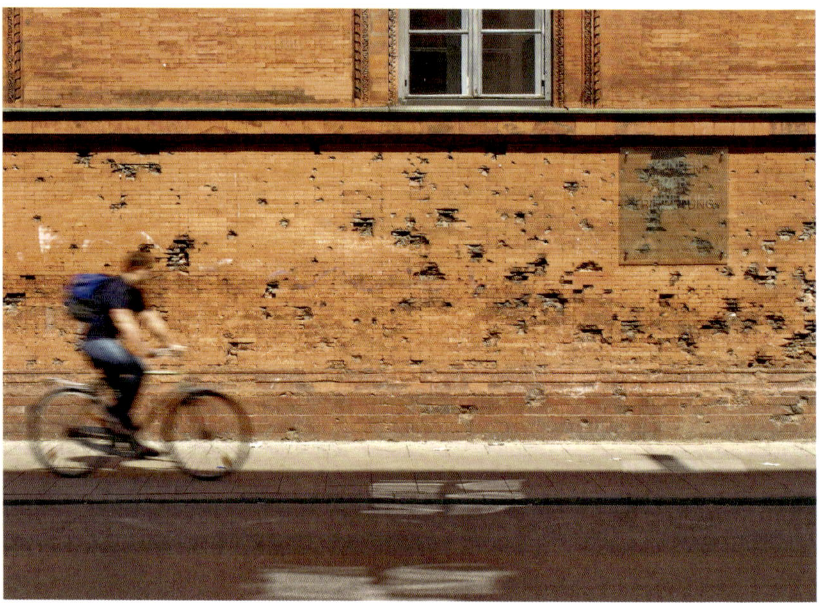

▲ »Wunden der Erinnerung« sind an der Plastik »Rossebändiger« von Hermann Hahn zu sehen.
▼ Auch an der Universitätsbibliothek der LMU München finden sich »Wunden der Erinnerung«.

dass ein Kind beim Spielen an den scharfen Hörnern des Ochsens verletzt wurde, was zur Errichtung eines Zauns um den Brunnen am Gebäude des städtischen Veterinäramts führte. Vor dem Brunnen parken Autos, Fahrräder und Roller, die die Sicht auf die Statue verstellen. Da Wimmer das Tier als leidende Kreatur dargestellt hat, wurde vorgeschlagen, die Statue zumindest vorübergehend auf die Hochgraswiese südlich der Theresienwiese zu versetzen und sie zu einem Mahnmal für die im Schlachthof getöteten Tiere umzuwidmen. Eine alternative Option könnte sein, den Brunnen an seinem derzeitigen Standort zu belassen, aber ihn angemessener zu präsentieren, beispielsweise durch die Anbindung an das Wassernetz, was bisher nicht der Fall war.

61 ROSSEBÄNDIGER

Der Bildhauer Hermann Hahn (1868–1945) hat in München vor allem allegorische Steinfiguren geschaffen, wie beispielsweise die »Schönheit« im Bavariapark und die Liegefigur »Jäger« an der Luitpoldbrücke. Hier bei den Pinakotheken findet sich auch eine Bronzeplastik Hahns. Es ist der »Rossebändiger« (1928) an der Arcisstraße westlich der Alten Pinakothek. Zu sehen ist ein unbekleideter Mann, der den rechten Arm zum Maul des Pferdes streckt, ohne seinen Kopf dorthin zu wenden. Die beiden Statuen sind bis heute von Einschusslöchern gekennzeichnet und durch eine Glasplatte mit der Aufschrift »Wunden der Erinnerung« versehen, die darauf hinweist. Direkt gegenüber, auf der anderen Straßenseite, steht die Statue »Rosselenker« von Bernhard Bleeker (1931). Während bei Hahns Variante Mensch und Pferd erhalten geblieben sind, fehlt bei Bleekers Version das Pferd. Nach den schweren Kriegsschäden konnte es nicht mehr gerettet werden und musste eingeschmolzen werden.

»Wunden der Erinnerung« ist ein europäisches Kunstprojekt aus den Jahren 1993 bis 1995 von Beate Passow und Andreas von Weizsäcker. Glasplatten mit der Aufschrift »Wunden der Erinnerung« markieren jene Spuren im Stadtbild, die der Zweite Weltkrieg hinterlassen hat. In München finden sich noch zwei weitere Orte mit diesen Gedenktafeln: an der Prinzregentenstraße, dort ist ein Einschlagloch an einer Säule am Haus der Kunst zu sehen, und an der Ecke Schelling-/Ludwigstraße, hier finden sich Einschlaglöcher an der Backsteinwand der Universitätsbibliothek der LMU München. Das Projekt wurde später auf 16 Tafeln in neun europäischen Ländern ausgeweitet.

62 PRESENT CONTINUOUS

Ein sonniger Nachmittag: Auf den Wiesen zwischen den Museen des Kunstareals tummeln sich nicht nur viele Menschen, die sich unterhalten, lesen, die Sonne genießen oder einfach nur herumlungern, sondern auch zahlreiche öffentliche Kunstwerke, die man übersehen oder bestaunen kann, an denen man sich erfreuen oder stören mag. Welche Botschaft geht von einer Statue aus, die eine gebückte Menschengestalt ohne Arme darstellt? Kann moderne Kunst gefallen, ohne dass man sie versteht? Oder muss man sie verstehen, bevor man an ihr Gefallen findet? Die häufig abstrakten Darstellungen erschweren das Verständnis der Sujets. Kann man sich losmachen von der Erklärung eines Künstlers oder hilft diese, eine neue Perspektive einzunehmen?

»Present Continuous« – oder auch »Gebückter Mensch, der nach unten schaut« – ist eine 3,60 Meter hohe Figur aus Aluminium des niederländischen Bildhauers Henk Visch (* 1950), die seit Mai 2011 zwischen dem Eingang der Hochschule für Fernsehen und Film und dem Eingang des Staatlichen Museums Ägyptischer Kunst an der Gabelsberger Straße aufgestellt wurde: eine nach vorne gebeugte Figur ohne Arme, deren Blick nach unten gerichtet ist. Ein roter Lichtstrahl erstreckt sich von der Stirn dieser silbernen Gestalt bis hin zum Boden. Ähnlich einem Gedanken oder einem plötzlichen Einfall durchdringt dieser Strahl die Erdoberfläche und reicht bis in den unterirdischen Saal des Ägyptischen Museums. Der rote Stab endet genau dort in einem Ausstellungsraum. Die Bedeutung liegt in der Verknüpfung verschiedener wissenschaftlicher Bereiche, die sich mit der Geschichte oder der Gegenwart beschäftigen. Der Künstler hat bewusst auf die Darstellung der Arme verzichtet, um zu verdeutlichen, dass die Verbindung allein durch den Geist hergestellt wird – ähnlich wie im Museum, wo die Objekte nicht berührt, sondern geistig erfasst werden.

63 MINNA THIEL

Nur wenig entfernt vom »gebückten Menschen« zeigt sich München auf der grünen Wiese der Hochschule für Fernsehen und Film einmal mehr als ein lebenswerter Ort urbaner Subkultur. Seit 2017 steht hier zusammen mit Zelten und einem Schiffscontainer ein alter mit Graffiti bemalter MAN-Schienenbus aus den 1950er-Jahren, der als Partywaggon »Minna Thiel« dient. Im Lauf der

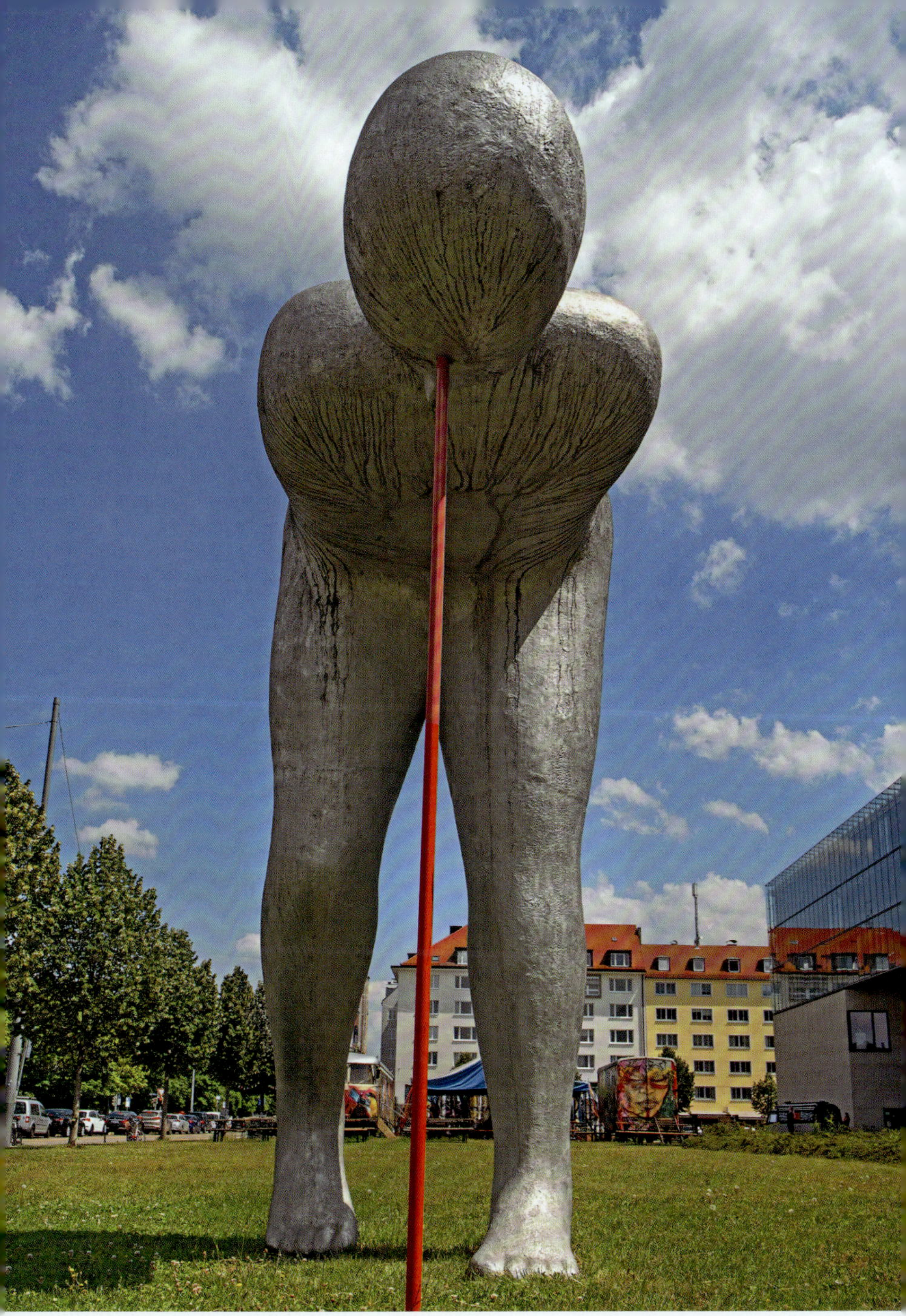

Henk Vischs Skulptur »Present Continuous« reicht bis in das unterirdische Ägyptische Museum.

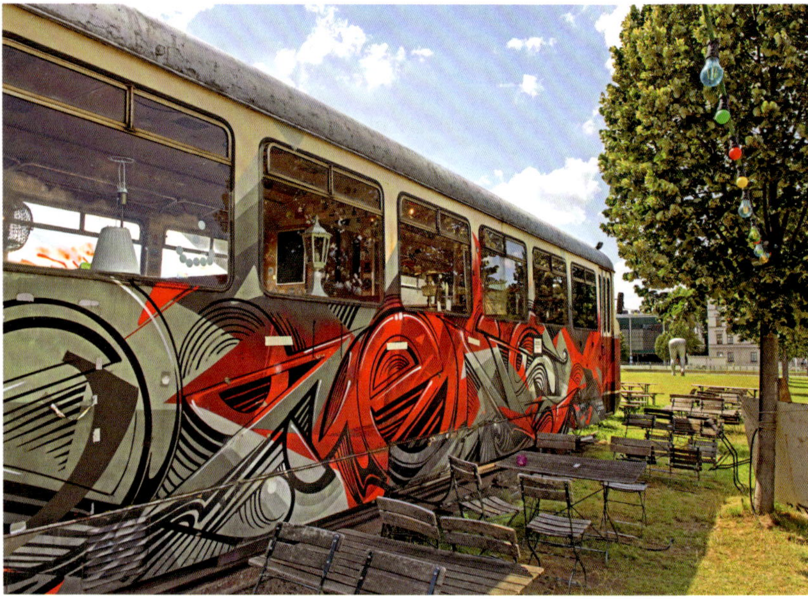

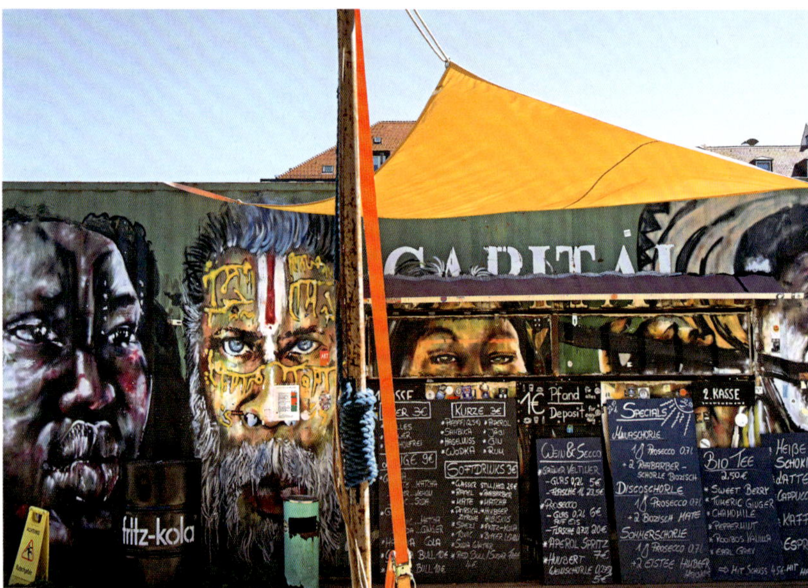

▲ Inmitten des Kunstareals steht vor der Filmhochschule der alte Schienenbus »Minna Thiel«.
▼ Städtische Oase: Den Partywaggon umgeben Bauwagen, Zelte und Schiffscontainer.

Zeit entwickelte sich der Waggon zu einem pulsierenden Ort für Studierende, Filmschaffende und interessierte Bürger. Bei gutem Wetter sitzt man an den Tischen um den alten Waggon. Sind die belegt, liegt es sich sehr gemütlich auch auf der Wiese. Das alles unter freiem Himmel – großartig! Davor stand der Waggon im Schlachthofviertel, im Kulturzentrum »Bahnwärter Thiel«.

Wenn man also zwischendurch eine Verschnaufpause braucht, kann man sich hier inmitten des Kunstareals in einem ungewöhnlichen Ambiente entspannen, und es gibt Getränke und kleine Snacks. Der Waggon ist ein beliebter Treffpunkt für Kreative geworden und für all jene, die sich dafür halten.

Die Initiative, den Waggon hierher zu bringen, ging höchstpersönlich von der Hochschulpräsidentin Bettina Reitz und der Dozentin und Regisseurin Doris Dörrie aus. Benannt wurde Minna Thiel nach der verstorbenen Frau des Bahnwärters Thiel aus Gerhart Hauptmanns Novelle »Bahnwärter Thiel«. Minna übernimmt darin eine zentrale Rolle: Sie ist Inhalt, Sehnsucht, Leidenschaft und Motor der scheiternden Hauptfigur. Die Novelle Hauptmanns erzählt die tragische Geschichte eines Bahnwärters namens Thiel, der in einem entlegenen Bahnwärterhäuschen lebt. Thiel ist ein stiller, introvertierter Mann, der von seiner dominierenden Ehefrau gequält wird. Als sein geliebter Sohn Konrad stirbt und er einen geistigen Zusammenbruch erlebt, führt dies zu einem dramatischen und schockierenden Ende, bei dem Thiel seine Familie tötet und wahnsinnig wird. Die Novelle thematisiert die Auswirkungen von sozialer Isolation, Unterdrückung und psychischer Belastung auf das Individuum (Öffnungszeiten: Montag 17–22 Uhr, Dienstag, Mittwoch 16–24 Uhr, Donnerstag 16–1 Uhr, Freitag 16–2 Uhr, Samstag 14–2 Uhr, Sonntag 12–22 Uhr).

Werksviertel-Mitte

Der größte und wohl auch interessanteste Standort für Street Art in München ist zweifelsohne das Werksviertel. Nachdem Anfang der 1990er-Jahre die Pfanni-Produktion das Gelände am Ostbahnhof verlassen hatte, wurden die Mauern und Außenwände der ehemaligen Werkshallen zu einem Eldorado für Graffiti-Künstler aus aller Welt, die hier ihre »optische Duftmarke« hinterließen. In diesem Areal wird derzeit von Star-Architekten ein neuer Stadtteil hochgezogen, der *»perfekt an die vorhandene Infrastruktur angebunden ist und sich durch Vision und Innovation auszeichnet.«* Im Werksviertel der Zukunft soll es rund 1500 neue Wohnungen und Büros mit rund 7000 Arbeitsplätzen sowie Hotels, Läden, eine Schule und Kindertagesstätten geben. Aber im Gegensatz zu vielen anderen Stadtentwicklungen sollen im Werksviertel die historischen Gebäude des Areals nicht abgerissen, sondern modernisiert und mit neuen Nutzungen versehen werden. Historische Baukörper sollen *»als spannender Kontrast zu modernen Gebäuden«* dienen. Neben Wohnungen und Büros will man im Werksviertel auch jede Menge Raum für Kreativität, Kunst, Musik, Unterhaltung, Sport, Essen, Trinken und Tanzen schaffen.

Wenn man im Internet Informationen über das Werksviertel sucht, bekommt man zweierlei präsentiert: einerseits Bilder eines chaotisch anmutenden Viertels, in dem die Fassaden von heruntergekommenen Fabrikgebäuden, Bauzäunen und frei stehenden Mauern mit Graffiti und Street Art übersät sind, andererseits Hochglanz-Architekturbilder und Loblieder auf die zukunftsweisende Architektur des neu geplanten Stadtviertels. Vom Ostbahnhof lässt sich das Werksviertel bequem zu Fuß erreichen, um dort auf eigene Faust herumzulaufen. Alles ist recht übersichtlich. Möglich, dass einige der in diesem Buch aufgezeigten Werke inzwischen verschwunden sind. Noch ist jeder Bauzaun eine neue Herausforderung für die Gilde der Street-Art-Künstler.

Es ist zu hoffen, dass bei der Realisierung des Großprojekts nicht alles, was als improvisiertes Chaos in der Übergangsphase entstanden ist, verschwinden wird. Aber viele der Graffiti, die heute einen Besuch zu einem Fest für die Augen machen, werden bei der laufenden Umgestaltung des Areals zum neuen kreativen Werksviertel wohl leider Platz machen müssen. Ein Grund mehr, dieses interessante Viertel beizeiten unter die Lupe zu nehmen.

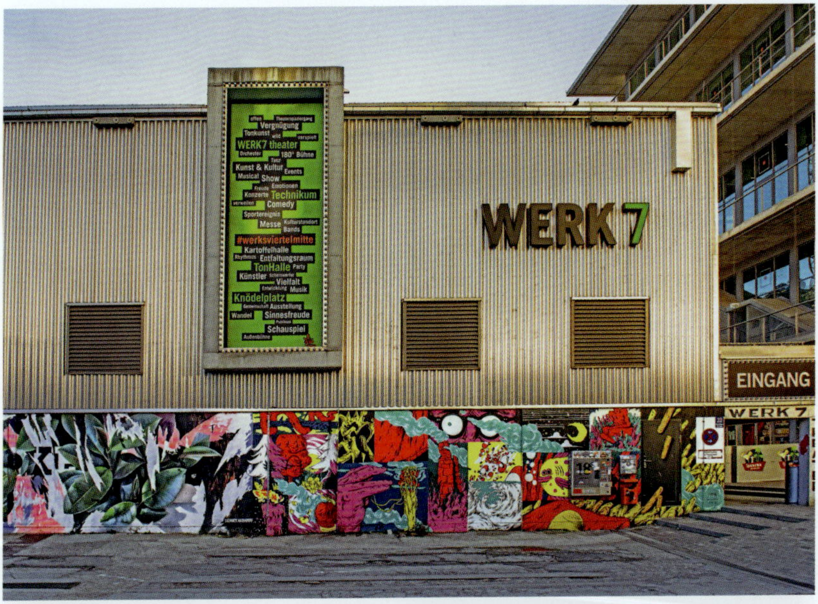

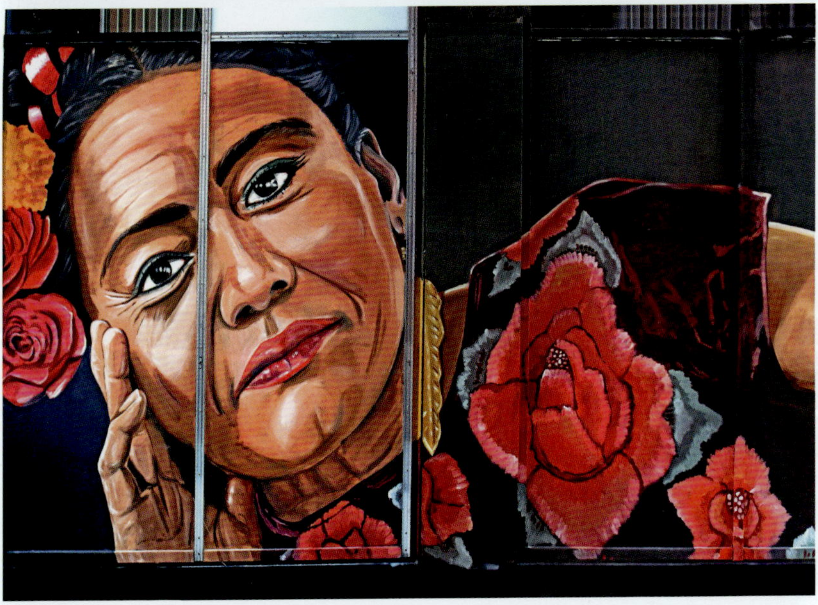

▲ Graffiti am Werk 7: Das einstige Pfanni-Gebäude ist heute eine Veranstaltungshalle.
▼ Beitrag der österreichischen Künstlerin Devita für das Festival »Hands Off The Wall«

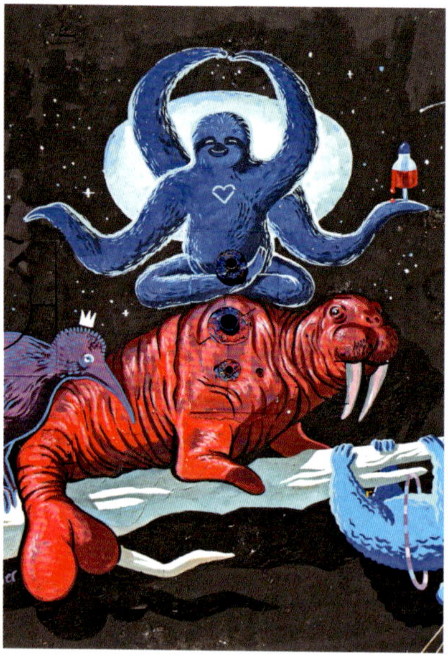

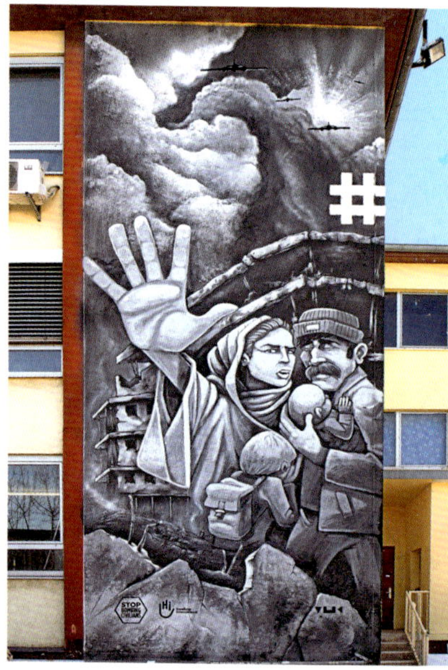

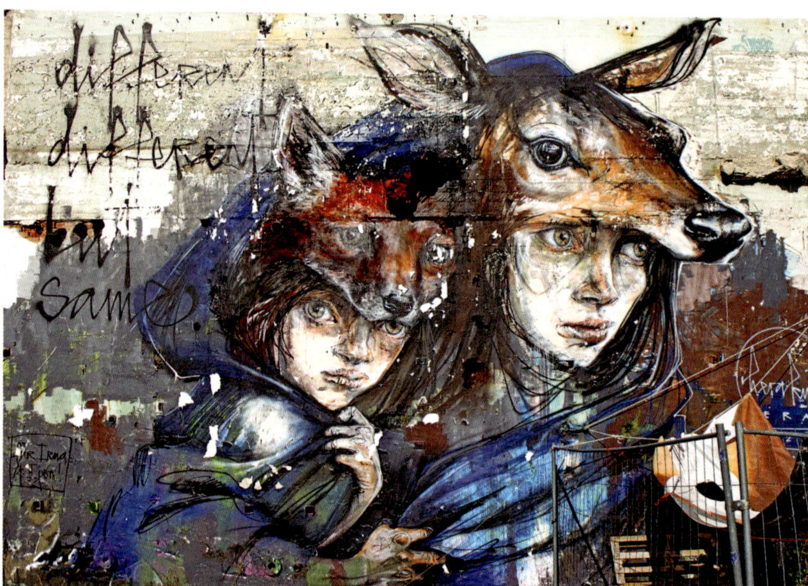

◀ Die Entstehung des Murals von Patrizia Stalder konnte das Festival-Publikum live verfolgen.
▶ »Stop Bombing Civilians«, fordert ein beeindruckendes Mural im Werksviertel-Mitte.
▼ Fabelhafte Mensch-Tier-Wesen steuerte die Künstlerin Hera für das Festival für Frauen bei.

64 HANDS OFF THE WALL

»Hands Off The Wall« ist ein jährlich stattfindendes Street-Art-Festival für Frauen. Erklärtes Ziel ist es, die Aufmerksamkeit auf Frauen in der Kunst zu lenken. Gegründet wurde das Event von der österreichischen Künstlerin Chinagirl Tile. Seit 2020 ist das Festival im Werksviertel-Mitte in München beheimatet, und zahlreiche Künstlerinnen aus ganz Europa zeigten ihr Können mit der Spraydose: Queen Kong, also das Künstler-Duo Vero Bürgi und Marco Schmid aus Luzern; die österreichische Künstlerin Devita; Patrizia Stalder aus Basel, deren Stil sich durch naturalistische Darstellungen auszeichnet; die in Hannover aufgewachsene JuMu mit peruanischen und chilenischen Ursprüngen: der Schamanen-Kult und die Verbindung zwischen Mensch, geistiger Welt und Natur sind feste Elemente ihrer Arbeit; Livi Po, Bona, Lilee Imperator, Ream & AFC Crew, Rikki List, Octofly Art, ELF, Liz art berlin, La Rue, Donderkop, Yaratun, RISA, Beastiestylez, 6XA, Darion Shabbash, Pati Avish, Débora Espinosa und Taina waren Teilnehmerinnen.

Unter der Leitung der Kuratorin und Künstlerin Chinagirl Tile stellt das Festival in Kooperation mit dem Verein zur Förderung Urbaner Kunst e.V. herausragende Künstlerinnen der Szene in das Spotlight der Aufmerksamkeit.

65 STOP BOMBING CIVILIANS

Im Oktober 2021 fand im Werksviertel-Mitte die Graffiti-Kunstaktion »Stop Bombing Civilians« statt. In dieser Veranstaltung gestaltete das Münchner Graffiti-Künstler-Kollektiv aus Melander Holzapfel, Lion Fleischmann und Werner Walossek ein Wandgemälde, das die erschütternden Auswirkungen von Bombenangriffen auf die Zivilbevölkerung in den Fokus rückt. Die »Stop Bombing Civilians«-Kampagne von »Handicap International« setzt sich vehement gegen den Einsatz von Explosivwaffen in bewohnten Gebieten ein. Diese Waffen verursachen jährlich den Tod bzw. Verletzungen von Zigtausenden von Zivilisten weltweit. Sie hinterlassen zerstörte Städte in Ländern wie dem Irak, Afghanistan, Syrien und dem Jemen und führen zu schweren psychologischen Traumata, Vertreibungen und Verarmung der Bevölkerung. Aus diesem Grund engagiert sich »Handicap International« mit dieser Kampagne für eine politische Erklärung zum Schutz der Zivilbevölkerung vor dem Einsatz von Explosivwaffen.

Leopoldstraße/ Schwabing

Einst sorgte die rund um die Leopoldstraße ansässige Bohème aus Künstlern und Literaten für so manchen Skandal. Viel zu erleben und viel zu sehen gibt es hier noch immer: Zahlreiche Kunstwerke säumen den Weg zwischen Universität und Münchner Freiheit.

»Kommilitoninnen! Kommilitonen! Erschüttert steht unser Volk vor dem Untergang der Männer von Stalingrad. Dreihundertdreißigtausend deutsche Männer hat die geniale Strategie des Weltkriegsgefreiten sinn- und verantwortungslos in Tod und Verderben gehetzt. Führer, wir danken dir! Es gärt im deutschen Volk: Wollen wir weiter einem Dilettanten das Schicksal unserer Armeen anvertrauen? Wollen wir den niedrigsten Machtinstinkten einer Parteiclique den Rest unserer deutschen Jugend opfern? Nimmermehr! Der Tag der Abrechnung ist gekommen, der Abrechnung der deutschen Jugend mit der verabscheuungswürdigsten Tyrannis, die unser Volk erduldet hat. Im Namen des ganzen deutschen Volkes fordern wir vom Staat Adolf Hitlers die persönliche Freiheit, das kostbarste Gut der Deutschen zurück, um das er uns in der erbärmlichsten Weise betrogen.«

So beginnt der Text des sechsten Flugblatts der studentischen Gruppe »Weiße Rose«, die seit Juni 1942 zum Widerstand gegen die Nationalsozialisten aufrief. Zusammen mit Alexander Schmorell, Willi Graf und Christoph Probst sowie dem Hochschullehrer Kurt Huber waren die Geschwister Hans und Sophie Scholl der Kern der Gruppe. 18. Februar 1943: Hans und Sophie Scholl legen im Lichthof der Münchner Universität die Flugblätter aus. Dabei werden sie vom Pedell Jakob Schmid entdeckt und an die Gestapo ausgeliefert. 23. Februar 1943: Die Enthauptung von Sophie Scholl nimmt nur wenige Sekunden in Anspruch, unmittelbar danach werden auch ihr Bruder Hans und Christoph Probst hingerichtet.

Deren Scharfrichter Johann Reichhart hatte allein im Jahr 1942 mehr als 760 Menschen auf der Guillotine exekutiert. Nach dem Ende des Zweiten Weltkriegs wurde er von der US-Militärregierung in Deutschland bis Ende Mai 1946 weiterhin als Henker beschäftigt. Während dieser Zeit vollzog er die

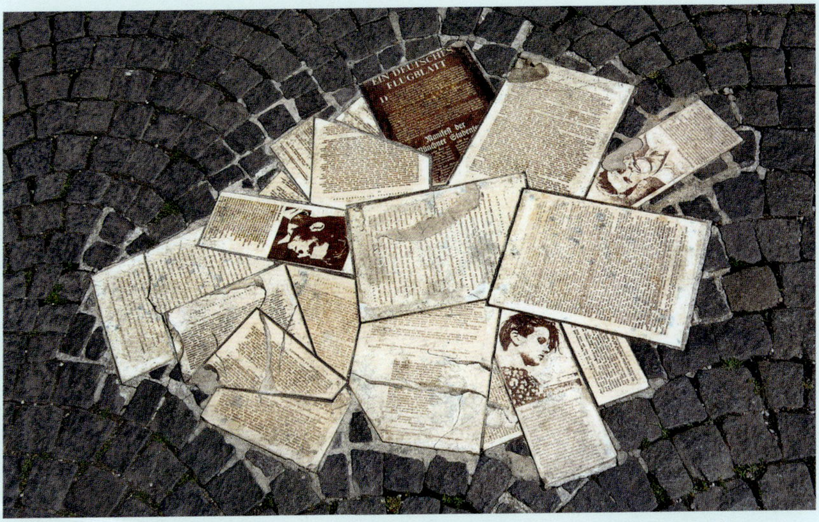

Flugblätter, Fotos und ein Abschiedsbrief: Bodendenkmal für die Mitglieder der Weißen Rose

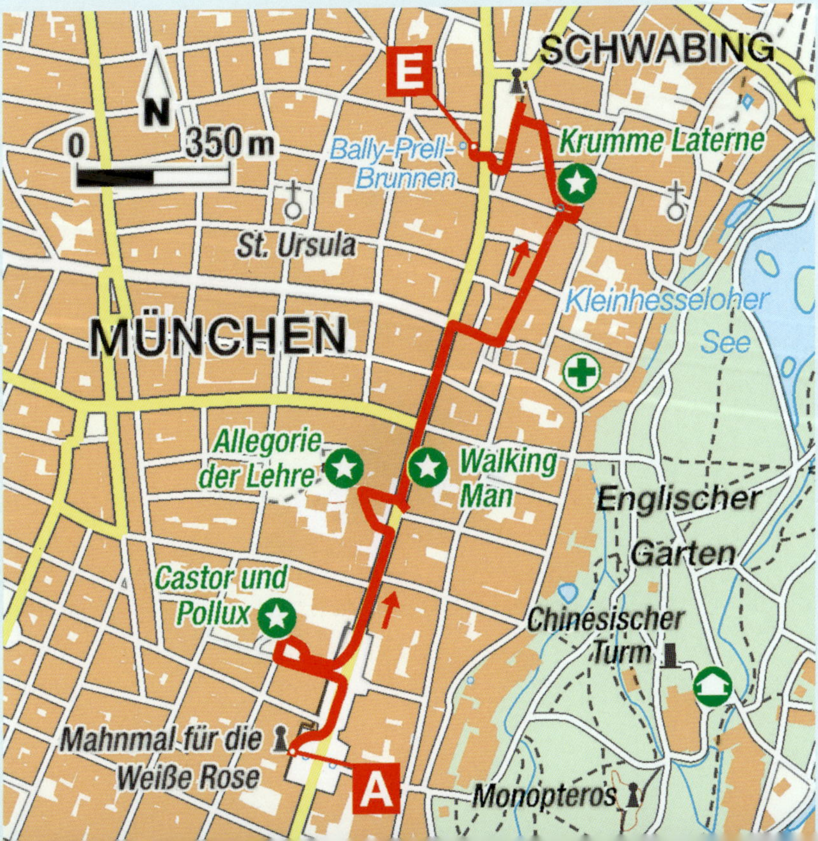

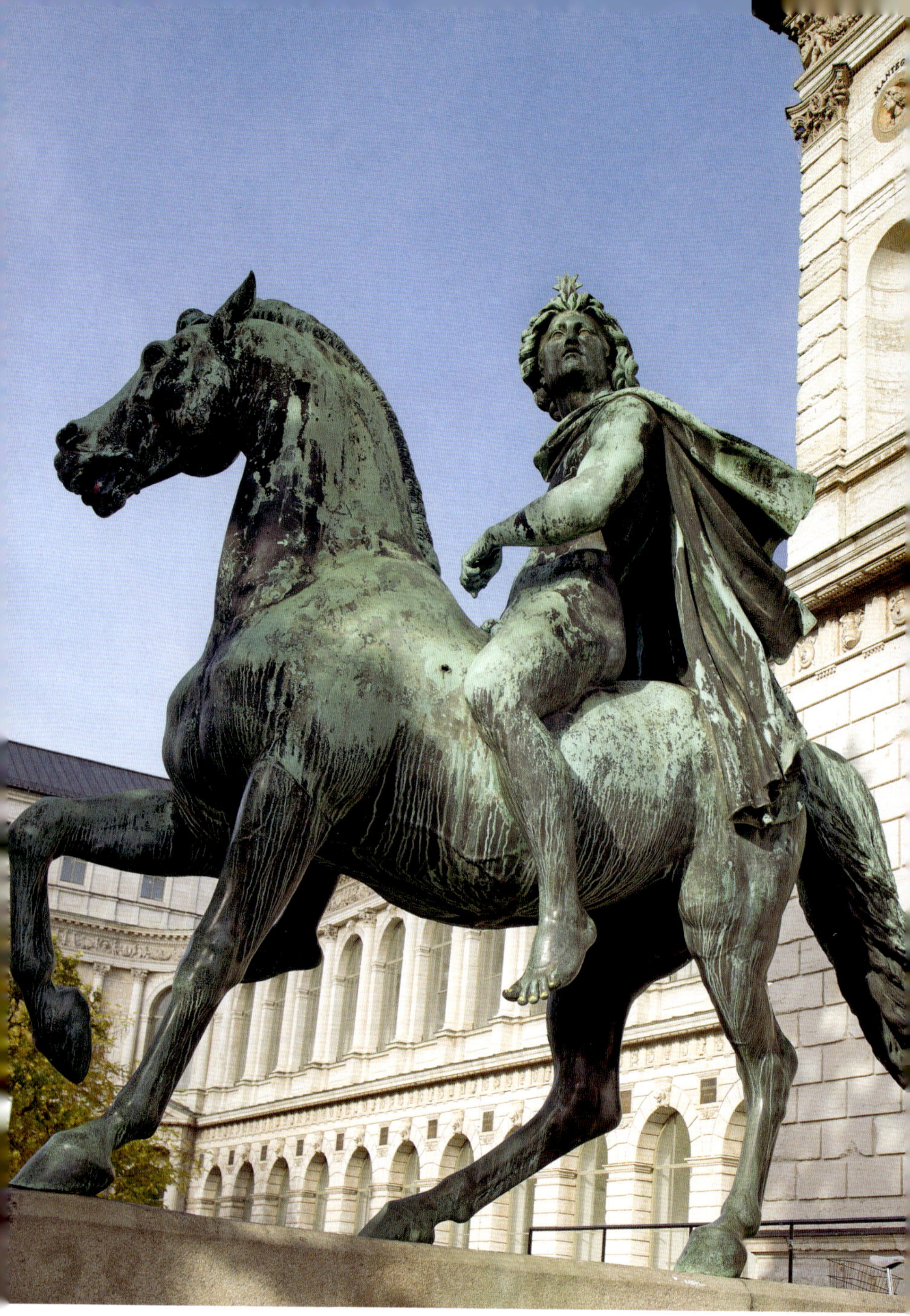

Die Reiterstatue des Pollux – Bruder Castor steht ihm gegenüber an der Freitreppe zur Akademie.

Hinrichtung von etwa 20 Kriegsverbrechern, die im Gefängnis Landsberg am Lech zum Tode am Galgen verurteilt worden waren.

66 MAHNMAL FÜR DIE WEISSE ROSE

Am Platz vor dem Haupteingang der Universität (Geschwister-Scholl-Platz/ Ludwigstraße) findet sich ein Bodendenkmal für die »Weiße Rose«. Dieses zeigt eine steinerne Nachbildung der Flugblätter, Porträtfotos und einen Abschiedsbrief von Willi Graf. Des Weiteren erinnern im Hauptgebäude der Universität eine steinerne weiße Rose und ein Relief mit den Porträts der Mitglieder der Gruppe in der südwestlichen Ecke des Lichthofs mit den eingemeißelten Namen der Mitglieder an die Widerstandsgruppe.

Jakob Schmid, der Mann, der »nur seine Pflicht getan« hatte und auch später zu keiner Reue oder Einsicht fähig war, wurde zu fünf Jahren Arbeitslager verurteilt, verlor seinen Anspruch auf öffentliche Bezüge sowie das Recht, ein öffentliches Amt auszuüben. Er wurde vorzeitig aus der Haft entlassen, und 1951 wurde sein Rentenanspruch wiederhergestellt.

67 CASTOR UND POLLUX

Ab Ende August ist das Sternbild Zwillinge am nordöstlichen Morgenhimmel sichtbar. Es ist etwa 3000 Lichtjahre entfernt und erstreckt sich über 24 Lichtjahre. Die markanten Sterne Castor und Pollux bilden die nordöstlichen Eckpunkte. In der griechischen Mythologie waren Castor und Polydeukes (lat. Pollux) unzertrennliche Zwillingsbrüder. Castor, von König Tyndareos von Sparta gezeugt, war menschlich und sterblich, während Pollux, von Zeus in Gestalt eines Schwans gezeugt, göttlich und unsterblich war.

Den sterblichen Castor und den Halbgott Pollux verband eine innige Bruderliebe, die eines Tages durch den Mord an Castor erschüttert wurde. Tieftraurig bat Pollux seinen Vater Zeus, ihm die Unsterblichkeit zu nehmen, damit er die Ewigkeit mit seinem Bruder teilen könne.

Gerührt von dieser Bruderliebe erlaubte Zeus, dass die beiden abwechselnd einen Tag im Totenreich und einen Tag im Olymp verbringen, dabei aber zu altern und später zu sterben. Als Belohnung für ihre Treue wurden

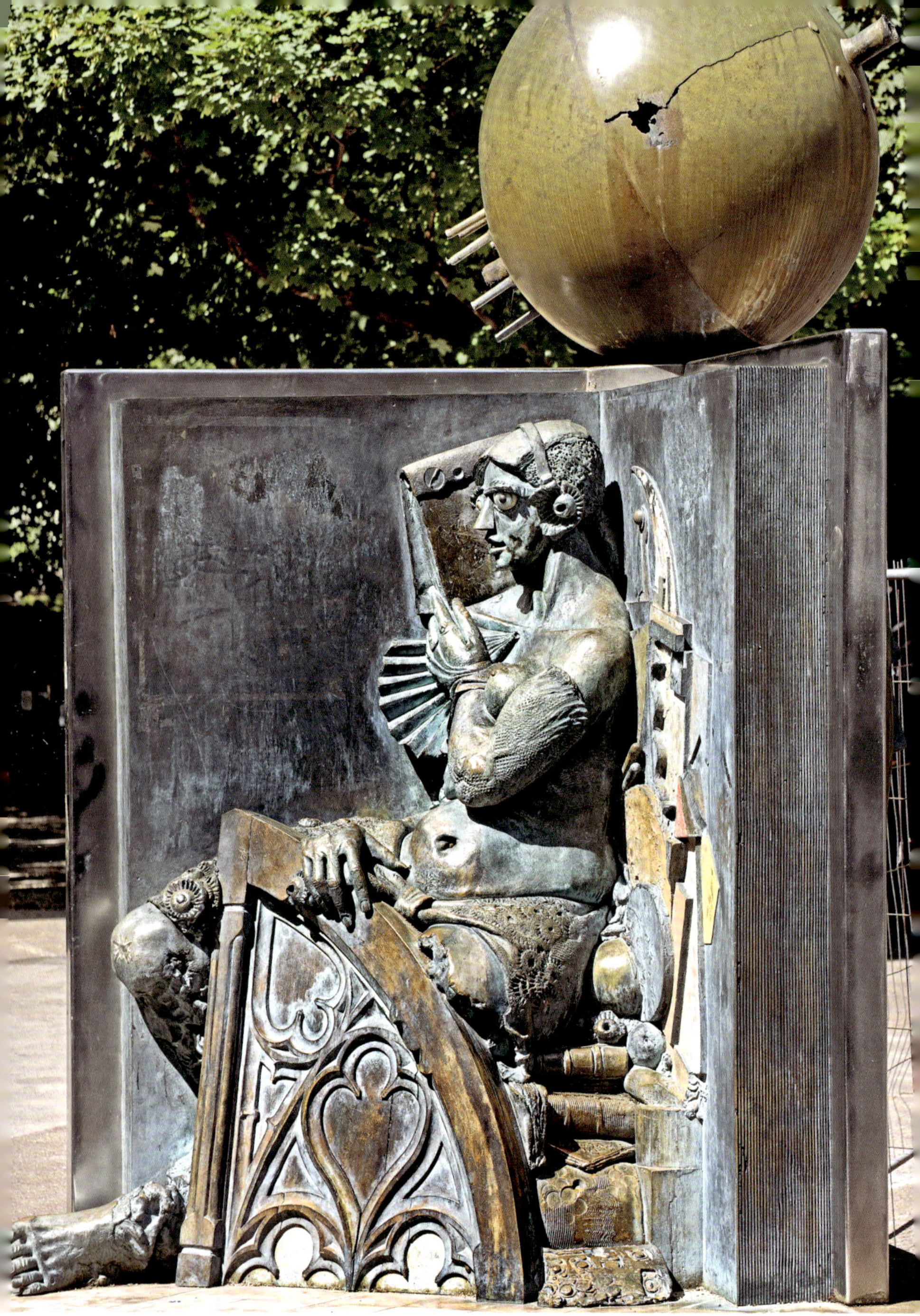

Jürgen Goertz' Werk »Allegorie der Lehre« fordert die Studierenden zur Interpretation heraus.

sie später als Sterne am Winterhimmel verewigt, ein Symbol für Bruderliebe und Kameradschaft. So wurden die beiden zu einem beliebten Motiv der Kunstgeschichte – etwa im Gemälde »Der Raub der Töchter des Leukippos« (1618) von Peter Paul Rubens.

Die Zwillinge göttlicher und menschlicher Herkunft stehen als überlebensgroße in Bronze gegossene Reiterfiguren rechts und links der Freitreppe zum Haupteingang der Akademie der Bildenden Künste in München, nur wenige Schritte vom Siegestor entfernt. Sie stammen von Max von Widnmann (1812–1895), der diese 1886 schuf. Im Jahr darauf wurde er von Prinzregent Luitpold zum »Ritter der bayerischen Krone« erhoben.

68 ALLEGORIE DER LEHRE

Man kann dem Bildhauer Jürgen Goerz (* 1939) keinen Mangel an Originalität vorwerfen. Goertz ist bekannt für ausdrucksstarke Plastiken aus Bronze und anderen Werkstoffen. Besonders in Süddeutschland sind viele seiner Werke als Kunst im öffentlichen Raum präsent. 1987 sorgte Goertz in Bietigheim-Bissingen mit dem umstrittenen »Kuh-riosum« (kein Schreibfehler!), einem Mischwesen aus lebendiger Kreatur und Maschine, für ein internationales Presseecho. Nicht weniger originell sind sein »S-Printing Horse«, die größte Pferdeskulptur der Welt, in Heidelberg und das »Rolling Horse« in Berlin. Es lohnt sich – das Internet macht's möglich – das interessante Werk dieses Künstlers näher in Augenschein zu nehmen.

»Mit meiner Kunst fordere ich eine pluralistische Gesellschaft zum gedanklichen Widerspruch heraus und erwarte von ihr besonnene Toleranz und den entsprechenden Respekt vor der Leistung eines Anderen …«

Auf dem Platz zwischen dem Universitätsgebäude an der Leopoldstraße 13, das aufgrund seines Anstrichs auch als »Schweinchenbau« bekannt ist, und dem Flachbau der Mensa befindet sich eine interessante Skulptur von Goertz.

Im Wesentlichen besteht diese aus der allegorischen Darstellung einer Frau vor einem offenen Buch, das auf einem gegossenen Betonsockel steht. Das Buch symbolisiert die Erhaltung und Weitergabe des Wissens. Die Flächen des Buches, sowohl die Seiten als auch der Buchdeckel, zeigen Bronzearbeiten des Künstlers. Diese Darstellungen umfassen Werkzeuge der Lehre und verschiedene Bereiche der Wissenschaft, die gemeinsam die Idee der »Allegorie der Lehre« (1984) repräsentieren. Die Platzierung von einer Reihe von Porträtmedaillons bekannter Hochschullehrer im Aufgang zum Platz gibt dem Ganzen den Charakter eines Ensembles.

69 WALKING MAN

Ein Blick zurück auf das Erscheinungsbild der Leopoldstraße: Mehr als 60 Jahre ist es her, dass sich diese Flaniermeile, die nach Prinz Leopold von Bayern, dem Sohn des späteren Prinzregenten Luitpold von Bayern benannt wurde, in eine Allee verwandelt hat. Denn erst in den 1960er-Jahren wurden hier die ersten Säulenpappeln gepflanzt. Links und rechts säumen sie die Leopoldstraße. In ihrem Schatten flanieren Scharen erlebnishungriger Schaulustiger, die einander das Fortkommen schwer machen und die vielen Cafés und Restaurants bevölkern, in denen bereits seit Jahren das »Sehen und Gesehenwerden« die zentrale Rolle spielt.

Auf die Frage, was denn früher das Merkmal gewesen sei, das die Leopoldstraße am besten charakterisierte, hätte niemand gezögert, die improvisierten Freiluftgalerien zu nennen, die an warmen Sommertagen und nach Einbruch der Dunkelheit Tausende Schaulustige anzogen. Denn auf dem östlichen Bürgersteig der Leopoldstraße wurden, an dieser sogenannten »Künstlermeile«, Unmengen eigenhändig hergestellter Arbeiten wie Gemälde, Grafiken und Skulpturen feilgeboten.

Würde man heute dieselbe Frage stellen, wäre die Antwort ohne Zweifel auf eine ungewöhnliche Monumentalfigur fokussiert, den »Walking Man«. Tief im Boden verankert steht sie seit 1995 an der Leopoldstraße vor dem modernen Geschäftsgebäude der Munich Re, der ehemaligen Münchener Rückversicherung, die das Werk im Rahmen ihrer Kunstförderung finanzierte. Stolze 17 Meter misst die Riesenplastik. Wäre der »Gehende Mann« lebendig, würde er wohl Schuhe der Größe 302 tragen.

Trotz seiner beeindruckenden Gesamthöhe wirkt die Skulptur keineswegs gigantisch oder erdrückend, sondern fast grazil. Diese Figur ist nach der Bavaria mit 18 Meter Höhe die zweitgrößte Monumentalplastik in der bayerischen Landeshauptstadt. Der Bildhauer, der sie konzipiert hat, der US-amerikanische Künstler Jonathan Borofsky, hat in verschiedenen Städten weitere beeindruckende Großplastiken geschaffen, beispielsweise den 30 Meter

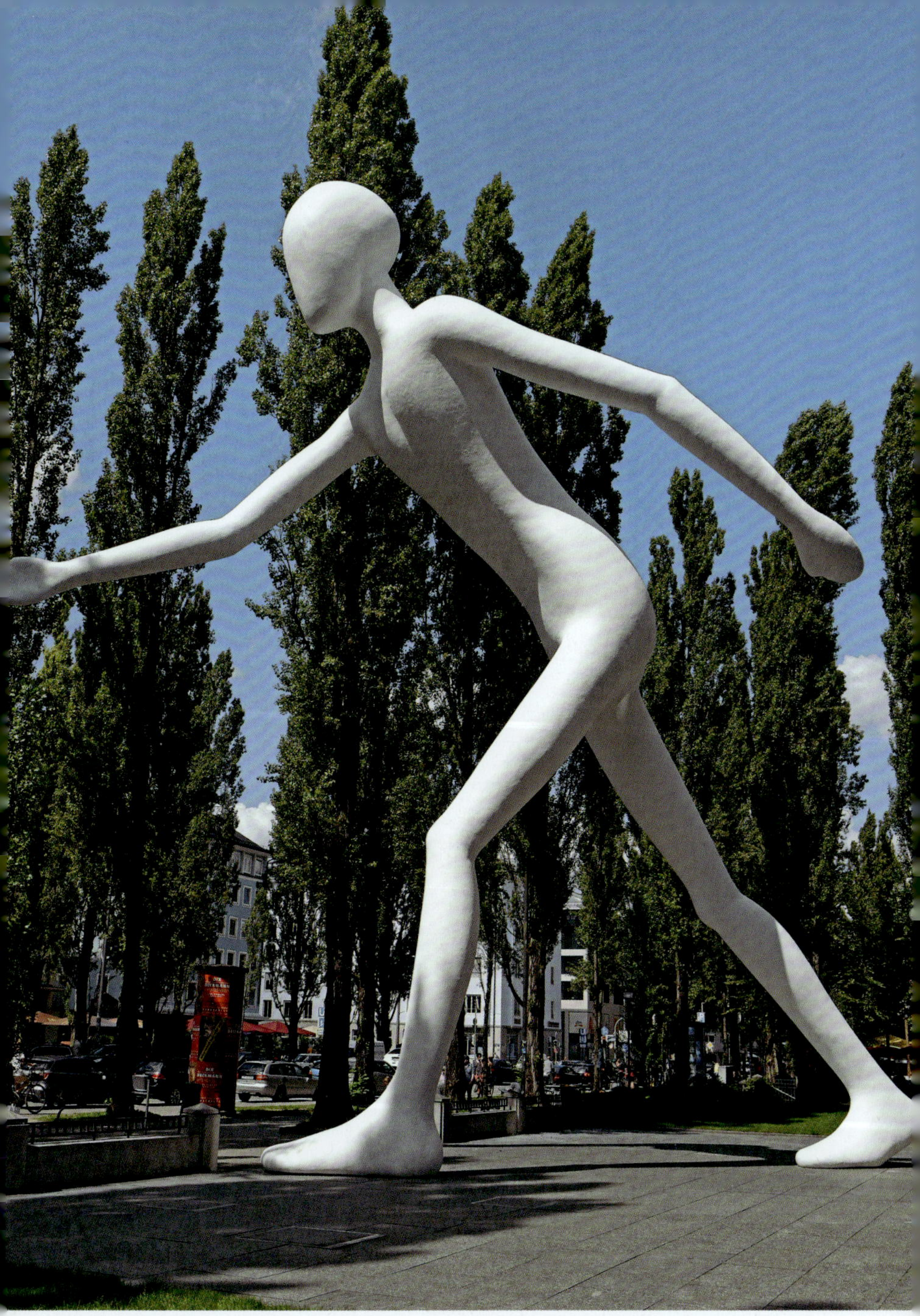

Riesig und doch filigran: die Monumentalskulptur »Walking Man« von Jonathan Borofsky

hohen »Molecule Man« in Berlin und den »Hammering Man«, der in über zehn Städten auf drei Kontinenten zu finden ist. Der weiße Riese, der für seinen Transport von Los Angeles nach München in neun Teile zerlegt werden musste, ist längst zu einem Wahrzeichen Münchens geworden.

70 WEDEKIND-BRUNNEN

Eine herausragende Künstlerpersönlichkeit aus der Zeit um die Jahrhundertwende in München war Frank Wedekind, eigentlich Benjamin Franklin Wedekind (1864–1918). Dieser Dramatiker und Satiriker spielte eine bedeutende Rolle in der Schwabinger Bohème und erlangte als »Bürgerschreck« große Bekanntheit. Seine erotischen Dramen »Lulu« und »Frühlings Erwachen« schockierten damals das prüde Bürgertum, und seine Theaterstücke mit gesellschaftskritischem Charakter sorgten für eine Revolution im Theater. Aufgrund seiner politischen Texte für die Satirezeitung »Simplicissimus« fand Wedekind sich sogar wegen »Majestätsbeleidigung« im Gefängnis wieder. Einige seiner Werke wurden lange Zeit zensiert. Eine Auswahl seiner Bonmots:

»Ein Zensor ist ein Beamter, der Dinge empfiehlt, indem er sie verbietet.«

»Man soll die Männer so nehmen, wie sie sind, und die Frauen, wie sie sein möchten.«

»Das glänzendste Geschäft in dieser Welt ist die Moral.«

»Immerhin finde ich es weniger unsittlich, von zwei Männern ein uneheliches Kind zu haben, als von einem zwei.«

Der Wedekind-Brunnen, der 1959 von Ferdinand Filler (1902–1977) geschaffen wurde, befindet sich auf dem Wedekindplatz, der einst als Dorfplatz von Schwabing fungierte. Der Brunnen aus fränkischem Muschelkalk zeigt eine auf einem Podest sitzende Muse mit langem Haar, die links von sich eine Lyra hat und gerade nach ihr greift. Die rechte Hand beschattet die Augen.

»Seltsam sind des Glückes Launen
Wie kein Hirn sie noch ersann
Dass ich meist vor lauter Staunen
Lachen nicht noch weinen kann.«

Bei diesen Worten, die auf dem Brunnen eingemeißelt sind, handelt es sich um die ersten Zeilen des Liedes aus dem Gedicht »Bajazzo« aus Wedekinds Drama »König Nicolo oder so ist das Leben«. Filler erhielt den Förderpreis der Stadt München (1959), den Kunstpreis der Akademie der Schönen Künste

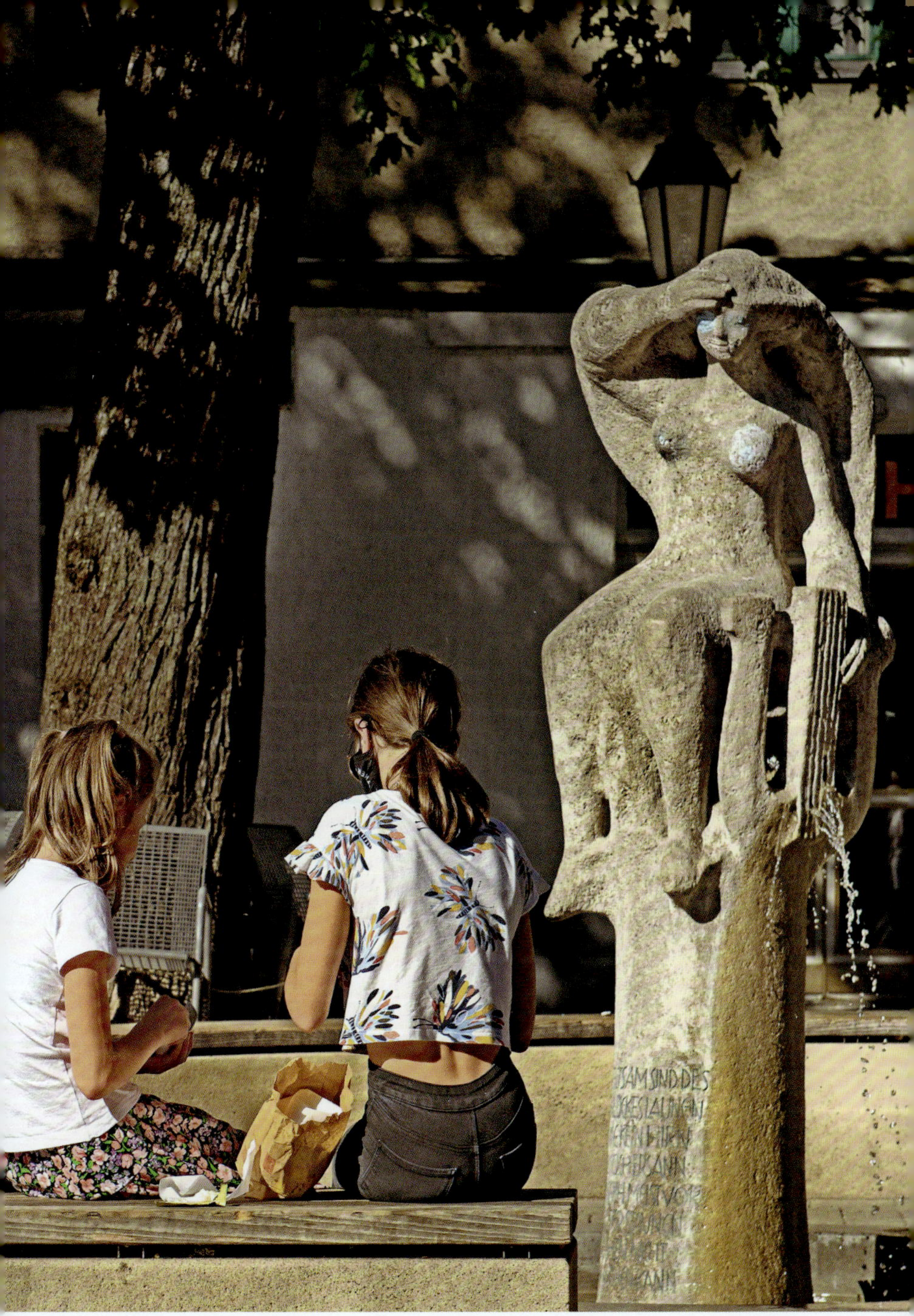

Der Wedekind-Brunnen setzt dem einstigen Enfant terrible der Theaterszene ein Denkmal.

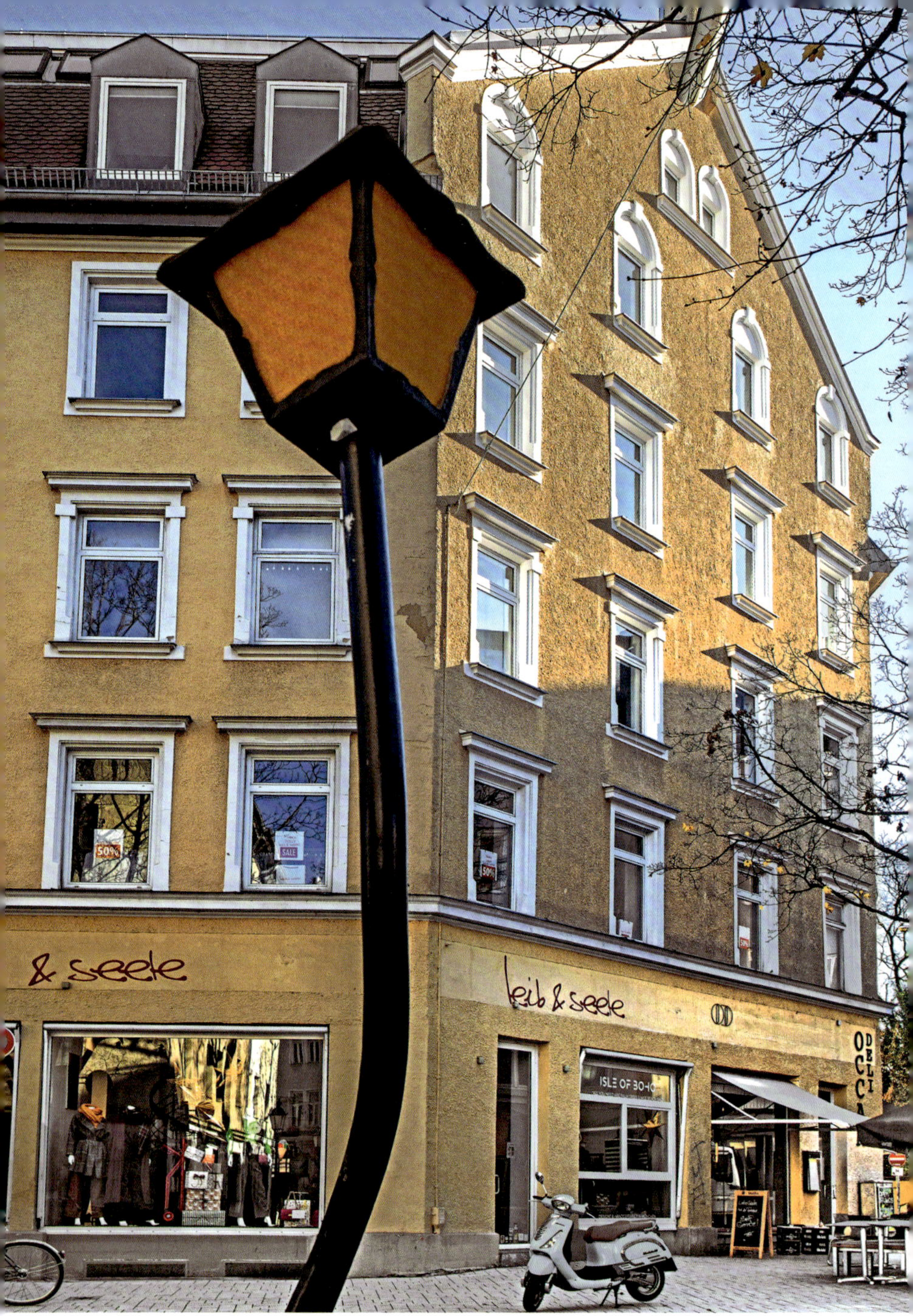

Die krumme Laterne leuchtet nahe dem Lokal, in dem die »Schwabinger Gisela« ihre Lieder sang.

(1959), den Schwabinger Kunstpreis (1964) und den Seerosenpreis (1968). Einen Einblick in sein interessantes Werk findet man unter ferdinandfiller.de.

71 DIE KRUMME LATERNE

Schwabing ist das Viertel, das vielleicht die positivsten Assoziationen zur bayerischen Hauptstadt weckt. Besonders Altschwabing steht für Münchens goldene Jahre. In der Nachkriegszeit gründeten hier Literaten den »Seerosenkreis«, der heute noch besteht. Mitte der 1950er-Jahre rief der Kabarettist Dieter Hildebrandt die »Lach- und Schießgesellschaft« ins Leben, in den 1960er- und 1970er-Jahren tummelten sich die begehrtesten Clubs vor allem in Schwabing. Diese »goldenen Zeiten« sind nur noch Erinnerung. Der Stadtteil ist zum Modeviertel für die Schickeria und Prototyp der Gentrifizierung geworden. Für viele Münchner ist Schwabing aber auch heute noch ein Lebensgefühl: nachmittags im Café, entspanntes Schlendern entlang der Leopoldstraße, milde Abende im Englischen Garten und Kleinkunst rund um die Münchner Freiheit.

Gisela Jonas-Dialer (1929–2014), auch unter dem Namen »Schwabinger Gisela« bekannt, war eine Chansonsängerin, die mit ihrem Lokal »Bei Gisela« in der Occamstraße, das sie 1952 eröffnete, eine wahre Institution schuf. In ihrem Lokal versammelten sich Menschen aller sozialen Schichten und Altersgruppen, darunter auch viele prominente Persönlichkeiten.

Mit ihrer tiefen Stimme trug die Schwabinger Gisela auch frivole Liedertexte vor, die bisweilen sogar die Gerichte beschäftigten. Es hieß von ihr: Sie sei *»eine gebildete Dame mit stark unzüchtigem Charakter«*.

» … Ich möchte für mein Leben gern Modell sein
Das könnte ein Geschäft eventuell sein
Die Kurven müssten spielend mich ernähren
Von meinen könnt' ich ziemlich lange zehren
Doch keiner will was Nacktes und Kompaktes
Die Ziegenbärte malen heut' Abstraktes
Konkret hätt' man mich nur ins Bett genommen
Aber der Novak lässt mich nicht verkommen …«

Am Klavier spielten beizeiten Udo Jürgens und Konstantin Wecker. Die Schwabinger Institution lockte Menschen aus aller Welt zu Gisela. Ihre Gästeliste umfasste internationale Berühmtheiten wie John Wayne, Juri Gagarin,

Leonard Bernstein, Orson Welles, Ava Gardner und Kirk Douglas, die gerne das Lokal besuchten, wenn sie sich in München aufhielten. Während ihrer Auftritte lehnte sich Gisela oft an eine Laterne, die deshalb zum Symbol für ausschweifende Nächte wurde. Heute steht diese in der Occamstraße und erinnert an die legendäre »Schwabinger Gisela«.

Weshalb die Laterne krumm ist? 1960 brauchte Gisela zur Verbesserung der Akustik eine neue Lautsprecheranlage. Als sie diese ins Lokal bauen ließ, stand die Laterne, von der sie sich auf keinen Fall trennen wollte, im Weg. So wurde die Laterne einfach um die neue Box herumgebogen.

72 HELMUT-FISCHER-/HELMUT-DIETL-DENKMAL

Helmut Fischer (1926–1997) war ein Münchner Schauspieler, der vor allem in seiner Rolle als charmanter Hallodri und Vorstadt-Casanova bekannt wurde. Sein Monaco Franze, ein 45-jähriger Münchner Kriminalkommissar und Lebemann, ist immer noch Kult, das steht außer Frage. Wenn es um den unvergesslichen »Stenz« – einen charmanten Weiberhelden – geht, sind sich alle einig und vertiefen sich gerne in leidenschaftliche Diskussionen über die besten Sprüche und schönsten Momente der Serie.

Unvergesslich die Szene der ersten Kontakts von Monaco mit der Elli, gespielt von Gisela Schneeberger: *»Das sage ich Ihnen gleich, im Fall, dass Sie mich ansprechen wollen. Da brauchen Sie sich gar ned anstrengen. Weil bei mir geht nix.« – »Gar nix, Fräulein?« – »Aber scho überhaupt nix.« – »Aber Fräulein, man sagt doch: ›A bisserl was geht immer‹.«*

Köstlich auch die Szene im Restaurant Fontana di Trevi. Monaco ist schwer beschäftigt mit den Ermittlungen in Sachen »italienische Angelegenheit« und führt jeden Abend junge Damen in italienische Lokale – rein dienstlich natürlich, weil er angeblich der Mafia auf der Spur ist. Ahnungslos freut sich Monaco auf ein Treffen mit Dolly, die mit ihm im Fontana di Trevi verabredet ist. Ein Treffen, das ihm Elli aber gründlich vermasselt: *»Mit wem ist sie verabredet, Tiziano?« – »Ich weiß es nicht, Elli.« – »Weißt du es wirklich nicht, Tiziano?« – »Nein, Elli« – »Wenn du es nicht weißt, da geh ich selber hin und frag sie.« – »Piano, Elli« – »Nix piano« … – »Immer das Gschiss mit der Elli.«*

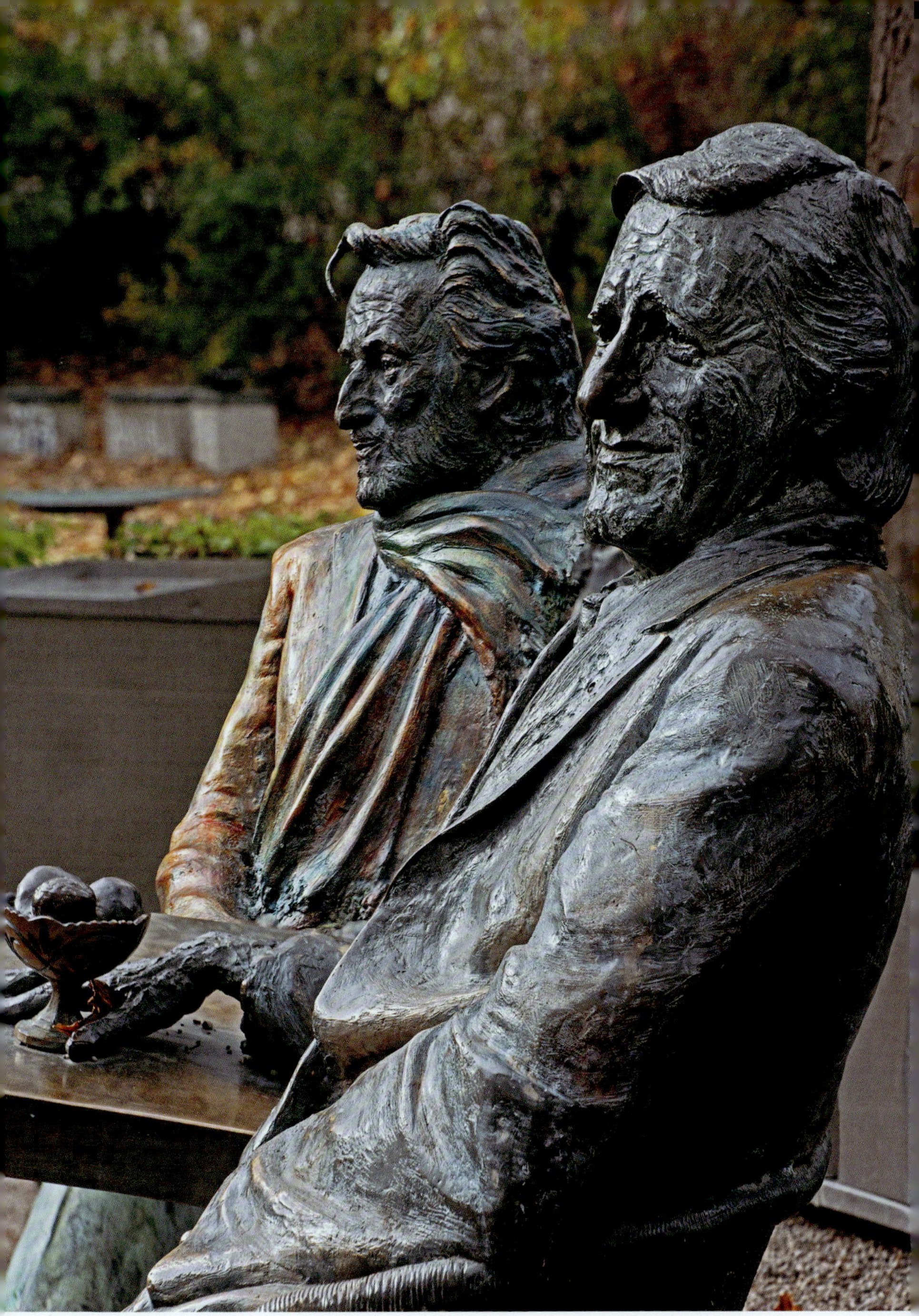

Münchner Legenden in Bronze: Schauspieler Helmut Fischer und Regisseur Helmut Dietl

Die beruflich entscheidende Begegnung Helmut Fischers war die Bekanntschaft mit dem Film- und Fernsehregisseur Helmut Dietl. Sie fand 1974 in seinem Schwabinger Stammcafé Münchner Freiheit statt. Daraus wurde eine lebenslange Freundschaft und berufliche Partnerschaft. 1978 engagierte ihn Dietl für die BR-Serie »Der ganz normale Wahnsinn«, in der Fischer auf Anhieb zum Publikumsliebling wurde. Ab 1979 spielte Fischer in der BR-Serie »Der Millionenbauer«. Sein wirklicher Durchbruch kam aber erst mit der Produktion »Monaco Franze«, die zur Kultserie wurde.

Helmut Fischer erhielt zahlreiche Auszeichnungen, unter anderen den Goldenen Gong für »Monaco Franze« (1983), den Bambi (1987 und 1990) und 1993 die Goldene Romy als beliebtester Schauspieler. 1999 wurde sogar ein Platz in Schwabing nach ihm benannt.

Nach dem Tod des Schauspielers im Juni 1997 bewarben sich mehrere Stadtbezirke um sein Andenken. Aber der damalige Oberbürgermeister Christian Ude setzte sich durch und gab Schwabing den Zuschlag. Bereits im November 1997 wurde die Skulptur an der Münchner Freiheit enthüllt.

Dem Bildhauer Nicolai Tregor ist mit seinem Werk etwas ganz Besonderes gelungen: Die Skulptur, die neben dem Spielplatz an der Münchner Freiheit vor dem Café Münchner Freiheit steht, zeigt den beliebten Volksschauspieler so, wie Millionen Fernsehzuschauer ihn erlebt und geliebt haben: als lässigen, charmanten Menschen in seiner Rolle als Monaco Franze.

Helmut Dietl (1944–2015) etablierte sich ab Mitte der 1970er-Jahre als Filmemacher. Bekannt wurde er zunächst durch die Fernsehserie »Münchner Geschichten«. In den 1980er-Jahren hatten seine Fernsehserien »Monaco Franze, »Der ewige Stenz« und »Kir Royal« einen herausragenden Erfolg. 1992 verfilmte er mit »Schtonk!« die Geschichte der gefälschten Hitler-Tagebücher.

Helmut Dietl wurde mehrfach ausgezeichnet, darunter 1987 und 1988 mit dem Adolf-Grimme-Preis, 1987 und 1992 dem Bambi und 1996 dem Bayerischen Filmpreis, nur um einige zu nennen.

Nach dem Tod von Helmut Dietl gab es Überlegungen, ihm ein Denkmal neben der Statue des Monaco Franze an der Münchner Freiheit zu errichten. Im November 2019 wurde schließlich der Künstler Nikolai Tregor mit der Umsetzung beauftragt. Fertig wurde die Arbeit bereits Ende 2020. Wegen der Corona-Pandemie sitzen die beiden Helmuts aber erst seit September 2022 nebeneinander im Café Münchner Freiheit.

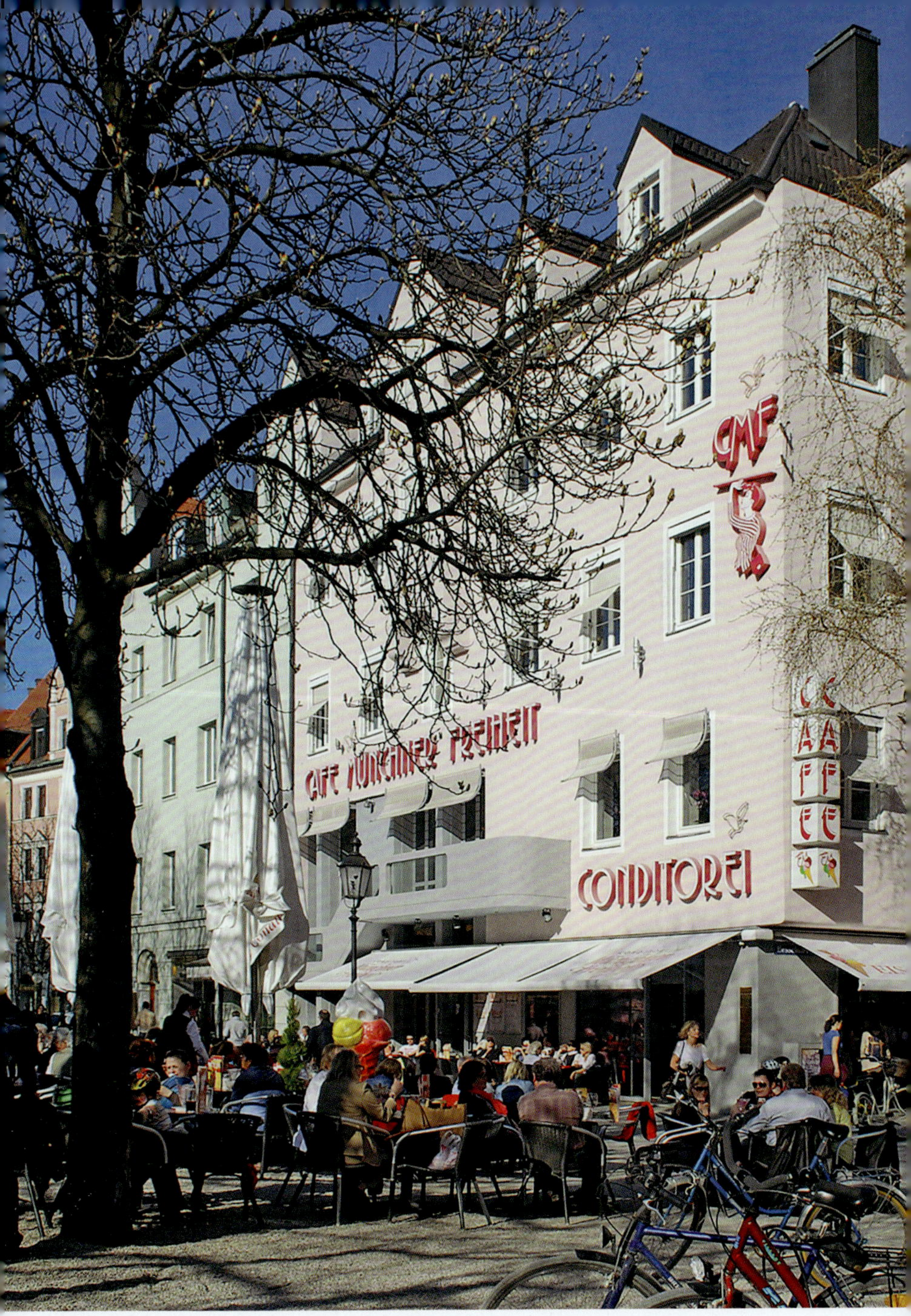

Das Café an der Münchner Freiheit: Auch Helmut Dietl und Helmut Fischer trafen sich hier.

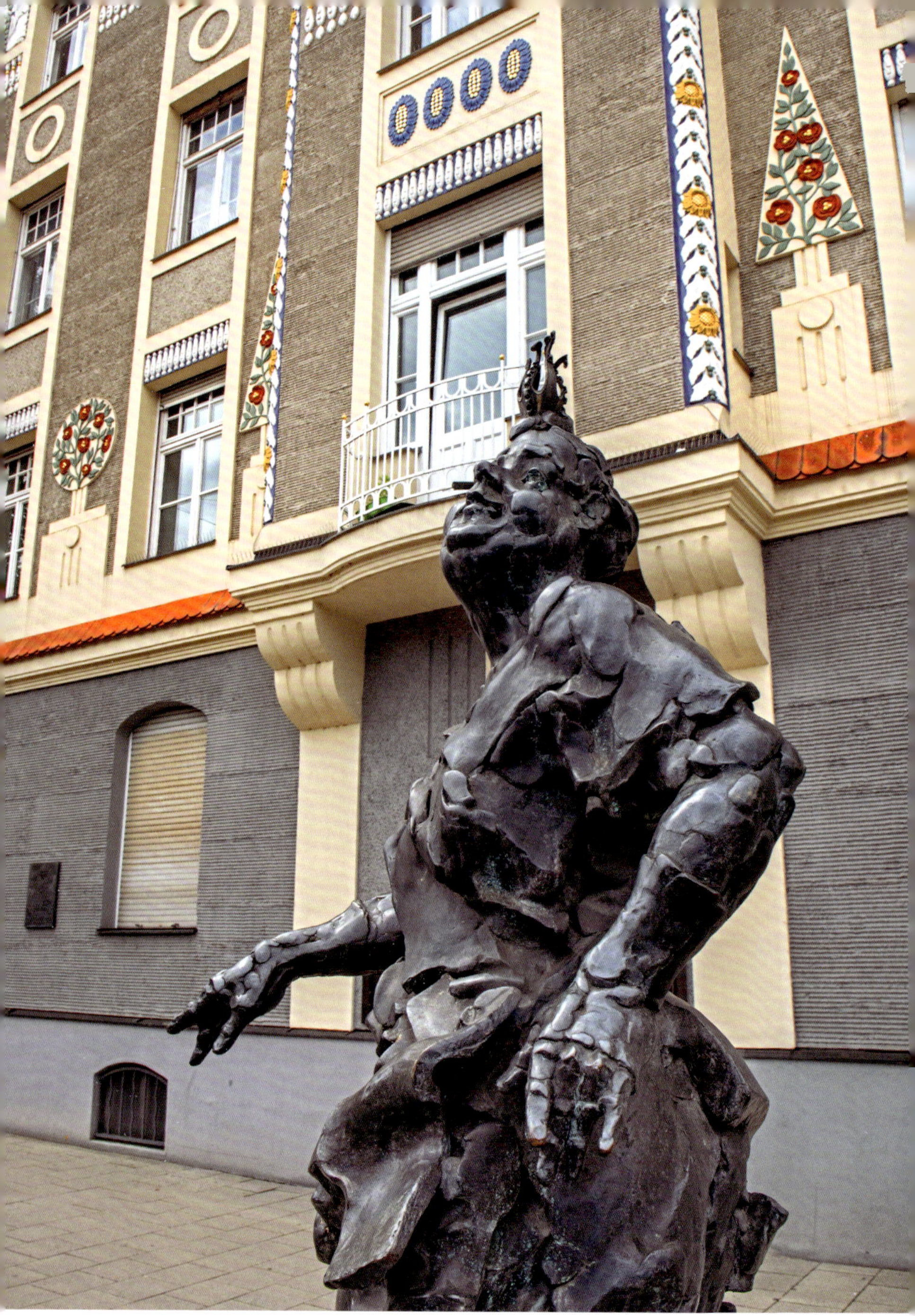

Der Bally-Prell-Brunnen von Bildhauer Wolfgang Sand steht vor dem Wohnhaus der Volkssängerin.

73 BALLY-PRELL-BRUNNEN

In der Leopoldstraße 77 in Schwabing steht vor einem wunderschönen Jugendstilhaus der sehr auffällige vom Künstler Wolfgang Sand (* 1957) entworfene Brunnen. Eine füllige Frauenfigur mit blumigem Rüschenkleid, einer Schärpe und einer kleinen Märchenprinzessin-Krone auf dem Kopf scheint auf dem Brunnenrand zu balancieren.

Der Brunnen ist eine Hommage an die Münchner Vortragskünstlerin und Volkssängerin Bally Prell, die in dem Haus geboren wurde und dort zeitlebens wohnte. Die Schwabingerin kam im Jahr 1922 unter dem Namen Agnes Pauline Prell auf die Welt. Den Namen »Bally« bekam sie angeblich, weil sie bei der Geburt so rund war. Ihr Vater Ludwig Prell war Komponist und Sänger, ihr Bruder Ferdinand ein herausragender Musiker, der jedoch bereits mit 20 Jahren an einer Lungenentzündung starb.

Bally war ebenfalls eine talentierte Sängerin: Bereits als Fünfjährige trat sie im Münchner Odeon auf und begeisterte die Zuhörer mit ihrer Stimme. Bally hatte ein sehr tiefes Organ, eine Tenorstimme, mit der sie auch klassische Arien singen konnte. Ihre Interpretation von Gaetano Donizettis Arie »Una furtiva lagrima« aus »L'elisir d'amore« ist hörenswert (YouTube macht's möglich). Ihre unvergleichliche dunkle Stimme geht wahrlich unter die Haut.

Aber für eine Frau mit einer derart »männlichen« Stimme und dazu noch einem nicht gerade zierlichen Körperbau gab es keine Rollen. So ist es nicht überraschend, dass die hochbegabte, stimmgewaltige junge Frau mit der üppigen Figur keinen Erfolg auf dem Konzertpodium hatte.

Am 31. Oktober 1953 trat sie dann zum ersten Mal mit einer humoristischen Nummer im Münchner Platzl auf. Mit ihrem Lied »Die Schönheitskönigin von Schneizlreuth«, einer Parodie auf die damals sehr beliebten Miss-Wahlen, die ihr Vater ihr buchstäblich auf den Leib geschrieben hatte, erntet sie ihren ersten großen Erfolg.

»Mich, die Salvermoser Zenz,
ham's zur Schönheitskonkurrenz
nach München aufig'schickt;
unter zwanzig solche Nassl
hab ich g'habt des Riesenmassl
und den örsten Prois gekrügt.«

»Ja, ja, jaja jaja ja –
daß dieses Wunder geschah,
das allein verdank ich nur
meiner zierlichen Figur.«

Neben dieser musikalischen Karikatur, die Bally unsterblich machte, wurde sie vor allem mit dem ebenso von ihrem Vater komponierten »Isarmärchen« bekannt, eine bis heute einzigartige Ode an das Millionendorf:

»Du schöne Münchner Stadt, sei tausendmal gegrüßt!
Wer einmal g'seh'n dich hat, dich nimmermehr vergisst.
Immer wieder kommt man gerne hin
zu dir des Bayernlandes Städte Königin.
Und wenn die Sonne und der blaue Himmel lacht,
und über dir und deines Landes Pracht,
rauscht die Isar ihr uraltes Liedlein dazu:
Schön wie ein Märchen, mein München, bist du!«

Der, dem beim Hören dieser Liebeserklärung an München keine »furtiva lagrima« (verstohlene Träne) entwischt, kann definitiv kein echter Münchner sein. Dem Platzl blieb sie bis an ihr Lebensende verbunden. 1956 und 1957 war sie auch in Filmen zu sehen, wie in »Heiraten verboten» und in »Zwei Bayern im Harem«. Das Privatleben dieser Frau blieb weitgehend unbekannt, verborgen hinter der Maske der Frau, die sich und ihre korpulente Figur parodierte, indem sie mit einem rosa Rüschenkleid, weiß-blauer Schärpe und goldenem Krönchen auftrat und sang: *»Ha, bin ich vielleicht nicht schön?«*

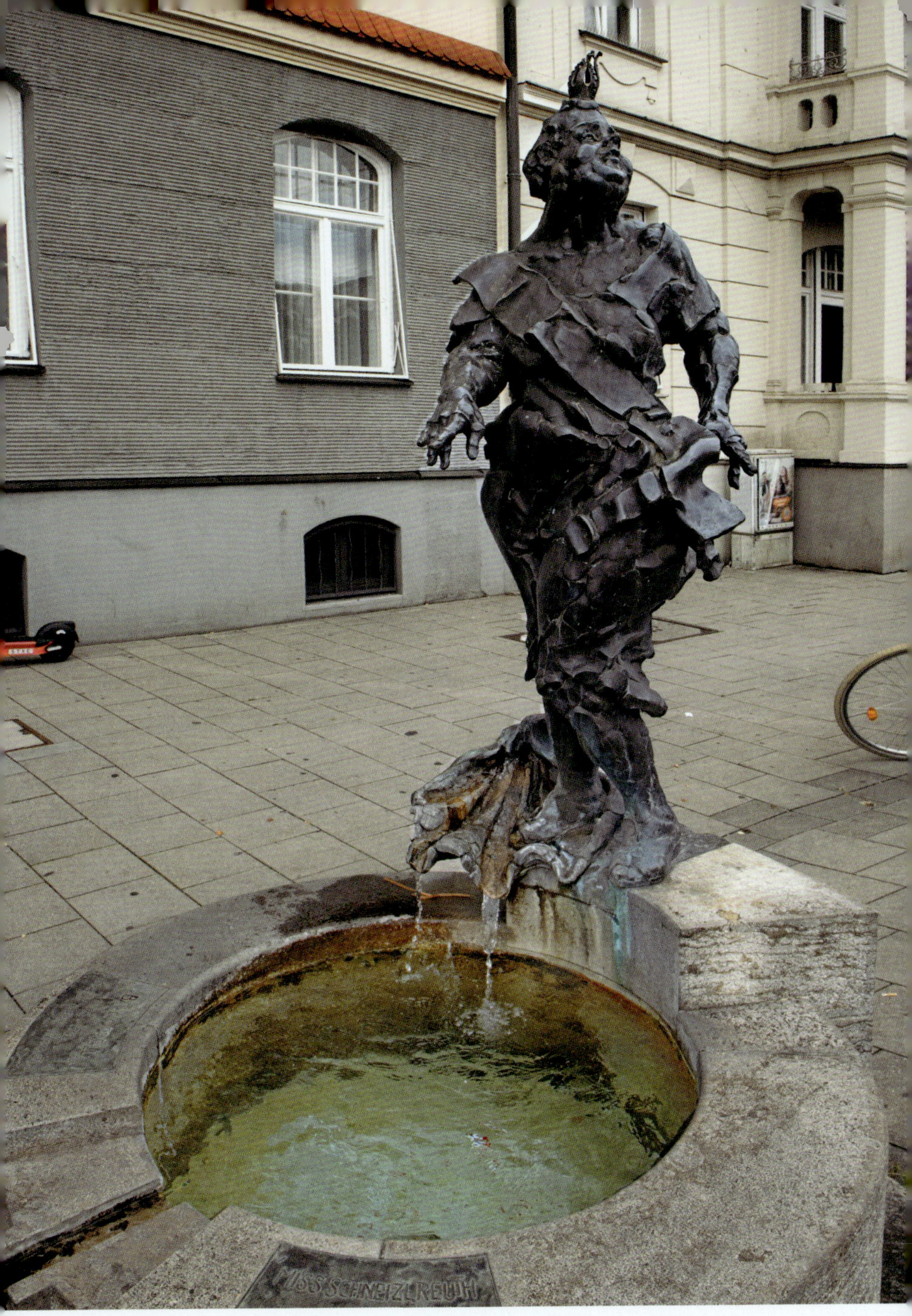

Die Bronzefigur erinnert an Bally Prells Paraderolle als »Schönheitskönigin von Schneizlreuth«.

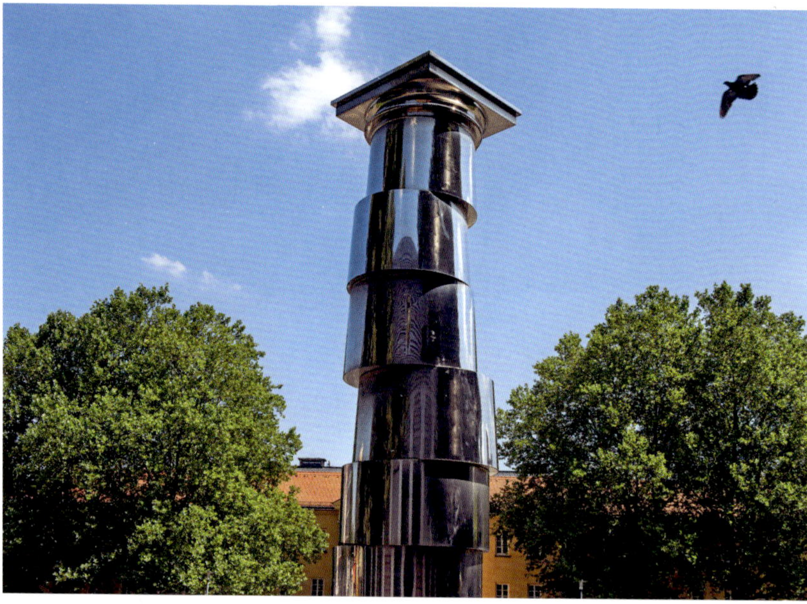

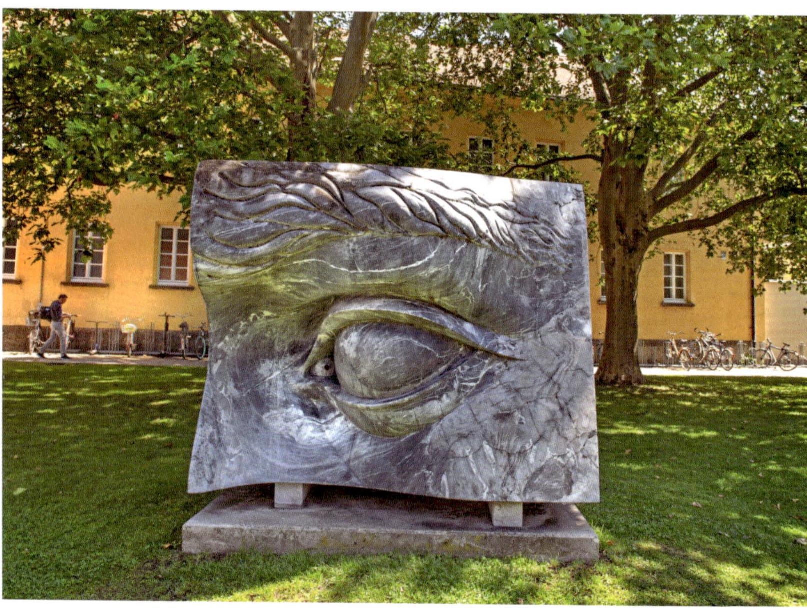

▲ Einer der vier Bestandteile des Werkes von Anne und Patrick Poirier: die Säule »ohne Titel«
▼ Das »Oculus memoriae« und zwei weitere Augen erwarten die Betrachter.

Am Nordbad

Das Nordbad und das Stadtarchiv in Schwabing liegen sich auf beiden Seiten der Schleißheimer Straße gegenüber. 1989 bestand der Plan, diesen Abschnitt der Schleißheimer Straße zu einem städtischen Platz umzugestalten, doch dies wurde nicht umgesetzt. Stattdessen entstand eine vierteilige Kunstinstallation des französischen Künstlerpaars Anne und Patrick Poirier.

74 OCULUS MEMORIAE, OCULUS OBLIVIONIS, OCULUS HISTORIAE

»Wir bestehen aus Erinnerung. Die Erinnerung ist das, was uns ausmacht. Ohne Erinnerung sind wir in einem ewigen Jetzt Lebende, ohne Vergangenheit noch Zukunft. Es gibt keine Erinnerung ohne dieses enorme und mächtige Gegengewicht des Vergessens«, so die Überzeugung von Anne und Patrick Poirier. Vor dem Nordbad stehen zwei quaderförmige monumentale Skulpturen aus grauem Marmor, aus denen jeweils ein Auge samt Nasenansatz und Augenbraue herausgearbeitet wurde. Sie flankieren den Eingang zum Nordbad. Die Skulpturen stellen in überdimensionaler Vergrößerung die linke Augenpartie von Michelangelos »David« (»Oculus memoriae«, Auge der Erinnerung) und die rechte Augenpartie der berühmten Statue (»Oculus oblivionis«, Auge des Vergessens) dar. Die Blöcke sind Teil einer vierteiligen Installation, deren andere Teile eine Säule und das »Oculus historiae« (Auge der Geschichte) vor dem gegenüberliegenden Stadtarchiv sind.

Das »Oculus historiae« ist in die Fassade des Stadtarchivs eingelassen und hat die Form eines Emblems. Die konvexe vergoldete Scheibe aus Aluminiumguss trägt ihren Titel als Inschrift. Die 8,50 Meter hohe Säule aus Edelstahl vor dem Eingang zum Stadtarchiv trägt den Namen »Ohne Titel«. Sie ist in sich gebrochen, die sieben Segmente sind gegeneinander versetzt. Auf der Säule ruht eine Tafel, die einem aufgeschlagenen Buch ähnelt. Die Namen der Skulpturen haben einen unmittelbaren Bezug zur Thematik des Werkes: die Erinnerung und ihr Spannungsverhältnis zum Vergessen.

Direkt an der Ecke Schleißheimer-/Hohenzollernstraße befindet sich das schicke Café Bellevue. Wer im ersten Stock aus den Panoramafenstern schaut, hat in der Tat einen »schönen Blick«, zum Beispiel auf die Kunstinstallation.

Entlang der Isar

An der Isar trifft Großstadt auf Natur, und auch die Kunst gesellt sich hier seit jeher gerne dazu. Von namhaften Altmeistern bis zu gefragten Newcomern – die Werke entlang des Flusses sind beeindruckend, bisweilen irritierend oder einfach nur wunderschön.

Benötigen Sie spätabends noch frische Backwaren, Ansichtskarten, Briefmarken, Zeitschriften, Tabakwaren? Ober dürstet es Sie in einer heißen Sommernacht nach einem kalten Getränk? Am legendären Kiosk an der Reichenbachbrücke, den es hier bereits seit 1904 gibt, werden Sie fündig – und das rund um die Uhr! Hier spürt man noch echtes Münchner Lebensgefühl. Wo sonst kommen so ganz selbstverständlich Surfer, Geschäftsleute und Touristen auf ein kühles Bier zusammen? Das Angebot umfasst mehr als 300 Biersorten. Auch für Heißhungerattacken nach längeren Gärtnerplatz-Bartouren ist der Kiosk eine begehrte Adresse.

Unser Spaziergang entlang der Lebensader Münchens beginnt hier, etwa 100 Meter von der U-Bahn-Station Fraunhoferstraße entfernt. Die 1842 gebaute Reichenbachbrücke verbindet das angesagte Glockenbachviertel mit der eher ruhigen Au und ist sehr beliebt bei Fußgängern, Joggern und Radfahrern, insbesondere wegen ihrer großartigen Aussicht: Von einer Seite aus kann man die langen Schornsteine des Heizkraftwerks sehen und die St.-Maximilian-Kirche im traditionsreichen Münchner Glockenbachviertel, auf der anderen Seite öffnet sich der Ausblick auf die benachbarte Corneliusbrücke mit der Museumsinsel und dem Deutschen Museum.

Als man sich im Jahr 1902 wegen des starken Verkehrsaufkommens dazu entschloss, die hölzerne Reichenbachbrücke durch eine Betonbrücke zu ersetzen, wurde die Holzbrücke übergangsweise – mit elf Winden und dicken Stahlseilen – innerhalb von wenigen Stunden um 25 Meter in Richtung Süden verschoben. An ihrem alten Platz entstand ein Neubau aus Beton, der 1903 für den Verkehr freigegeben wurde. Die Gestaltung der Brücke verantwortete Friedrich von Thiersch. »Eingerahmt« ist die Brücke von vier imposanten Skulpturen aus grauem Muschelkalkstein, dessen offenporige, raue Oberfläche

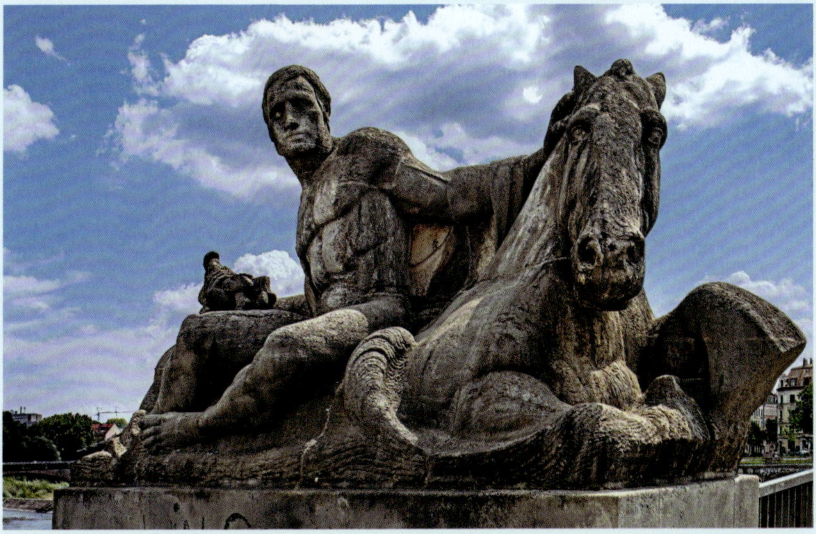

Frühe Arbeit von Mauritius Pfeiffer: die Skulptur »Meergott auf Seepferd«

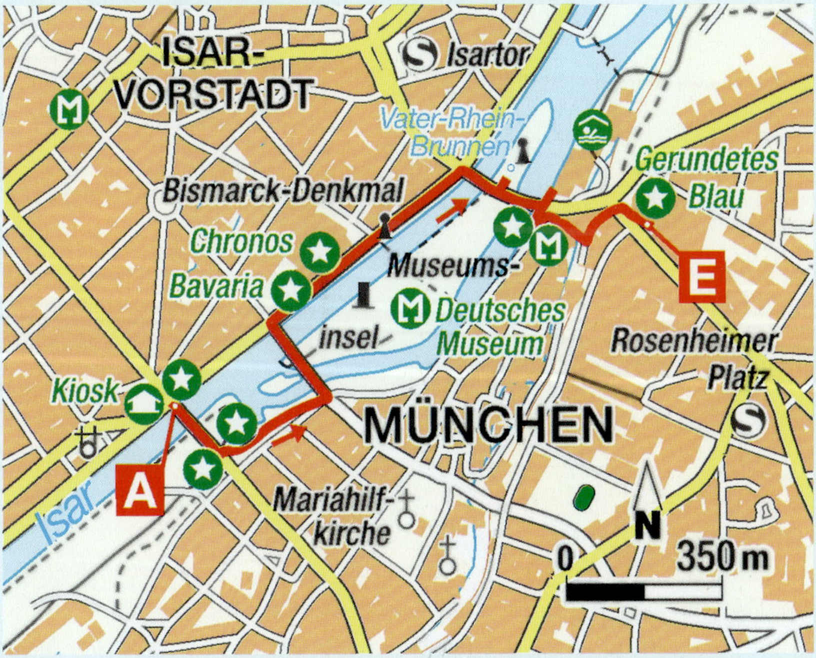

den Werken eine ganz besondere Körperlichkeit vermittelt. 1920 wurde zur künstlerischen Gestaltung der Pfeiler ein Wettbewerb ausgeschrieben. Die Skulpturen sollten einheimischen jungen Künstlern die Möglichkeit bieten, ihr gestalterisches Talent zu beweisen. Im Juli 1925 waren die Figuren schließlich fertiggestellt. Alle wurden aus einzelnen Quaderstücken modelliert und anschließend zusammengesetzt.

Für Interessierte: Muschelkalk ist ein Kalkstein, der eine Vielzahl von Fossilien und Muscheln enthält – Relikte von Lebewesen, die vor über 250 Millionen Jahren das fränkische Urmeer bevölkerten.

75 INDUSTRIE UND LANDWIRTSCHAFT

Direkt neben dem Kiosk befindet sich die Steinfigur »Industrie und Landwirtschaft« des Bildhauers Eugen Mayer-Faßold (1893–1973). Er gewann für diese Arbeit zwei erste Preise. In der bayerischen Landeshauptstadt gestaltete er unter anderem den Fischerbrunnen auf dem Nikolaiplatz.

76 MEERGOTT AUF SEEPFERD

Auf der gegenüberliegenden Seite der Brücke kann man die Statue »Meergott auf Seepferd« als Symbol der Wasserkraft von Mauritius Pfeiffer bewundern.

77 SPIEL DER WELLEN

Die Skulptur »Spiel der Wellen«, erschaffen von Fritz Koelle (1895–1953) im Jahr 1920, wurde 1925 auf der Reichenbachbrücke aufgestellt. Die Muschelkalkplastik zeigt eine sitzende Frau, die sich mit der einen Hand an den Kopf und mit der anderen Hand an den Knöchel fasst. Von Koelle stammen auch andere bekannte Figuren in München, darunter die von den Nationalsozialisten verfemte »Blockwalzer«-Skulptur und »Der Isarflößer« in Thalkirchen.

78 BADENDE

Die Skulptur »Badender weiblicher Akt« auf der gegenüberliegenden Seite der Brücke ist ebenfalls ein Werk von Fritz Koelle.

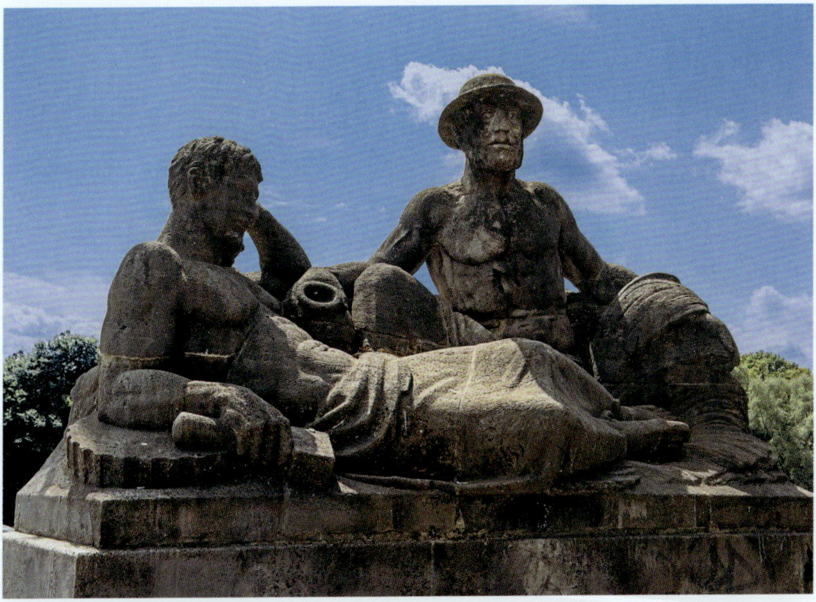

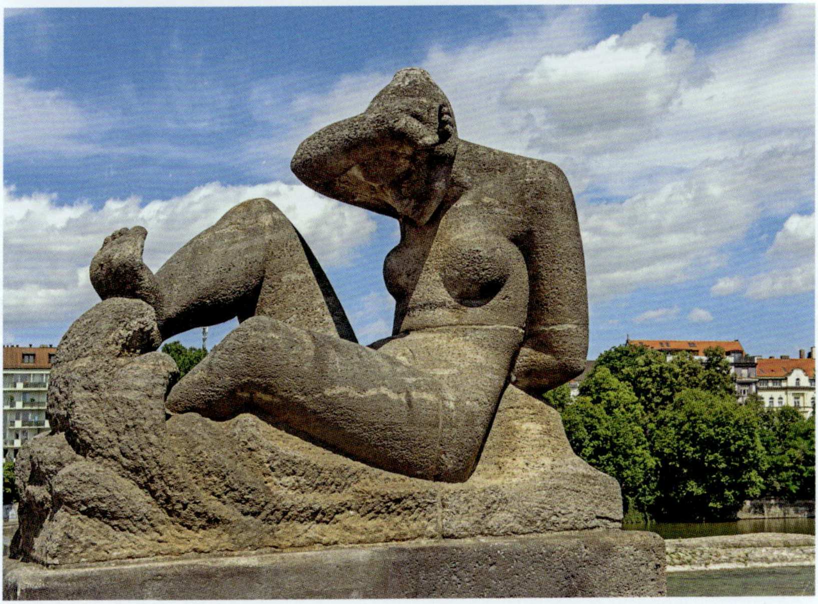

▲ Mit »Industrie und Landwirtschaft« stellte Eugen Mayer-Faßold sein Talent unter Beweis.
▼ Aus einzelnen Steinquadern gefertigt: die Skulptur »Spiel der Wellen« von Fritz Koelle

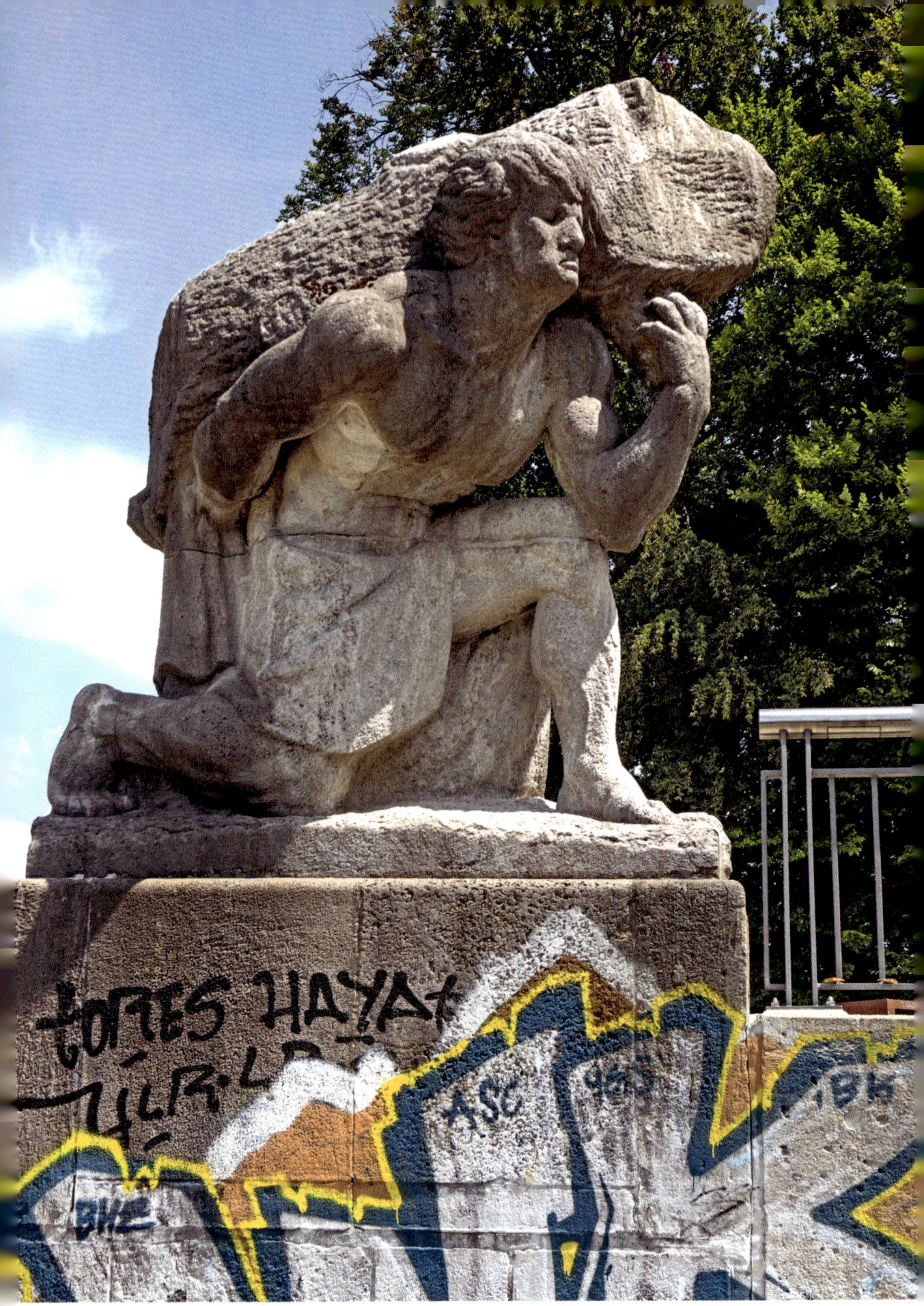

Die Skulptur eines Holz sammelnden Mannes stellte Rupert von Miller ans Ufer der Isar.

79 DER HOLZ SAMMELNDE MANN

Dort, wo eine Treppe bei der Brücke hinunter zum Ufer führt, schleppt sich Tag für Tag ein stattlicher Mann mit einem riesigen Holzbrocken ab. Es sieht aus wie ein Hinkelstein. Die Steinfigur zeigt einen Holz sammelnden Mann. Geschaffen hat das Werk Rupert von Miller (1879–1951). Er war ein Enkel des Erzgießers Ferdinand von Miller (1813–1887).

Unsere Route führt uns nun durch den nordöstlichen Teil der Frühlingsanlagen entlang der Eduard-Schmid-Straße – ein perfekter Ort zum Entspannen. Ob auf einer Bank im schattigen Bereich oder auf dem Kiesstrand gegenüber dem Deutschen Museum, hier findet man Ruhe. Über eine schmale Treppe gelangt man auf Höhe des Deutschen Museums zum Isarstrand hinunter. Der Blick auf das Museum verleiht diesem Ort, der selten überfüllt wirkt, einen intimen Charme. Besonders an Wochentagen ist die Anzahl der Sonnenanbeter überschaubar. Ein Aufenthalt hier könnte beliebig verlängert werden, und die Zeit scheint sich fast zu verlieren.

An der Ecke Bereiteranger und Eduard-Schmid-Straße gibt es zudem ein kleines empfehlenswertes Café, das Café Hüller, das allzu leicht zu einem Lieblingsort werden kann. Ein bodenständiges und gemütliches, ein wenig alternativ aussehendes Café, in dem Atmosphäre und Preis stimmen, und in dem man auch jederzeit alleine sitzen kann, ohne bedrängt zu werden.

80 BAVARIA

Über die Corneliusbrücke gelangt man zurück auf das linke Isarufer und zur Erhardtstraße, und nach dem Passieren der Brücke ist der nächste kleine Kunstspot erreicht. Dort erwartet uns nämlich die kleine »Bavaria«.

Jeder kennt die monumentale Statue »Bavaria« auf der Theresienwiese und ihre Bedeutung für München. Seit 2021 hat sie jetzt eine kleine Schwester an der Isar. Es handelt sich um eine fast identische Kopie, geschaffen von der renommierten polnischen Künstlerin Alicja Kwade (*1979) – eine Frau, die normalerweise sehr konzeptionell und vor allem ungegenständlich arbeitet.

Das Kopieren des Originals erfolgte zwar per Scan, aber Alicja Kwade änderte einige Details. So nahm sie der Original-Bavaria ihre Siegesattribute, den Löwen und das Schwert. Der Eichenkranz, der im Original triumphal gegen Himmel gehalten wird, als ein Bayerisches Nationalsymbol gegen die Franzosen, hängt hier schlapp herab. Und schon wirkt die Skulptur ganz friedlich und zugänglich. Dadurch kommt die Bavaria heraus aus ihrer Rolle, allein eine Allegorie zu sein, um zu einer tatsächlichen Frau zu werden, mit einem humanisierten, menschlichen Maß. Zumal sie nicht auf einem Sockel steht und keine Ruhmeshalle im Hintergrund das Erhaben-Monumentale betont. Die Bronzefigur ist exakt so groß wie die Künstlerin. Auch die wenig repräsentative Lage der Statue an der Erhardtstraße soll diese Abkehr vom Klassengedanken hin zum Demokratischen symbolisieren.

81 CHRONOS

Wenn man die Erhardtstraße entlanggeht, mag man vielleicht darüber sinnieren, wie es hier aussähe, wenn das Schnellstraßenprojekt der »Isarparallele« verwirklicht worden wäre. Ganz ohne kleinere Blessuren ging es aber auch hier nicht. Weil man gewillt war, für die Stadtentwicklung *»neue Gestaltungslösungen anzunehmen und zu verwirklichen«*, konnte es in den 1970er-Jahren nicht vermieden werden, dass Teile der durch stattliche gründerzeitliche Wohnhäuser charakterisierten Erhardtstraße trotz heftiger Proteste dem Bau des Europäischen Patentamts geopfert wurden. Nicht viele wissen heute, dass München im Jahr 1945 so stark zerstört war, dass ernsthaft darüber nachgedacht wurde, die einstige Metropole aufzugeben und stattdessen eine neue Stadt am Starnberger See zu errichten. Es ist Karl Meitinger zu verdanken, dem ersten Stadtbaurat Münchens nach dem Krieg, dass die bayerische Landeshauptstadt an der Isar blieb und wiederaufgebaut wurde.

Was man auch immer von der Ästhetik des inzwischen denkmalgeschützten Baus des Europäischen Patentamts (EPA) halten mag, man kann kaum behaupten, dass sich der verspiegelte kolossale Glasbau homogen in die Umgebung einfügt. Zweifelsohne bildet er einen starken Kontrast zu den Gebäuden aus der Gründerzeit und zum ehrwürdigen Deutschen Museum. Dieser Kontrast wird noch von einem Kunstobjekt verstärkt, das man immerhin bemerkenswert finden kann: das kinetische Objekt »Chronos 10 B« des ungarischen Künstlers Nicolas Schöffer (1912–1992) aus dem Jahr 1979.

Die fast 14 Meter hohe und zwölf Meter breite mechanische Skulptur, die sich um sich selbst dreht, besteht aus rostfreiem Stahl mit 23 rotierenden

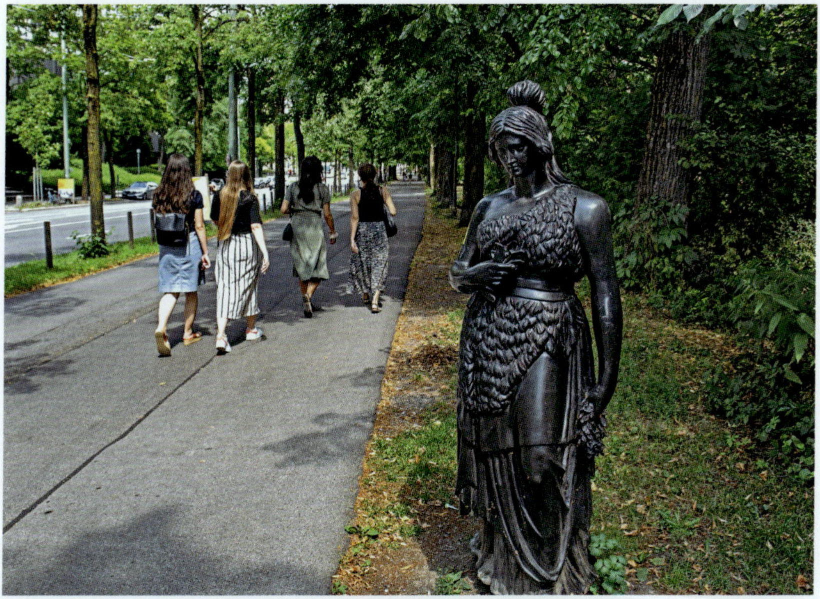

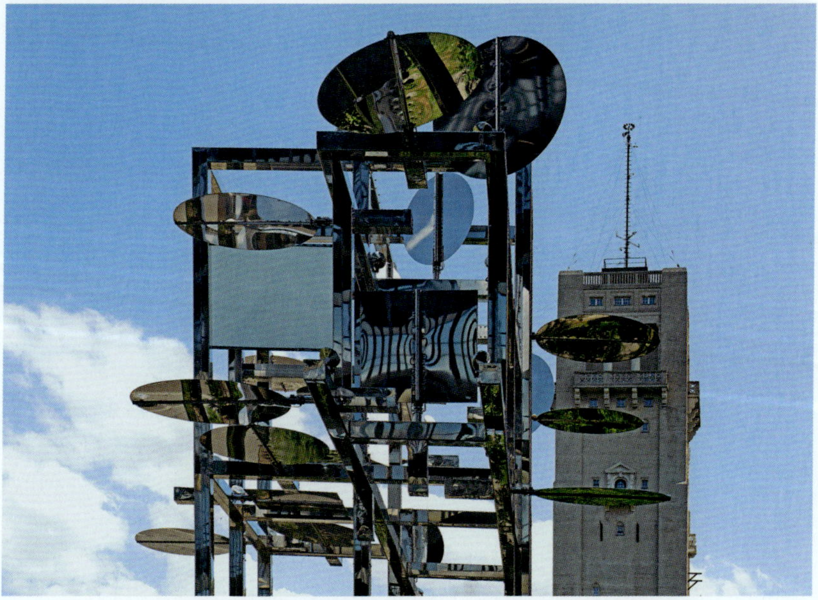

▲ Alicja Kwade hat ihre Version der »Bavaria« auf menschliche Maße reduziert.
▼ Die Skulptur »Chronos 10 B« von Nicolas Schöffer kommuniziert über Licht und Spiegel.

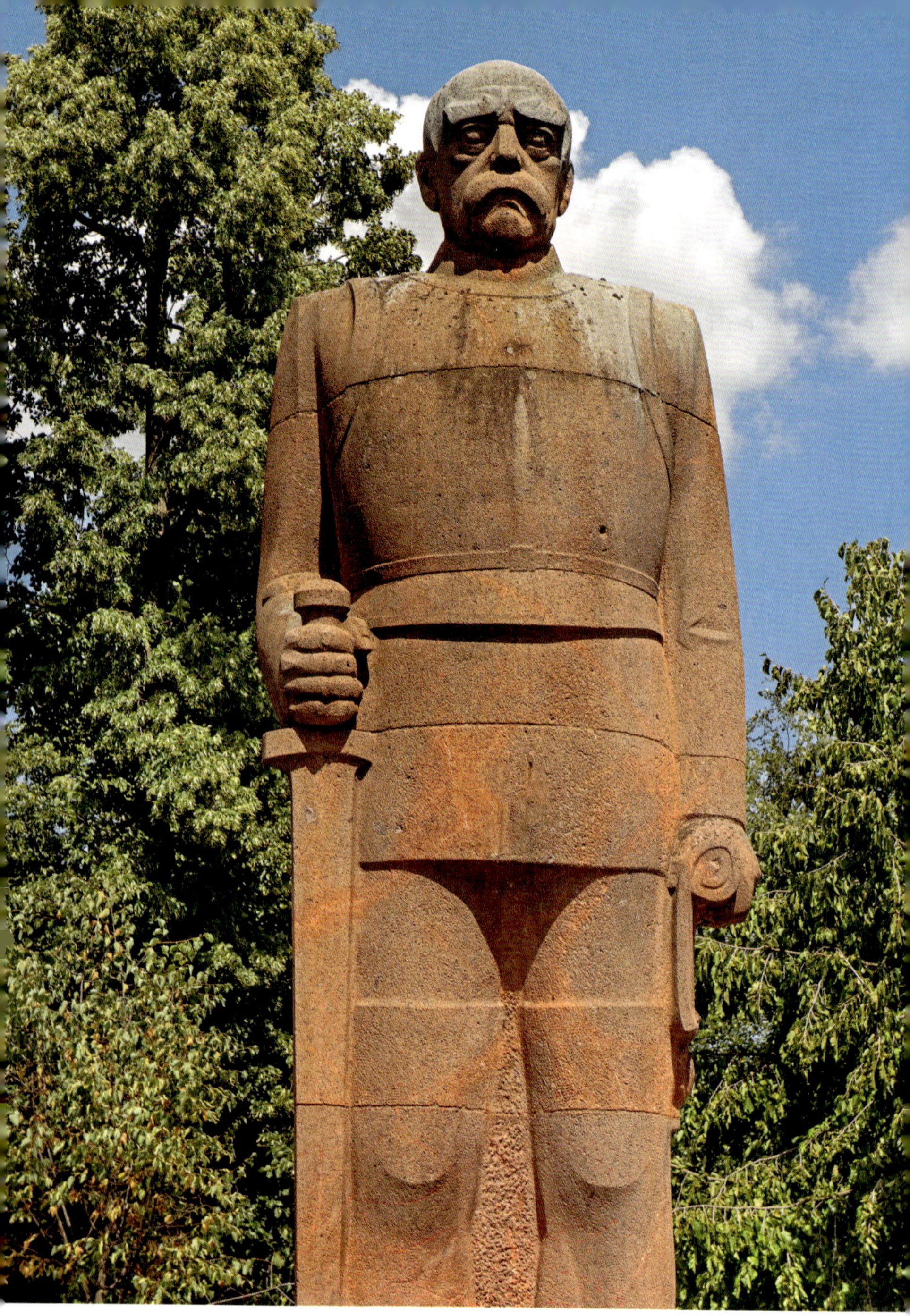

Die umstrittene Bismarckstatue des Bildhauers Fritz Behn an der Boschbrücke

Spiegeln. Nachts werden diese von Scheinwerfern angestrahlt. Ihre spiegelnden Flächen, die sich wie bei einem Mobile verändern, um Licht und Umgebung einzufangen, erzeugen über weite Distanzen sichtbare vergängliche Bilder. Durch das wechselnde Lichtspiel in den Abendstunden soll der Kommunikationsaustausch zwischen dem deutschen Patent- und Markenamt, dem Deutschen Museum und dem EPA symbolisiert werden.

82 BISMARCK-DENKMAL

Nach weniger als 100 Metern entlang der Erhardtstraße stößt man auf der rechten Straßenseite auf das monumentale Standbild zu Ehren des einstigen Reichskanzlers Fürst Otto von Bismarck. Diese beeindruckende Statue wurde 1931 vom Münchner Bildhauer Fritz Behn (1878–1970) geschaffen. Sie zeigt den Staatsmann in überlebensgroßer Darstellung, wobei er in seiner rechten Hand ein Schwert hält, das zum Boden gerichtet ist. Die Umsetzung in Rochlitzer Porphyr erfolgte durch den Steinmetzmeister Rödl.

Ab 1868 wurden deutschlandweit Bismarckdenkmäler errichtet, die den ersten deutschen Reichskanzler ehren sollten. Diese Denkmäler symbolisierten die Anerkennung und Wertschätzung für den »Schmied des Reiches«. Sie spiegelten auch den Stolz auf Deutschlands internationale Bedeutung in Wissenschaft, Industrie und Sozialpolitik sowie auf dessen militärische Stärke und vorbildliche Verwaltung wider. Insgesamt gibt es schätzungsweise etwa 700 Bismarck-Denkmäler in Deutschland.

Die Kritik an der Erinnerungskultur wächst weltweit, insbesondere im Zusammenhang mit der Kolonialpolitik. Koloniale Denkmäler werden gestürzt, Straßen und Plätze umbenannt. In Deutschland ist ebenfalls eine Diskussion über das koloniale Erbe entbrannt, und Bismarck spielte dabei nach Ansicht seiner Kritiker eine unbestreitbare Rolle bei der Aufteilung Afrikas.

Bei der Errichtung des Bismarck-Denkmals in München gab es von Anfang an Kritik. Der Industrielle Paul Reusch hatte die Statue für die Ehrenhalle des Deutschen Museums gestiftet, obwohl der Museumsgründer Oskar von Miller stets die Haltung vertreten hatte, sein Haus müsse unpolitisch bleiben, und deshalb die Aufstellung des Denkmals verweigerte.

So erfolgte die Enthüllung der Statue am 11. September 1931 sang- und klanglos an der Eingangsseite des noch im Bau befindlichen Kongresssaals des Deutschen Museums. Dieser »unfeierliche« Akt wurde von einem Teil der Medien scharf kritisiert. Der Bildhauer Behn sah sich veranlasst, einen Tag nach der Aufstellung einen Lorbeerkranz mit Trauerflor und der Inschrift »*In Trauer, in Scham*« am Denkmal niederzulegen.

Weil aber die öffentliche Kritik am Standort des Denkmals anhielt, wurde dieses im Jahr 1934 von der Museumsinsel an seinen heutigen Standort nördlich der Boschbrücke verlegt.

83 VATER-RHEIN-BRUNNEN

Was halten Sie von einem Urlaub an der Isar-Riviera? Sonnenschein, Aperol Spritz schlürfen, im Liegestuhl am weißen Sandstrand liegen – und das Hunderte Kilometer vom Meer entfernt. Mehr braucht man nicht zum Glücklichsein, statt des Meeresrauschens rauscht die Isar.

Die sogenannten Stadtstrände Münchens sind wahre Urlaubsinseln und nicht mehr aus dem Bild der Isarmetropole wegzudenken. So ein Stadtstrand, eine Sommeroase mit einem Hauch von Karibik, wird regelmäßig von den Urbanauten, einer Münchner Initiative für die Auseinandersetzung mit dem öffentlichen Raum, organisiert und findet entweder auf dem Balkon der Corneliusbrücke oder am Vater-Rhein-Brunnen statt. Hier auf der Museumsinsel spenden Lindenbäume statt Palmen Schatten, und der Vater-Rhein-Brunnen sorgt für Erfrischung. Das Wasser des Brunnenbeckens ist 60 Zentimeter tief – ideal, um die müden Füße zu kühlen.

Die Museumsinsel ist eine Flussinsel in der Isar, auf der sich der Hauptstandort des Deutschen Museums befindet. Auf dem Teil der Insel, der nördlich der Ludwigsbrücke liegt, standen im 19. Jahrhundert mehrere Gebäude und bis 1906 ein Kalkofen. Heute ist dieser Abschnitt bis auf den Vater-Rhein-Brunnen, der 1932 aufgestellt wurde, unbebaut und Teil des Landschaftsschutzgebiets an der Isar.

Der Brunnen, der dem Flussgott Rhenus gewidmet ist, wurde vom Münchner Bildhauer Adolf von Hildebrand (1847–1921) geschaffen. Zu dessen Werk gehören weitere bekannte Brunnen in München, etwa der Wittelsbacherbrunnen, der als Hildebrands Hauptwerk gilt, und der Hubertusbrunnen.

Bis 1919 stand der Vater-Rhein-Brunnen in Straßburg. Nach dem Einmarsch französischer Truppen am Ende des Ersten Weltkriegs wurde er wegen

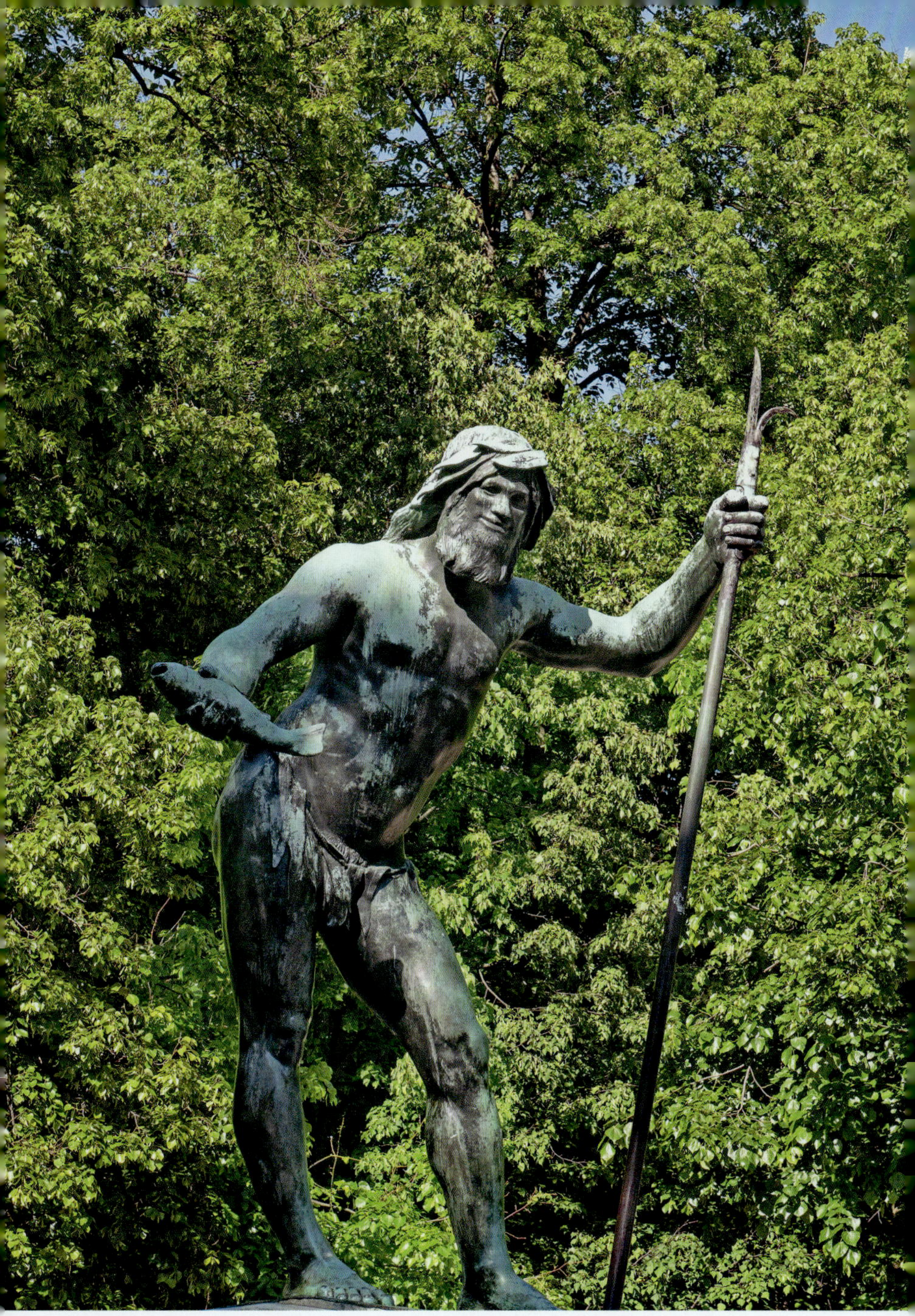

Treffpunkt auf der Museumsinsel: der Vater-Rhein-Brunnen mit der Figur des Flussgottes

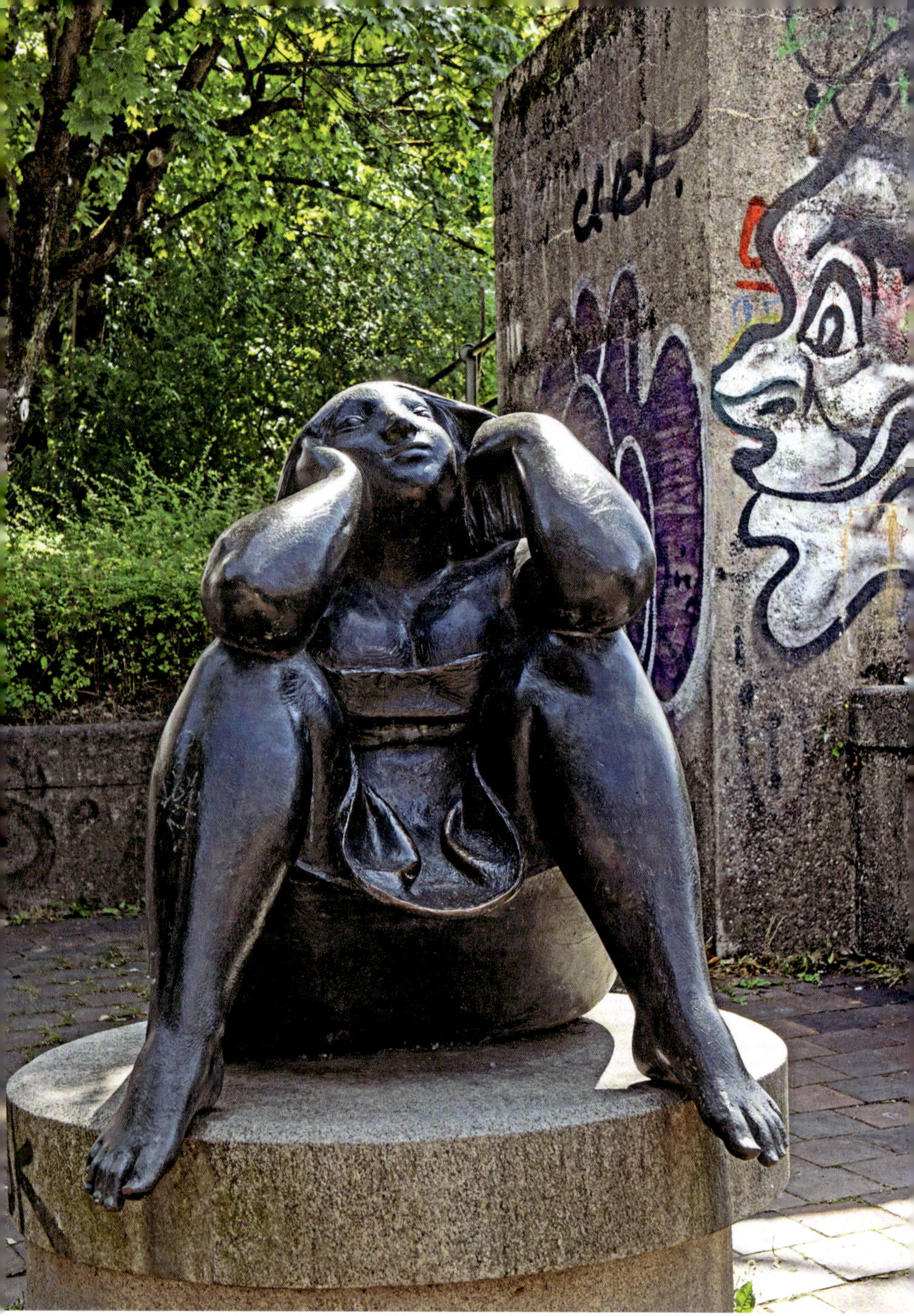

Lebensfroh: die Plastik »Bukolika« des Bildhauers Martin Mayer an der Ludwigsbrücke

der anti-deutschen Stimmung abgebaut. Erst 1929 gelangte die Bronzefigur von Straßburg nach München, wo sie 1932 auf der Praterinsel an ihrem heutigen Standort mit einigen Originalteilen sowie Nachbildungen verlorener Elemente neu aufgestellt wurde.

Bis Ende 2024 ist der Vater-Rhein-Brunnen wegen der Sanierungsarbeiten an der Ludwigsbrücke leider nur von dieser aus zu betrachten.

84 BUKOLIKA

Direkt am Isarufer, gleich nach der Fußgänger- und Radunterführung unter der Ludwigsbrücke, können wir die Plastik »Bukolika« bewundern. Die Frauenfigur mit üppigen Oberschenkeln und breiten Hüften schuf der renommierte deutsche Bildhauer, Grafiker und Maler Martin Mayer (1931–2022). Entspannt sitzt die korpulente Frauenfigur auf einem Sockel. Diese Formen entsprächen seiner Vorstellung von Form, sagte Mayer einmal, der es übrigens nicht schätzte, als Künstler bezeichnet zu werden. *»Ich bin Bildhauer«*, betonte er. *»Künstler nennt sich heute jeder.«* Die »Bukolika« – das Wort »bukolisch« ist ein Ausdruck für ländlich, idyllisch, friedvoll, malerisch – wirkt, als sei sie eine Runde in der Isar geschwommen. Nun genießt sie die angenehme Wärme der Sonne, um sich zu trocknen und zu erholen.

Wesentlich bekannter ist Mayers Werk »Olympia Triumphans«, jene Großplastik einer Athletin, die seit 1973 wie ein großes Y aus einem Hügel im Olympiapark ragt. Mit den Händen auf einer Kugel balancierend, streckt die Figur ihre Beine gespreizt in Richtung Himmel. Das bekannteste Werk von Mayer dürfte allerdings der bereits beschriebene Keiler vor dem Jagdmuseum sein, denn in der Fußgängerzone ist es unmöglich, nicht an ihm vorbeizukommen, zumal die Figur buchstäblich nach einem Selfie ruft. Weniger bekannt sind dafür Mayers »Franziskus« auf dem Sankt-Anna-Platz im Lehel, die »Haarwaschende« in Sendling und der »Orpheus« in der Borstei.

85 AN DER LILIENSTRASSE

» … In der sturmumtosten Dunkelheit einer nächtlichen Fahrt in einer abgelegenen, von Gewittern gepeitschten Gegend erleidet das Auto eines jungen Paars eine Panne, und die beiden finden sich gezwungen, Zuflucht in einem mysteriösen, heruntergekommenen

Schloss zu suchen. Als sie das Gebäude betreten, quietscht die Eingangstür unheilverkündend. Das schaurige Schloss wird zu ihrem Gefängnis für eine Nacht, die ihr Leben für immer verändern wird …« Seit dem 24. Juni 1977 nimmt die »Rocky Horror Picture Show«, der absolute Kultfilm aus den 1970er-Jahren, die Zuschauer mit auf eine unvergessliche Reise in die Abgründe des Unerwarteten. Das älteste Kino Münchens, die Museum Lichtspiele, logiert seit 1910 in einem denkmalgeschützten Gebäude an der Lilienstraße und hat vermutlich nur dank dieses einen Films überlebt. Wegen der jahrzehntelangen Vorführung des Streifens fand das Kino Eingang ins Guinness-Buch der Rekorde.

Bevor wir zur letzten Etappe unseres Spaziergangs kommen, dem imposanten Backsteinbau des Kulturzentrums Gasteig, und dann als Belohnung in einem der zahlreichen Lokale an der Rosenheimer Straße einkehren, lohnt es sich, von der Lilienstraße kurz vor der Ludwigsbrücke in eine kleine Gasse, den Riggauerweg, einzubiegen. Geht man die interessante Schwarz-Weiß-Wandmalerei mit Münchner Motiven entlang, kommt man nach etwa 60 Metern zum Auer Mühlbach, einem der wenigen Münchner Stadtbäche, die nicht komplett überbaut wurden. Sein Wasser verschwindet exakt an dieser Stelle in den Untergrund bzw. unter einem imposanten denkmalgeschützten Gebäude, einem malerischen Eckhaus im Stil der deutschen Renaissance zu Beginn des 20. Jahrhunderts. Ein wahrer Hingucker!

Eine mannshohe mit bunten Dschungelmotiven bemalte Mauer schafft es, eine einzigartige Atmosphäre herbeizuzaubern. Der Straßenlärm des Verkehrsknotenpunkts Ludwigsbrücke/Rosenheimer Straße und das »moderne« Stadtbild sowie der Trubel am Deutschen Museum haben einem »München von gestern« Platz gemacht. Was für ein Ausgangspunkt für einen gemütlichen schattigen Spaziergang in der Au entlang des Auer Mühlbachs!

86 GERUNDETES BLAU

Seit 1978 steht am rechten Isarhochufer an der Rosenheimer Straße der imposante Bau des Gasteigs, eines der größten Kulturzentren Europas. Und seit 2007 kann man vor diesem Bau das monumentale Stahlblech-Oval »Gerundetes Blau« des Künstlers Rupprecht Geiger bewundern. Das rund sieben Meter hohe Werk kontrastiert in frappanter Weise mit der strengen Gebäudearchitektur des Kulturzentrums.

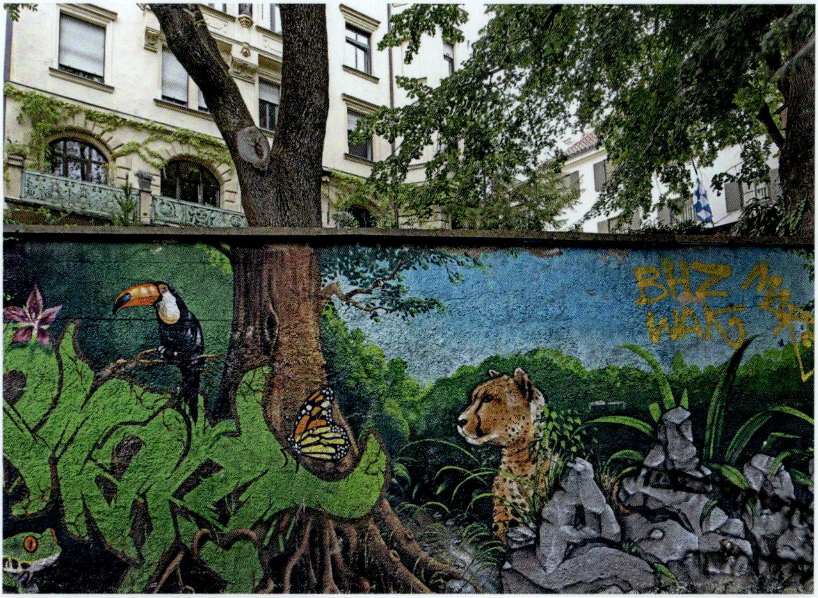

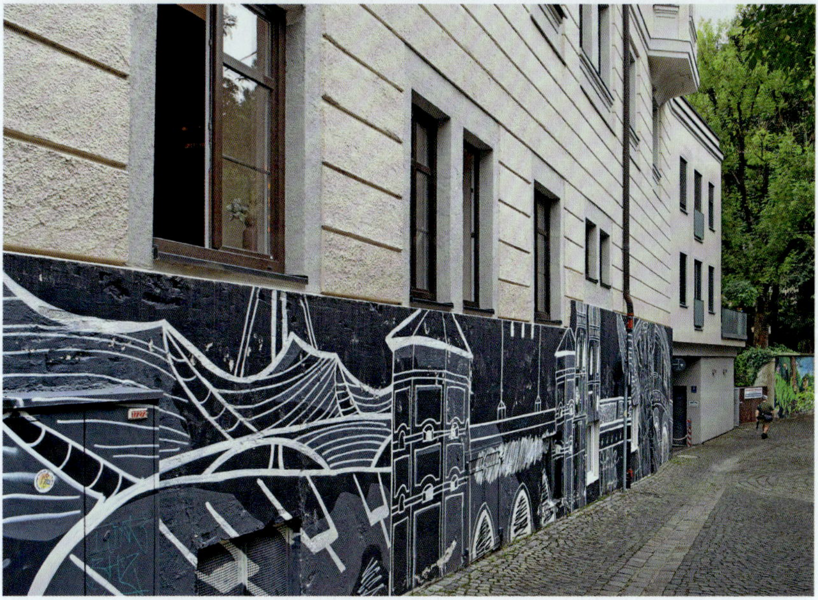

▲ Eine farbenfrohe Dschungellandschaft erwartet Spaziergänger am Auer Mühlbach.
▼ Ein Mural am Riggauerweg ließ sich von Münchner Sehenswürdigkeiten inspirieren.

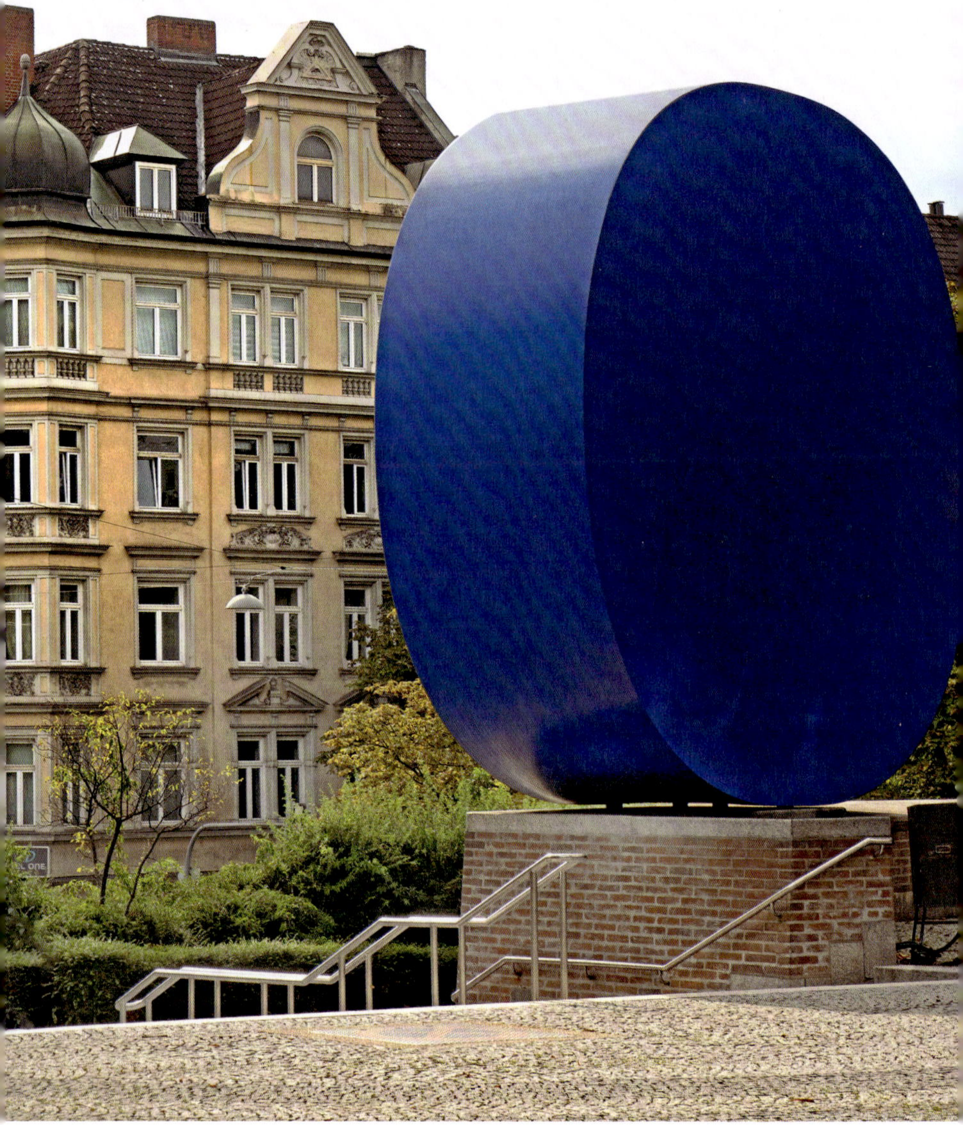

Das »Gerundete Blau« von Rupprecht Geiger gilt als Wahrzeichen des Gasteig.

Rupprecht Geiger (1908–2009) ist einer der Hauptvertreter der deutschen Farbfeldmalerei (auf Englisch: »Color Field Painting«), einer modernen Kunstform, die sich durch großflächige, einheitlich gefüllte Farbfelder auszeichnet. Nach 1945 wurde eine gegenstandslose Monochromie zum Statement eines Neuanfangs, das als Reaktion auf den Kulturbruch des Zweiten Weltkriegs entstand. Diese Reduzierung auf eine einzelne Farbe verstärkte den Weg der zeitgenössischen Malerei von einer gegenständlichen Darstellung oder einem konkreten Thema hin zur reinen Form.

Bei Rupprecht Geiger ist die Farbe ein zentrales Element. Er hatte sich der Autonomie und der Loslösung der Farbe von der Form verschrieben und arbeitete hauptsächlich mit geometrischen Urformen wie dem Kreis, Oval, Rechteck oder Quadrat. Seine Ölbilder, Siebdrucke und Aquarelle zeichnen sich durch solche geometrischen Formen, kräftige Farben und ausgeprägte Kontraste aus. Während der Sanierung des Haidhauser Gasteigs musste das »Gerundete Blau« vorübergehend zum neuen Gasteig HP8 in Sendling umziehen.

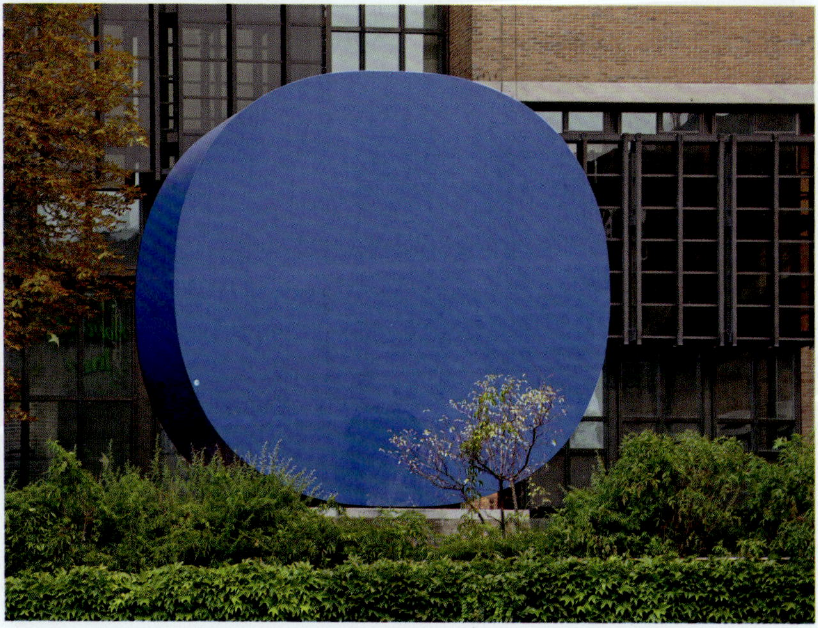

Das Oval in intensivem Blau wird von Einheimischen liebevoll »Niveadose« genannt.

Effnerplatz

87 MAE WEST

Die Filmschauspielerin, Sängerin und Autorin Mae West (1893–1980) zählte im Hollywood der 1930er-Jahre zu den bestbezahlten Filmstars. Sie galt als Inbegriff der Femme fatale und brach etliche Tabus, indem sie beruflich und privat die Freiheit der Liebe und Gleichheit der Geschlechter proklamierte. Bereits das erste Theaterstück, das sie sich auf den Leib geschrieben hatte, »Sex«, war 1926 ein Sensationserfolg und brachte ihr eine Anklage wegen Obszönität und eine zehntägige Gefängnisstrafe ein. Ihr Sex-Appeal beschäftigte jahrelang die Medienwelt rund um die Welt. Ihr Bild war auf dem Cover eines Beatles-Albums zu sehen, und während des Zweiten Weltkriegs wurden die Rettungswesten der alliierten Luftstreitkräfte »Mae Wests« genannt, in Anlehnung an »Life Vests«, Rettungswesten. Bonmots der Filmlegende:

»Du lebst nur einmal, aber wenn du es richtig machst, ist einmal genug.«

»Jeder Mann, den ich treffe, will mich beschützen. Ich kann nur nicht herausfinden, wovor.« »Es ist besser, angesehen als übersehen zu werden.«

Seit Dezember 2011 steht am Münchner Effnerplatz ein nach der Schauspielerin benanntes Werk. Die von der Künstlerin Rita McBride entworfene Plastik ist ein aus Rohren gebildetes Stabwerk in Form eines Rotationshyperboloids. Mit einer Höhe von 52 Metern ist die Skulptur dreimal so hoch wie die Bavaria oder der Walking Man. Die Rohre bestehen hauptsächlich aus leichtem kohlenstofffaserverstärktem Kunststoff. Die von McBride gewählte Gitterstruktur sei, so die Künstlerin, Ausdruck ihres Bemühens, einen *»Raum nicht monumental zu besetzen, sondern ein Nichts zu umschließen«*. Das geplante Werk sollte ursprünglich den Titel »Tower« bekommen. Die Bezeichnung »Mae West« führte McBride nur ein, um ihre Präferenz für die Form des Rotationshyperboloids zu erklären: Diese Form erinnere sie an eine Tänzerin mit schmaler Taille und glockenförmig ausschwingendem Rock.

1,54 Millionen Euro kostete die Monumentalstatue die Stadt. Sie war nicht nur deshalb im Stadtrat und im Bezirksausschuss sehr umstritten. In der Bevölkerung war das ein klarer Fall von *»Für so einen Schmarrn geben sie Geld aus«*. Ob Äußerungen wie *»Das ist Kunst, davon versteht ihr nichts«* oder Erklärungen

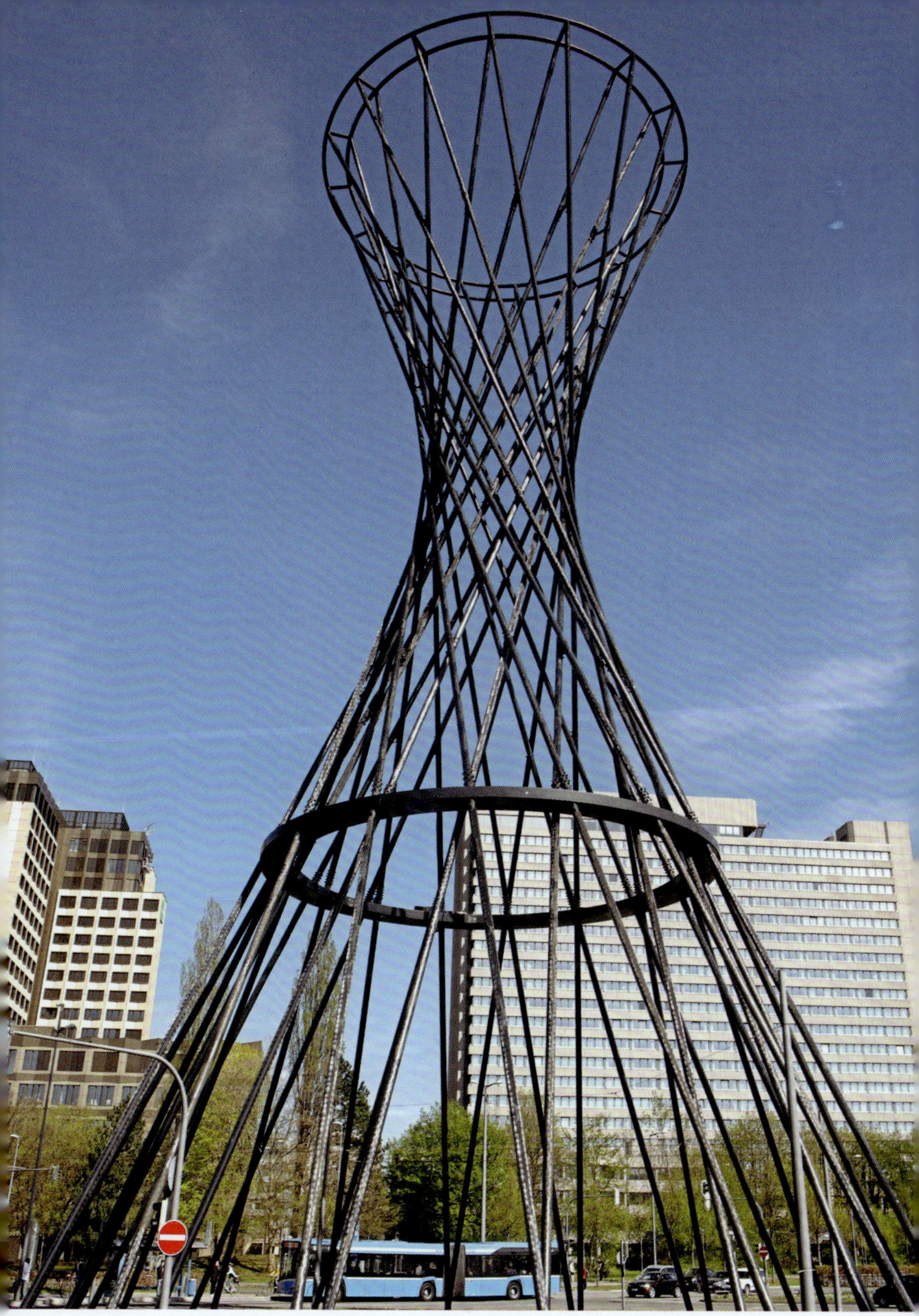

Das aus Rohren geformte Stabwerk »Mae West« ragt stolze 52 Meter in die Höhe.

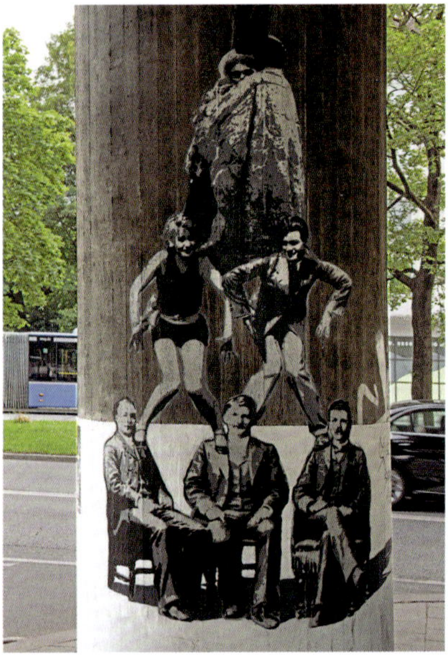

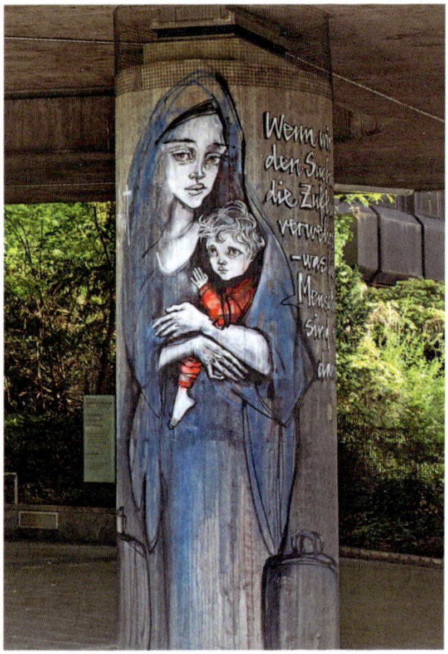

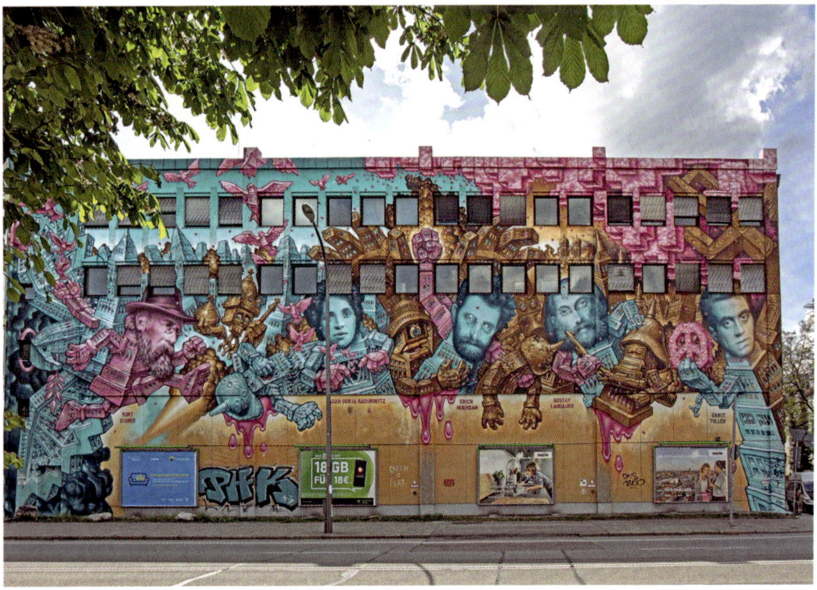

◄ Beitrag des Street-Art-Künstlers LAPIZ für die Brückengalerie am Candidplatz

► Das Bild »Humanity« des Duos Herakut, bestehend aus den Graffiti-Künstlern Hera und Akut

▼ Münchens größtes Graffiti erinnert an die Köpfe der Räterepublik von 1918.

wie *»Das Werk holt Menschen in die Realität zurück«* oder *»Die Plastik erklärt in einer klassischen Wendung den Weg zum Ziel«* die Skeptiker überzeugen konnten, darf man bezweifeln. Noch Jahre nach der Errichtung wurde »Mae West« mit Spitznamen wie »Schirmständer«, »Drahtverhau«, »Mikadohaufen«, »Badehocker«, »Netzstrumpf« oder »Eierbecher« verspottet. Interessantes Detail: Das Riesenkunstwerk wird im Winter »wegen Unfallgefahr« beheizt.

Giesing/Candidplatz

88 RÄTEREPUBLIK

Ein großer Sprung nach Giesing führt uns zu einer Street-Art-Location, die man auf keinen Fall verpassen sollte. Hier, am Umspannwerk der Stadtwerke München in der Martin-Luther-Straße, befindet sich das wohl größte Mural der Stadt – erreichbar per U2/U7/U8 oder Tram 15/25 Silberhornstraße. Urheber ist der bekannte Street-Art-Künstler WON ABC alias Markus Müller, der Ende 2019 anlässlich des 100. Geburtstags des Freistaats Bayern das Kunstwerk angefertigt hat. Es enthält Motive der Räterepublik von 1918. Dargestellt sind deren Anführer Kurt Eisner, Sarah Lerch-Rabinovitz, Erich Mühsam, Gustav Landauer und Ernst Toller.

89 CANDIDPLATZ

Die Serpentinen der Candidstraße führen den Hang hinunter zum Candidplatz. Dieser Platz in Untergiesing ist wahrlich kein Schmuckstück. Besonders das Areal unter den Brückenpfeilern des Mittleren Rings ist Teil der Verschandlungen, die der Autoverkehr der Stadt eingebracht hat. Um die Wucht dieser Hässlichkeit zu dämpfen, wurden vor einigen Jahren die Säulen der Brücke am Candidplatz von international anerkannten Künstlern gestaltet. In Zusammenarbeit mit dem Museum of Urban and Contemporary Art, kurz MUCA, und Unterstützung des Baureferats organisierte die Bürgerinitiative »Mehr Platz zum Leben« die Gestaltung der sogenannten Brückengalerie. Hier finden sich Werke international anerkannter Künstler wie des Urban Art Kollektiv KlebeBande aus Berlin.

Am Hart

Wir schließen – nicht ganz ohne Absicht – diesen Überblick über die Kunst im öffentlichen Raum Münchens in einem Stadtteil ab, der bei nur wenigen Lesern Assoziationen zu den Hauptthemen dieses Buches wecken dürfte.

Der Münchner Norden hat sicher nicht die Anziehungskraft der bekannteren Viertel wie Nymphenburg, Schwabing oder Bogenhausen. In den Norden verirren sich kaum Touristen, denn für diese endet die Welt der Sehenswürdigkeiten beim Olympiapark und dem extravaganten Bau der BMW Welt. Allenfalls wird ein Besuch der Allianz Arena geplant. Letztendlich kann es dem Zufall oder der eigenen Neugier geschuldet sein, wenn man Entdeckungen nördlich des Mittleren Rings macht. Ein Gespür für das Unscheinbare, die Fähigkeit, kleine Details zu erkennen, sowie Interesse an Stadtentwicklung und sozialen Milieus sind notwendig, um sich in den »hohen Norden« zu begeben.

Wenn man mit dem Auto die Knorrstraße entlang in nördlicher Richtung fährt, wird man das Straßenbild zwischen dem Petuelring und dem Frankfurter Ring höchstwahrscheinlich als beklemmende Gleichförmigkeit erleben. Wenn man mit der U2 anreist, bis zur Haltestelle Am Hart, bleibt einem diese Eintönigkeit zumindest erspart. Architektur-Interessierten ist zu empfehlen, vom U-Bahnhof etwa 200 Meter die Knorrstraße in Richtung Süden zurückzugehen, um den beeindruckenden Bau des Forschungs- und Innovationszentrums (FIZ) der Firma BMW zu erleben.

90 DENKMAL IN DER TROPPAUER STRASSE

Man kommt in diesem Stadtviertel nicht darum herum, an ein dunkles Kapitel der deutschen Geschichte erinnert zu werden. Gegenüber dem monumentalen BMW-Bau findet man ein etwa drei Meter hohes Denkmal, das an die sogenannte Judensiedlung Milbertshofen erinnert. Diese sollte als Sammelunterkunft für die jüdische Bevölkerung Münchens dienen, die seit

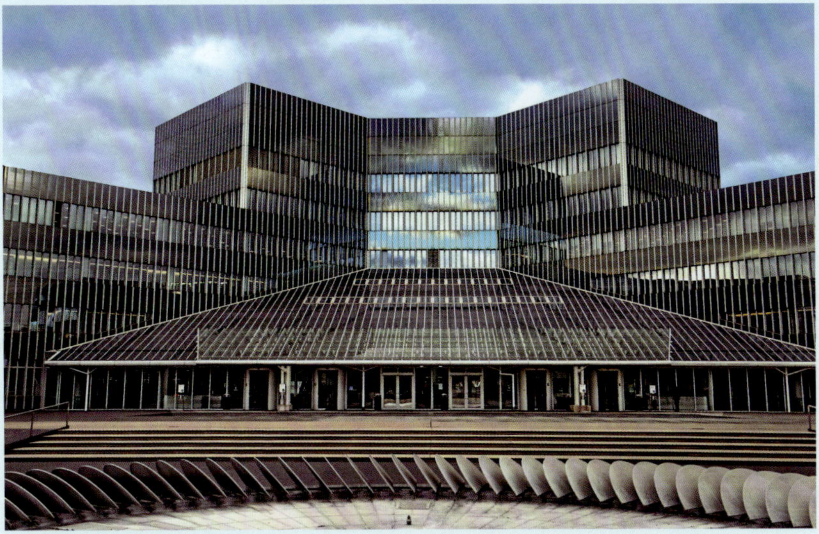

Der Haupteingang des BMW Forschungs- und Innovationszentrums in der Knorrstraße

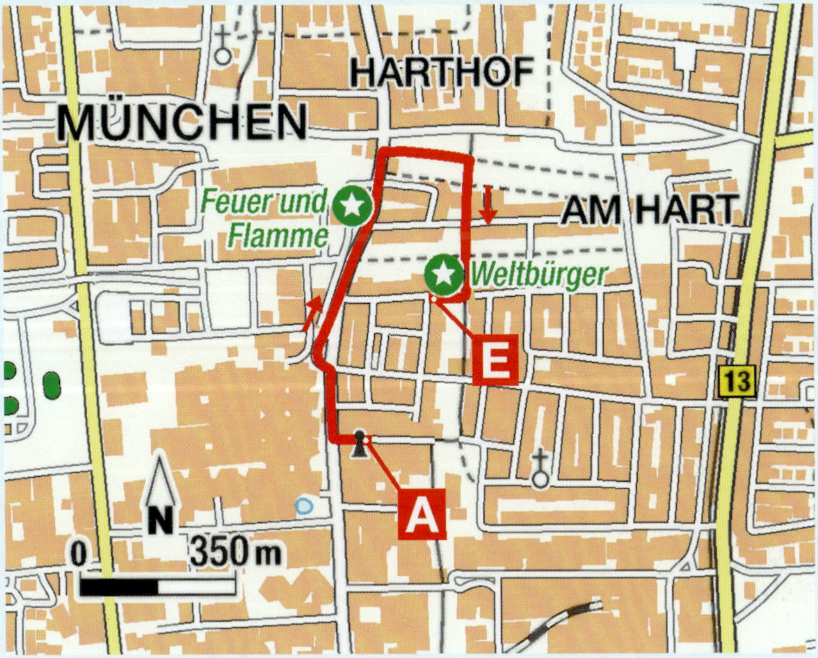

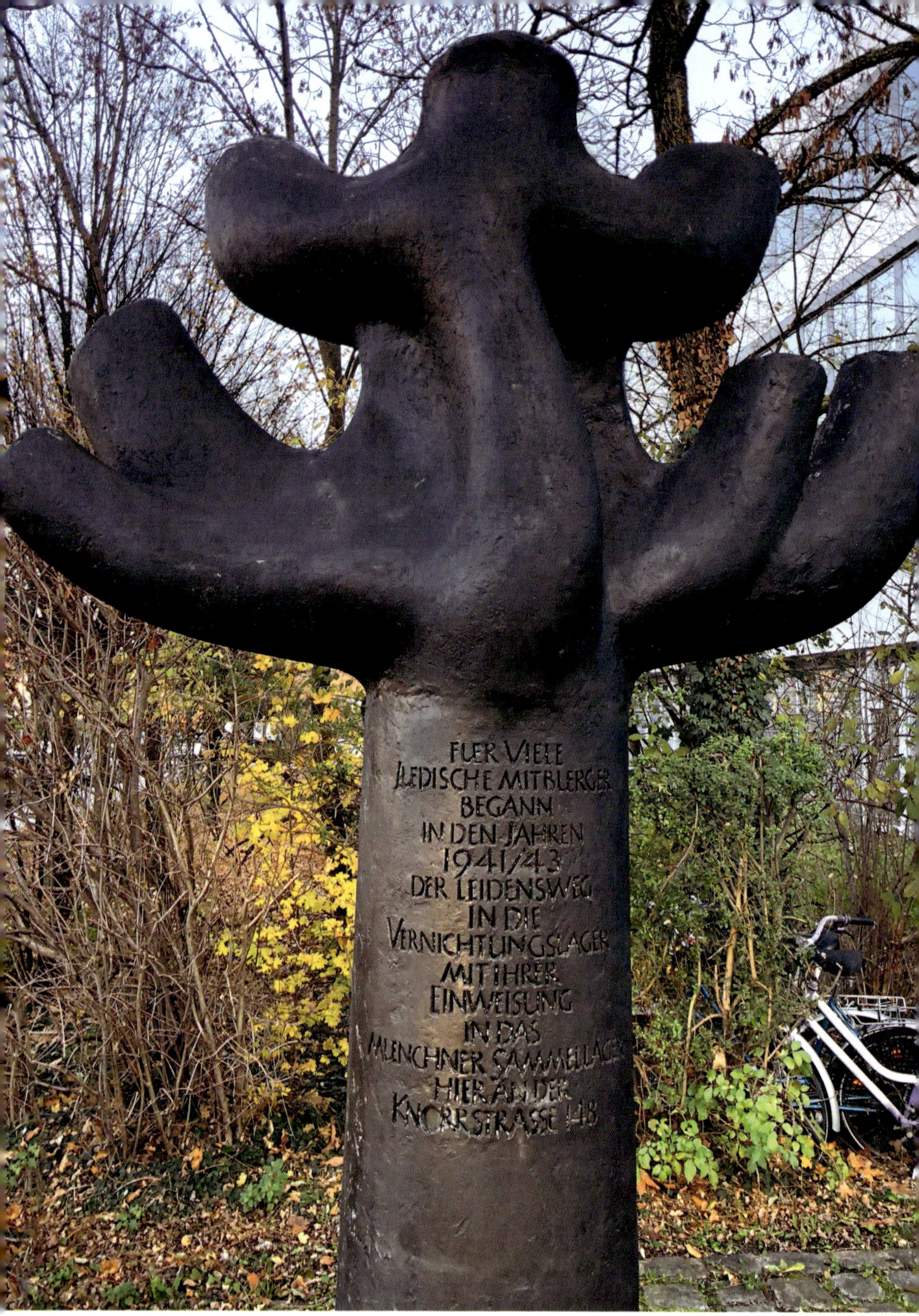

Das Denkmal in der Troppauer Straße erinnert an das Leid der jüdischen Bevölkerung.

1939 systematisch aus ihren Wohnungen verdrängt wurde. Ab dem 25. März 1941 mussten jüdische Zwangsarbeiter ein für sie selbst bestimmtes Lager in der Knorrstraße aufbauen. Mehr als 1300 Menschen wurden hier interniert und als Zwangsarbeiter in verschiedenen Münchner Betrieben eingesetzt.

Das Mahnmal, eine interessante Plastik in Gestalt eines Baumes, wurde 1982 an der Ecke Troppauer Straße/Knorrstraße installiert – ein Werk des Architekten und Bildhauers Robert Lippel. Die Inschrift lautet: *»Für viele jüdische Mitbürger begann in den Jahren 1941 bis 1943 der Leidensweg in die Vernichtungslager mit ihrer Einweisung in das Münchner Sammellager hier an der Knorrstraße 148.«*

91 FEUER & FLAMME

Direkt vor dem Schulgebäude des naturwissenschaftlich-technologischen und sprachlichen Gymnasiums München-Nord in der Knorrstraße 171 steht die 2,5 Tonnen schwere und fünf Meter hohe Skulptur »Feuer & Flamme« des deutschen Bildhauers und Bronzegießers Bruno Wank aus dem Jahr 2016. Die Arbeit aus poliertem Edelstahl stellt eine Flamme dar, die gen Himmel ragt und dabei ihre unmittelbare Umgebung sowie die Wolken reflektiert.

Die Flamme ist ein individuelles Symbol für persönliche Kraft und Ausdauer und für die ungebändigte Freude am sportlichen Wettkampf. Zugleich ist sie während der Olympischen Spiele das symbolhafte Element des Friedens, welches gebietet, dass, solange die Flamme brennt, die Völkergemeinschaft alle Konflikte ruhen lassen muss.

Das Gymnasium München-Nord ist auch eine Eliteschule des Sports und des Fußballs, dem die Förderung des Leistungssports ein zentrales Anliegen ist. Ab der achten Klasse wird hier rund ein Viertel der Schüler sportlich gefördert. Sie trainieren für nationale und internationale Wettkämpfe. So wirkt »Feuer & Flamme« wie ein Versprechen auf dem Weg in eine Zukunft voller Energie und Erfolg. In der Flamme spiegeln sich somit die Hoffnungen und Wünsche der jetzigen und zukünftigen Schüler – den Traum von einer Teilnahme an den Olympischen Spielen inklusive.

Durch den Spiegelglanz erhält die Flamme ihre Lebendigkeit. Auf ihrer Außenfläche spiegeln sich Wolken, Natur, Gefühle. Wenn man sich um die Skulptur bewegt, ist es, als würde diese aufleuchten und flackern, lodern, zucken, tanzen und strahlen.

Bruno Wank verbrachte seine Kindheit in Marktoberdorf und wurde durch die Bronzegusswerkstätte seines Vaters, Martin Wank, frühzeitig mit dem Handwerk vertraut. Trotz seiner Leidenschaft für die Kunst absolvierte er zunächst ein Sportstudium an der Technischen Universität München von 1983 bis 1986. Anschließend setzte er seinen Bildungsweg fort und war von 1986 bis 1992 an der Akademie der Bildenden Künste eingeschrieben. Ab 1993 war er Leiter der Studienwerkstätte für Bronzeguss. Auf der Höhe, wo wir uns befinden, ist die Westseite der Knorrstraße hauptsächlich von Industriebauten und Architektur aus der Nachkriegszeit geprägt. Das Erscheinungsbild auf der nordöstlichen Seite der Straße steht in starkem Kontrast dazu. Fast anachronistisch kleinteilig, bieder, aus einfach ausgestatteten Siedlungshäusern mit Gartengrundstücken bestehend, strahlt sie eine nostalgische Vergangenheitsbezogenheit aus.

Die Siedlung trägt den Namen »Am Hart« und hat eine etwas zweifelhafte Vergangenheit. Entstanden ist sie als »Reichskleinsiedlung am Hart« in den Jahren 1933 bis 1935. Ursprünglich war sie für kinderreiche Arbeiterfamilien geplant worden. Die Siedlerstellen wurden durch Los an »rassisch einwandfreie, erbgesunde« und zuverlässige Bewerber verteilt. In den ersten drei Jahren wurden die Siedlerfamilien überprüft, ob sie bereit waren, sich dem »Wohl der Gemeinschaft« anzupassen. Jeder Neuankömmling musste sich verpflichten, sein Gartenland ordentlich zu bebauen und Kleinvieh zu halten.

Es entstanden knapp 340 nahezu identische Einfamilienhäuser für Arbeiter. Man errichtete schlichte karge Putzbauten mit Satteldach und rechteckigen Fenstern. Das Siedlungsgebiet wurde durch ein rechtwinkliges Straßennetz erschlossen, in das großzügige Grünbereiche eingefügt sind. Nach dem Zweiten Weltkrieg wurde der Zusatz »Reichskleinsiedlung« gestrichen. Die Struktur eines Wohnviertels für Arbeiter blieb aber erhalten, und die Spuren sind weiterhin zu erkennen, auch wenn ein großer Teil der Häuser erweitert und modernisiert wurde und viele Neubauten dazukamen. Noch heute wohnen hier Nachfahren der ersten Siedlergeneration. Nach dem Krieg zogen zahlreiche Sudetendeutsche und Schlesier in die Siedlung. Entsprechend wurden einige Straßennamen umgewidmet, als Erinnerung an die ursprüngliche Heimat der Neubürger. So kamen in den 1950er-Jahren beispielsweise die Prager Straße, die Gablonzer Straße und die Wenzelstraße hinzu. Ein Grünstreifen, der Aussiger Platz, durchzieht die Siedlung von Norden nach Süden und lädt zu einem kleinen Spaziergang ein.

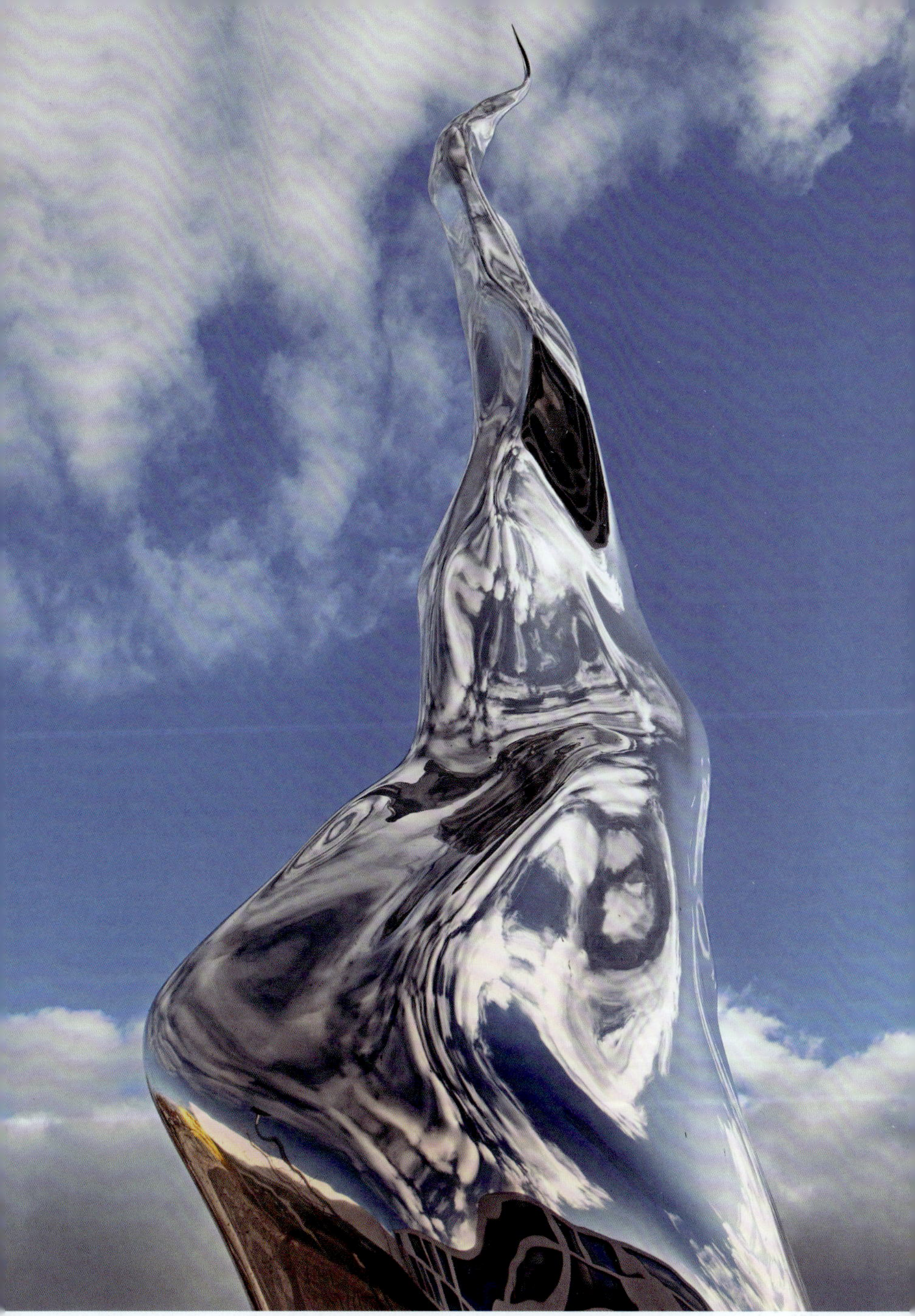

Die Skulptur »Feuer & Flamme« von Bruno Wank vor dem Gymnasium München-Nord

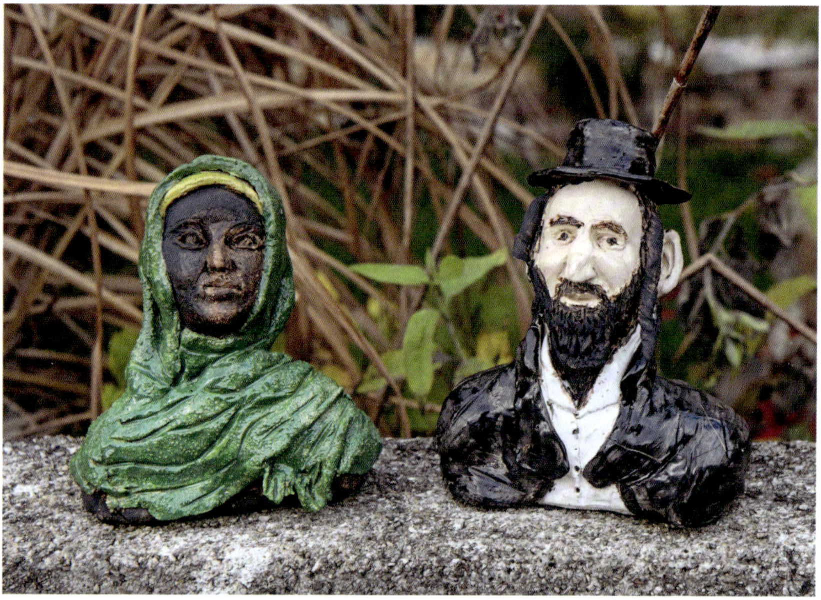

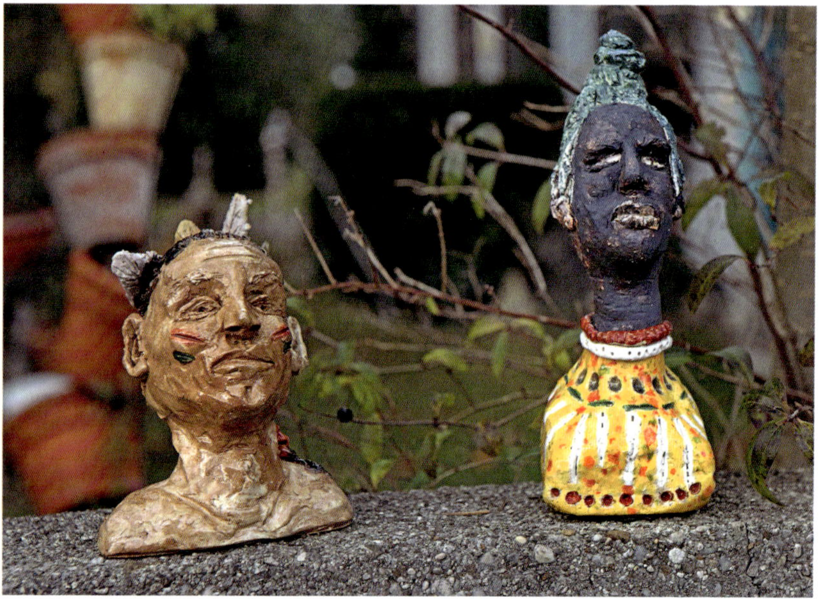

▲ Kunst im Garten: Renata Messing präsentiert ihre Plastiken gleich vor der Haustür.
▼ Der Mensch steht im Mittelpunkt der Arbeiten der Münchner Bildhauerin.

92 WELTBÜRGER

Beim zufälligen Durchstreifen der Siedlung könnte man auf ein Haus in der Doeberlstraße stoßen, in dessen Garten zahlreiche interessante bis humorvolle Kunstobjekte den Blick auf sich ziehen: eine Vielzahl von Plastiken – »Abfall«, künstlerisch gestaltet, mit Schwemmhölzern und Ähnlichem bereichert. Ein Garten voller Ideen! Beispiele sind an einer Leine mit Wäscheklammern befestigte Glühbirnen, eine Schnur mit von Hand aufgefädelten Muscheln, zu einer Säule gestapelte Blumentöpfe. Besonders beeindruckend sind jedoch die modellierten kleinen Köpfe aus Ton, die oberhalb der Gartenmauer angeordnet sind und durch ihre Ausdrucksstärke faszinieren. Diese stellen Weltbürger aus verschiedenen Kulturen dar: einen hebräischen Charakterkopf, eine Muslimin, einen Tuareg. Sie bilden eine eindrucksvolle Reihe von Vertretern aller Kontinente. Es ist das Haus der Bildhauerin Renata Messing (renarta.de). Man kann sich fast bildlich vorstellen, wie es in allen Ecken und Poren lebt und atmet.

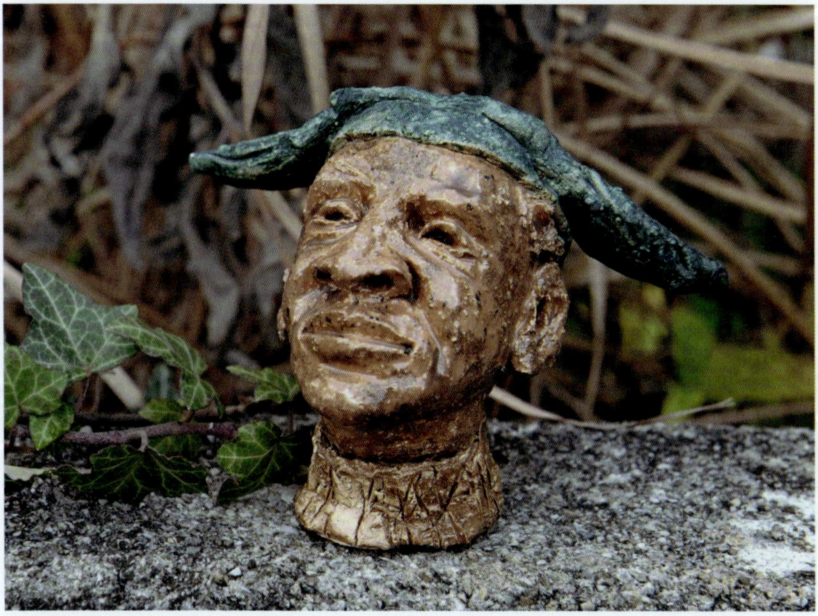

Charakterköpfe aus verschiedenen Kulturen erzählen von Freuden und Leiden des Lebens.

Register

A
Airborne 70
Allegorie der Lehre 143
Altstadt 56, 98
Am Hart 182
Aufsteigendes Pferd mit Reiter 101
Aulinger, Elise 86

B
Badende 162
Bally-Prell-Brunnen 155
Bavaria 165
Bavariapark 40
Bayerstraße 38
Bismarck-Denkmal 169
Borstei 19
Brunnenbuberl 56
Bukolika 173
Buscando la luz 122

C
Cabinet of Curiosities 32
Café Flower 36
Café Glockenspiel 70
Café Rischart 70
Candidplatz 181
Capulet, Julia 89
Castor und Pollux 141
Christoph-Willibald-Gluck-Denkmal 101
Chronos 166
Corneliusbrücke 165
Cucatraffic 31

D
Dachauer Straße 28
Denkmal in der Troppauer Straße 182
Die einfachen Dinge 97
Dietl, Helmut 150
Durch die Blume gesagt 39

E
Effnerplatz 178
Endlose Treppe 47

F
Feuer & Flamme 185
Fischbrunnen 66
Fischer, Helmut 150
Floral Universe 28
Fünf Höfe 106
Futuro 121

G
Gasteig 174
Gasteiger, Matthias 56
Gentrifizierung 48
Georg-Elser-Graffito 38
Gerundetes Blau 174
Giesing 181
Große Biga 125

H
Hände hoch für Waffenkontrolle 36
Hands 94
Hands Off The Wall 137
Hängende Gärten 109
Harmony 55
Hofmannstraße 52
Holz sammelnder Mann 165

I
Industrie und Handel 162
Isar 160

K
Karlstadt, Liesl 81
Karl Valentin 78
Keiler am Jagdmuseum 60
Klangsteine in der Gasse 73
Krumme Laterne 149

Kunstareal 98
Kurfürst Max Emanuel 102

L
Large Red Sphere 119
Leopoldstraße 138
Lilienstraße 173
Lot und seine Töchter 93

M
Mae West 178
Mahnmal für die Weiße Rose 141
Marienplatz 66
Mariensäule 66
Maurer, Ingo 16
Maximilian I. 112
Maximilian-von-Montgelas 105
Meergott auf Seepferd 162
Meisen 94
Minna Thiel 130
MUCCA 35
Munich Art District 90
Mural von Jana & JS 55
Musterhaus 93

N
Neuhauser Straße 56
Nordbad 159
Nymphenburg 8

O
Oculus historiae 159
Oculus memoriae 159
Oculus oblivionis 159
Okuda 52
Orlando-di-Lasso-Denkmal 102

P
Present Continuous 130
Prinzregent-Luitpold-Brunnen 115
Promenadeplatz 98

Q
Quellnymphenbrunnen 112

R
Räterepublik 181
Reichenbachbrücke 160
Reiter 32
Richard-Strauss-Brunnen 60
Roider Jackl 86
Rossebändiger 129

S
Schloss Nymphenburg 8
Schöner Turm 62
Schumacher, Ida 85
Schwabing 138
Sphere 106
Spiel der Wellen 162
Stachus (Karlsplatz) 56
Stop Bombing Civilians 137
Sturm 51
Sweet Brown Snail 44

T
Tauben-Marie-Brunnen 110
The Cabinet of Curiosities 32
The Wings 116
Tiger and Dragon 93
Trojanisches Pferd 126

U
U-Bahnhof Westfriedhof 16

V
Vater-Rhein-Brunnen 170
Viktualienmarkt 74

W
Walking Man 144
Wandmalerei an der Kita »Herzerl« 32
Wedekind-Brunnen 146
Weiße Rose 138
Weiß Ferdl 82
Weltbürger 189
Werksviertel-Mitte 134
Westend 40
Westenrieder, Lorenz von 98

Impressum

Verantwortlich: Julia Vogl
Redaktion: Ewald Tange, München
Layout: Ewald Tange, München
Kartografie: Bruckmann Kartografie, Heidi Schmalfuß
Repro: LUDWIG:media
Herstellung: Alexander Knoll
Printed in Turkey by Elma Basim

★★★★★

Sind Sie mit diesem Titel zufrieden? Dann würden wir uns über ihre Weiterempfehlung freuen. Erzählen Sie es im Freundeskreis, berichten Sie Ihrem Buchhändler, oder bewerten Sie bei Onlinekauf. Und wenn Sie Kritik, Korrekturen, Aktualisierungen haben, freuen wir uns über Ihre Nachricht an Süddeutsche Zeitung Edition, c/o Bruckmann Verlag GmbH, Postfach 40 02 09, D-80702 München oder per E-Mail an lektorat@verlagshaus.de

Unser komplettes Programm finden Sie unter verlagshaus24.de

Alle Angaben dieses Werkes wurden vom Autor sorgfältig recherchiert und auf den neuesten Stand gebracht sowie vom Verlag geprüft. Für die Richtigkeit der Angaben kann jedoch keine Haftung übernommen werden, weshalb die Nutzung auf eigene Gefahr erfolgt. Insbesondere bei GPS-Daten können Abweichungen nicht ausgeschlossen werden. Sollte dieses Werk Links auf Webseiten Dritter enthalten, so machen wir uns die Inhalte nicht zu eigen und übernehmen für die Inhalte keine Haftung.

In diesem Buch wird aus Gründen der besseren Lesbarkeit das generische Maskulinum verwendet. Weibliche und anderweitige Geschlechteridentitäten werden dabei ausdrücklich mitgemeint, soweit es für die Aussage erforderlich ist.

Bildnachweis
Alle Bilder im Innenteil und auf dem Umschlag stammen vom Autor, mit Ausnahme folgender Bilder: Shutterstock: S. 57 o. (ansharphoto), 61 (Alizada Studios), 68 (Attapola), 71 o. (Sergey Dzyuba), 75 o. (Nina Alizada), 75 u. (FooTToo), 76 (trabantos), 84 (Carso80), 99 (vvoe), 128 u. (Andreas von Mallinckrodt); Charly Eisenrieder / Conditorei Münchner Freiheit Eisenrieder GmbH: S. 153.

Umschlagvorderseite: oben: »Aufsteigendes Pferd mit Reiter« von Heinrich Düll und Georg Pezold (Seite 100), unten: »Der Reiter« an der Fassade des Leonrodhauses für Kunst (Seite 34)
Umschlagrückseite: Die schwebende Installation »Sphere« von Ólafur Elíasson im Viscardihof der Fünf Höfe (S. 106)

Die Deutsche Nationalbibliothek verzeichnet diese Publikation in der Deutschen Nationalbibliografie; detaillierte bibliografische Daten sind im Internet über http://dnb.d-nb.de abrufbar.

ISBN 978-3-7343-3050-6